# Wie verdiene ich durch Immobilien ein Vermögen

neue erweiterte Ausgabe

# Wie verdiene ich durch Immobilien ein Vermögen

## neue erweiterte Ausgabe

**Fundierte Strategien**

**Erprobte Konzepte**

**Solides Know - How**

**Klaus Kempe**

Wie verdiene ich durch Immobilien ein Vermögen

Copyright © 1998 by

KEMPE Grundbesitz & Anlagen AG

ISBN 3-98 111 76 - 0 - 3

2. überarbeitete Auflage 2006

Gedruckte Versionen dieses Buches mit den hier nicht enthaltenen Grafiken sind erhältlich

bei:

**KEMPE Grundbesitz & Anlagen AG**

**Achenbachstraße 23**

**40237 Düsseldorf**

**Tel. 0211 - 914 666 0**

**www.immobilienboerse.com**

Die Autoren haben bei ihren Recherchen größtmögliche Sorgfalt walten lassen. Es wird weder von ihnen noch von der KEMPE Grundbesitz & Anlagen AG eine Haftung für Folgen übernommen, die sich aus den Inhalten dieses Buches ergeben mögen.

Die Autoren bedanken sich bei allen, die bei der Realisierung dieses Buches mitgewirkt haben.

Fußnoten sind durch ein * gekennzeichnet.

## Der Autor

**Klaus Kempe**, Jahrgang 1948, ist der Gründer und Geschäftsleiter einer der großen
Immobilienmakler-Gesellschaften. Seit Jahren setzt er sich für Ausbildung im Maklerwesen,
im Verkauf und in der Finanzdienstleistungs-Branche ein. Er ist darüber hinaus Autor der
folgenden Bücher:
- Der Makler heute
- Wie man mit Immobilien ein Vermögen aufbaut
- Wie mache ich mich als Immobilienmakler selbständig
- Der Millionen-Coup
- Immobilienprofis
- Managergeheimnisse
- Karrieregeheimnisse in der Finanzdienstleistungs-Branche
- Wie verdiene ich durch Immobilien ein Vermögen
- Die Erfolgsampel

# Wie verdiene ich durch Immobilien ein Vermögen

**Inhalt:**

**Anhang**

## Vorwort

Im Jahre 1987 erschien die erste Auflage von *Wie man mit Immobilien ein Vermögen aufbaut.*
Ein Bestseller. Ein Buch, das inzwischen immer wieder neu aufgelegt wurde und in verschiedenen Verlagen erschienen ist. Ein gutes Buch, das wertvolle Konzepte und Strategien rund um die Immobilie enthält.

Dennoch die Zeit hat sich geändert, Osterweiterung, Euro-Einführung und Globalisierung sind nicht am Immobilien-Markt vorbei gegangen. Eine Menge Zeit, bezogen auf einen Markt wie den der Immobilien. Auch wenn die fundamentalen Grundlagen erhalten geblieben sind, hat sich viel geändert. Und dem will ich mit dem hier vorliegenden Buch Rechnung tragen. Es schließt an die erfolgreichen Grundlagen der früheren Kempe-Immobilienbücher an, befindet sich jedoch auf einem neueren Stand der Erfahrung und Entwicklung.

Um die Frage zu beantworten, für wen dieses Buch geschrieben wurde und wem es etwas bringen kann: Die Immobilienbranche schließt eigentlich drei Fachgebiete ein. Es handelt sich dabei um *Architektur*, *Betriebswirtschaft* und *Recht*. Aus der Praxis kenne ich keinen Immobilienprofi, der auch nur zwei dieser Gebiete als Studienfach absolviert hat. Ganz im Gegenteil eignet sich die Branche für den, der bereit ist, aus der Praxis und damit auch aus Fehlern zu lernen. Ich selbst bin schon im Alter von 20 Jahren ins Immobiliengeschäft eingestiegen und habe viel von dem vorliegenden Know-how aus der Erfahrung heraus entwickelt. Dies ist daher ein Buch für den, der noch nicht alles weiß, der für neue Ideen offen ist, der schon erste Erfahrungen und möglicherweise auch schon Fehler gemacht hat. Dies zuzugestehen halte ich für sinnvoll, denn dann können Sie daraus lernen. Ich persönlich war immer froh, wenn ich mehr richtig als falsch gemacht habe, um dann die erfolgreichen Tätigkeiten zu verstärken und die erfolglosen beiseite zu legen.

Dies hier vorliegende Fachwissen kann Ihnen dabei helfen.

Kernpunkt dieses Buches ist, dass ich Ihnen näher bringen will, wie Sie mit Immobilien ein Vermögen *verdienen* können. Denn: Es gibt am Immobilienmarkt nichts geschenkt. Es geht dabei *nicht* um Spekulationsgewinne. Sich mit Hilfe von Immobilien ein Vermögen aufzubauen, erfordert konstruktive *Arbeit*. Allein dadurch, dass man großartige Ideen hat und sich oberflächlich mit der Materie beschäftigt, wird man nicht erfolgreich. Man muss sich mit der Materie auseinandersetzen! Und noch ein Faktor: Reichtum erwirbt man sich nicht über Nacht.

Man muss über eine Portion *Geduld* verfügen. Immobilien besitzen dank ihrer *Vermögensaufbau-Hebelwirkung* einen über die Zeit fortbestehenden, sich entwickelnden, sachlichen Wert. Doch der wird Ihnen nicht einfach geschenkt, kann Ihnen aber leicht zuwachsen. Daher das Konzept des *Verdienens*.

Natürlich will ich Ihnen dazu verhelfen, in der Masse der Angebote die Schnäppchen zu entdecken und zu erwerben. Um das aber erreichen zu können, müssen Sie wissen, was ein Schnäppchen charakterisiert. Das Anliegen dieses Buches besteht also darin, Ihnen aufzuzeigen, wie Sie mit gründlichen Recherchen und professionellem Know-how am Immobilienmarkt *ein Vermögen verdienen* können.

In den folgenden Seiten steckt eine Menge Erfahrung, die ich bei der *Kempe Grundbesitz &*
*Anlagen AG* selbst gewonnen habe, und solche, die dem Feedback meiner Kunden entstammt.
Aus der Erfahrung wurden *Konzepte* entwickelt, die Ihnen bei Ihrem Vermögensaufbau mittels Immobilien den Weg aufzeigen.

Tausende Immobilien wurden zwischenzeitlich bearbeitet, für rd. 1 Milliarde Immobilien vermittelt, für rd. 200 Millionen Euro selber Immobilien gekauft und verkauft, jede Einzelne eine Auseinandersetzung mit dem Immobilien-Markt.

Erfolgreiche Jahre. Lehrreiche Jahre. Die Essenz all der gemachten Erfahrung, die erprobten *Konzepte* und erfolgreichen *Strategien* für einen umfangreichen Vermögensaufbau halten Sie mit diesem Buch in Händen.

Klaus Kempe

## Einleitung

Beginnen wir dieses Buch mit einem Traum. Einem, den Sie selbst vielleicht schon geträumt haben. Dem Traum von *Reichtum*, *Sicherheit*, *Unabhängigkeit*, *Vermögen* und *Wohlstand*. Eine Vorstellung, die in einem reichen Land wie der Bundesrepublik gängig ist.

Sicherlich haben Sie selbst schon oft davon geträumt, ein *Millionenvermögen* zu besitzen. Mit all den damit verbundenen Annehmlichkeiten. Sie wären dann frei von den Launen Ihres Chefs, könnten dem Finanzamt ein Schnippchen schlagen, sich von den monatlichen Mietzahlungen befreien, müssten sich nicht fragen, wie Sie im nächsten Monat Ihre Rechnungen bezahlen, und, und, und. Auf einen Punkt gebracht: Sie hätten eine gewisse *wirtschaftliche Freiheit* erreicht!

Kein unangenehmer Zustand in dieser Welt. Doch wenn Sie jetzt, in diesem Moment, in ihre Geldbörse blicken, Ihren Kontostand überprüfen und den Rückkaufwert Ihrer Lebensversicherung betrachten, werden Sie vielleicht feststellen, dass Sie noch ein Stück von der ersten Million entfernt sind!

Es stellt sich nun die Frage, wie Sie sich solch ein Vermögen aufbauen können. Etwa mit Hilfe der Bundeskanzlerin und ihrer Minister? Sicher nicht! Oder vielleicht mit Hilfe eines gewitzten Anlageberaters? Da stehen Ihre Chancen schon besser.

Nein, es hängt ganz allein von *Ihnen*, von *Ihrem Willen*, *Ihrem Wissen* und *Ihren Aktionen* ab, ob Sie jemals ein wirkliches Vermögen besitzen werden. Niemand anders wird sich darum kümmern, dass Sie zum *Millionär* oder gar *Multimillionär* aufsteigen! Das ist die erste *Botschaft*, die ich Ihnen mit auf den Weg geben möchte.

Und wenn wir uns auch gleich in den wirtschaftlichen Alltag begeben, also mit beiden Beinen auf dem Boden stehen so behalten Sie Ihren Traum, Ihre Vision, ruhig im Kopf - sie kann erfüllt werden. Sicherlich, Sie könnten auch darauf hoffen, zu erben, Lotto spielen oder auf Pferde setzen. Vielleicht würden Sie es schaffen, damit reich zu werden. Doch stehen die Chancen dafür äußerst schlecht. Und selbst wenn Sie eine Erbschaft von 500.000 Euro einstreichen, wird es Sie sicherlich interessieren, wie Sie daraus eine Million erwirtschaften und Ihr Vermögen sicher ausbauen können.

Wir haben es hier im Grunde mit zwei Extremen zu tun, die so unterschiedlich sind wie *Feuer und Eis*. Entweder interessieren Sie sich für Ihren Vermögensaufbau und kümmern sich darum - oder Sie tun es nicht. Wenn Sie es anderen überlassen, steuern Sie auf die karge staatliche Rente zu, vielleicht sogar aufs Sozialamt. Nehmen Sie das Ruder aber selbst in die Hand, können Sie schon bald der Unsicherheit entrinnen und Schritt für Schritt die Stufen der Erfolgsleiter erklimmen.

Ich empfehle Ihnen, sich für Ihren Vermögensaufbau einzusetzen. Um Sie effektiv zu unterstützen, möchte ich Ihnen in diesem Zusammenhang ein *Werkzeug* nahe bringen: die *Immobilie!*

Sie ist *ein vorzügliches Anlageinstrument mit außerordentlicher Zinshebelwirkung* und meiner Erfahrung nach *das* Werkzeug überhaupt, mit dem sich Vermögensaufbau sicher und mit Bestimmtheit erzielen lässt!

Das nötige fachliche Know-how, die Tipps, die Tricks, die Warnungen vor Fallgruben und die *Insider-Strategien*, verrate ich Ihnen im Verlauf dieses Buches.

Es wäre für mich eine große Freude, wenn Sie dieses Buch mit dem darin enthaltenen Know-how und den angeführten Praxisbeispielen nicht nur lesen, sondern es sich statt dessen zunutzen machen, um sich *selbst ein Vermögen zu verdienen*! Das ist das Ziel!

Dabei gehe ich davon aus, dass Ihnen der Reichtum nicht in die Wiege gelegt wurde und Sie daran interessiert sind, aus eigenem Antrieb wohlhabend zu werden. Vielleicht haben Sie einen Teil des Weges bereits zurückgelegt, vielleicht noch nicht. Das ist nicht relevant. Was zählt ist, dass Sie sich verbessern wollen! dass Sie genug Mumm in den Knochen und Arbeitswillen in Ihren Gliedern haben, um es im Bereich Vermögensbildung zu mehr zu bringen.

Einen wesentlichen Bestandteil dieses Buches bilden *Strategien*. Damit sind praxisbezogene *Planungen* gemeint, die Ihnen beim Vermögensaufbau den richtigen Weg aufzeigen. Die weiterhin in diesem Buch dargelegten Konzepte können dann in Vermögensaufbau-Strategien umgesetzt werden, womit die Straße, auf der Sie voranschreiten können, vorgegeben ist. Sie verfügen damit über Strategien, die zum Erfolg führen, Strategien, die Sie unter andere einsetzen können, um in Zukunft *Ihre Miete in die eigene Tasche fließen zu lassen*! Würde es Ihnen nicht gefallen, diesen monatlichen Betrag für sich selbst anzulegen, statt ihn irgendeinem Vermieter zukommen zu lassen? Und damit gleichzeitig die *Sicherheit* und *Vorsorge* Ihrer Familie zu garantieren? Oder sind Sie daran interessiert zu erfahren, wie Sie den Ertrag Ihrer Lebensversicherung *ohne* Mehraufwand *verdoppeln* können? Sie werden über das nötige Know-how verfügen, um Ihren Weg zu gehen. All das wird Ihnen bei der Festsetzung Ihrer Vermögensziele hilfreich sein, und Sie werden wissen, welche Aktionen Sie dorthin führen. Zusätzlich können Sie Makler, Berater und andere Personen, mit denen Sie im Laufe Ihrer Aktivitäten zusammenarbeiten werden, richtig einschätzen.

Allein dadurch, dass Sie überprüfen, ob diese die in diesem Buch beschriebenen Konzepte und Strategien kennen, wird Ihnen deutlich werden, ob es sich um Profis handelt oder nicht.

Ohne Übertreibung: Es steht Ihnen eine aufregende und bewegende Zeit bevor! Um Sie auf den Geschmack zu bringen, will ich ein wenig vorgreifen und einige interessante Aspekte ansprechen.

In den einführenden Kapiteln nehmen wir die internationale sowie auch die nationale Finanzsituation unter die Lupe. Neben Faktoren wie *Inflation*, *Rente* und *Steuern* wird eine Entwicklung aufgezeigt, auf die Sie vorbereitet sein sollten. Und damit ist nicht nur die Globalisierung gemeint. Dieser stellt nur die Spitze des Eisbergs dar, auf den unser Wirtschafts-
schiff geradezu "titanisch" zusteuert. Eine Entwicklung, auf die Sie sich vorbereiten können, um davon zu profitieren!

Anschließend werden die besten Strategien rund um den Vermögensbau aufgezeigt, Sie erfahren, welche Wege langfristig zu einem Millionenvermögen führen können und vor welchen Methoden Sie sich in acht nehmen sollten - immer unter Bezug auf erfolgreiche Erfahrungen und praktizierte Geschäfte. Wenn dabei Zitate aus den einschlägigen Gesetzbüchern fehlen, so bitte ich das zu entschuldigen. Dies sei weiterer Immobilien-Literatur überlassen, die zuhauf existiert.

Danach wird es dann spannend: Wir betreten die Sphäre des *Immobilieneinkaufs*. Ein Tätigkeitsfeld, das eine Menge Know-how erfordert, nicht zuletzt auch gute Beobachtungsgabe.
Wobei Sie zusätzlich auch noch den Verkäufer, die finanzierende Bank und den Notarvertrag unter Kontrolle halten müssen. Manchmal kein leichtes Unterfangen.

Der nächste Schritt besteht darin, Immobilien zu bewirtschaften. Dies ist die Phase, in der Sie in die *Werthaltigkeit* Ihrer Immobilie investieren müssen. Und zwar dort, wo es sich lohnt. Hier können Sie schnell 10.000 Euro unnütz zum Fenster hinauswerfen oder - mit dem gleichen Investitionsvolumen - 100.000 Euro Wertsteigerung erzielen. Ein interessantes Gebiet, in dem Sie sich auf einige Überraschungen freuen können.

Um den *Wertzuwachs* Ihrer Immobilien zu potenzieren, müssen Sie wissen, wie Sie Ihren Grundbesitz wieder an den Mann bringen können - und zwar innerhalb kürzester Zeit zu einem guten Preis. Hier helfen Ihnen *Verkaufsstrategien* und erfolgreiche *Marketing-Techniken*. Dabei gehe ich auf althergebrachte Medien wie die *Zeitungsannonce* ein, zeige Ihnen aber auch die Verwendung von High-Tech-Instrumenten wie dem *Internet* auf. In den entsprechenden Kapiteln finden Sie die Basisinformationen, die Sie einfach kennen *sollten*, um sich ausreichend *Liquidität* zu schaffen und damit die Geschwindigkeit Ihres Vermögensaufbaus zu vervielfachen!

Gegen Ende des Buches präsentiere ich Ihnen noch ein paar ganz besondere Strategien. Worum es sich dabei handelt, will ich noch nicht verraten. Warten Sie´s ab!

Machen Sie sich also auf eine Fülle von Daten gefasst, mit denen Sie wahrscheinlich noch nie in Berührung gekommen sind. Gehen Sie ruhig davon aus, dass dieses Buch für Sie Millionen wert sein kann - wenn Sie es verstehen, daraus für sich selbst Ihren Weg zu finden.

In diesem Sinne: Legen wir los

# I. Über die Systemkrise der Finanzwelt

## 1. Können Sie von der Inflation profitieren?

Ein Faktor von Interesse, für Sie genauso wie für mich und jeden anderen Deutschen, ist unsere finanzielle Zukunft. Wir alle wünschen uns, stets über ein ausreichendes Einkommen zu verfügen und somit finanziell abgesichert und unabhängig zu sein, um unsere Ziele verfolgen zu können. Dabei bauen wir auf unseren *Beruf* als einträgliche Geldquelle, auf (hoffentlich) rentable *Investitionen* und nicht zuletzt auch darauf, dass unser *Wirtschaftssystem* seine Stabilität behält. Leider können wir als Individuen nicht alle Faktoren selbst beeinflussen. Das wäre zwar wünschenswert, nicht zuletzt auch demokratisch, entspricht aber faktisch nicht den Tatsachen.

Das Ziel dieses Buches besteht darin, Ihnen einen *erfolgreichen* und *bewährten* Weg aufzuzeigen, der Ihnen den Aufbau eines eigenen Vermögens ermöglicht. Und das, *obwohl* negative Faktoren in der Gesellschaft dagegen sprechen. Tatsächlich können Sie diesen durch
die hier angeführten Strategien sogar noch ein Schnippchen schlagen und von ihnen profitieren - sozusagen aus der Not eine Tugend machen.

Betrachten wir daher zunächst einmal, was diese Faktoren sind, die unserem Land und damit jedem Bürger zu schaffen machen.

### Inflation - die schleichende Geldentwertung

Einer der Hauptfaktoren, an der moderne Gesellschaften wie die unsere leiden, ist die *Inflation*. Damit bezeichnet man die Tatsache, dass das Geld im Laufe der Zeit an Wert verliert; seine Kaufkraft schwindet. Für uns Deutsche scheint das auf den ersten Blick kein ernstes Problem zu sein, verfügen wir doch über eine der stabilsten Währungen überhaupt, den *Euro*. Und tatsächlich: Kurzfristig, auf ein, zwei oder drei Jahre gesehen, ist die Inflation kaum spürbar. Betrachtet man die Wertentwicklung unseres Geldes aber über einen längeren Zeitraum - und das müssen wir, wenn wir von Vermögensaufbau in Millionenhöhe sprechen, so sieht es schon ganz anders aus.

In 50 Jahren - von 1948 bis 1998 - hat die Deutsche Mark enorm an Kaufkraft verloren, wie aus der nachfolgenden Grafik ersichtlich ist:

**50 Jahre Deutsche Mark**
Preisentwicklung (Index 1948 = 100)

| Jahr | Index |
|------|-------|
| 1948 | 100 |
| 1958 | 109 |
| 1968 | 134 |
| 1978 | 211 |
| 1988 | 284 |
| 1998 Schätzung | 376 |

Kaufkraft einer DM im Vergleich zu 1948

| 100 Pf | 92 Pf | 75 Pf | 47 Pf | 35 Pf | 27 Pf |

Diese Entwicklung entspricht einer jährlichen Inflationsrate von durchschnittlich knapp über 2,5 Prozent. Jetzt stellt sich die Frage, ob Sie diese 2,5 Prozent verlieren oder lieber als Gewinn einstreichen wollen. Ganz ehrlich: Was wäre Ihnen lieber?

Betrachten wir zunächst, wie es dem fleißigen Sparer Peter Bürger ergeht, der 100.000 Euro auf einem Sparbuch deponiert in der Hoffnung, seinem Millionenvermögen näher zukommen. Gehen wir etwas pessimistisch davon aus, dass dieses Geld jährlich mit 2 Prozent verzinst wird. Wie sieht die Entwicklung seines Vermögens in diesem Fall aus?

Bevor wir dies im Detail betrachten, möchte ich einen Faktor einbringen, der äußerst wichtig ist. Es handelt sich dabei um die der Immobilie als Wertanlage innewohnende *Hebelwirkung*. Wenn Sie, wie nachfolgend berechnet, 100.000 Euro bar anlegten, würden diese Ihnen bei 2,5 Prozent Inflation einen realen jährlichen Inflations*verlust* von 2.500 Euro bescheren. Würden Sie damit aber für 500.000 Euro Immobilien erwerben, den Rest also finanzieren, wäre die Inflation für Ihr Eigenkapital - für die 100.000 Euro - neutral, also ausgeglichen. Sie hätten damit dem Inflationsverlust ein Schnippchen geschlagen.

Die zur Finanzierung aufgenommenen 400.000 Euro brächten Ihnen sogar jährlich 10.000 Euro an Inflations*gewinn*! Darüber und über die systembedingte Inflation mehr auf den folgenden Seiten.

Betrachten wir zunächst die Wertentwicklung von Geldvermögen auf einem herkömmlichen Sparbuch. Wobei anzumerken bleibt, dass die Inflation im Jahr 2005 2% betrug und sich im steigen befindet. Allein die Versteuerung der Nahrungsmittel und Rohstoffe zeigen uns, dass die Inflation nicht wirklich in den Griff zu kriegen ist.

**Wertentwicklung eines Vermögens von 100.000 Euro auf einem mit 2 Prozent verzinsten Sparbuch**

| Jahr | Geldsumme (€) |
|------|---------------|
| 0 | 100.000 |
| 1 | 102.000 |
| 2 | 104.040 |
| 3 | 106.121 |
| 4 | 108.243 |
| 5 | 110.408 |
| 6 | 112.616 |
| 7 | 114.869 |
| 8 | 117.166 |
| 9 | 119.509 |
| 10 | 121.899 |
| 11 | 124.337 |
| 12 | 126.824 |
| 13 | 129.361 |
| 14 | 131.948 |
| 15 | 134.589 |
| 16 | 137.279 |
| 17 | 140.024 |
| 18 | 142.825 |
| 19 | 145.681 |
| 20 | 148.595 |

Innerhalb von 20 Jahren hat Peter Bürger rund 50.000 Euro verdient. Das ist zwar nicht besonders viel, scheint aber auch nicht schlecht zu sein. Oder? Betrachten wir jedoch ein wenig genauer, was mit seinen Ersparnissen geschieht, indem wir auch den Faktor Inflation berücksichtigen. Wie wird sich eine durchschnittliche Inflation von 2,5 Prozent auf die Kaufkraft seines Geldes - und damit auf dessen tatsächlichen Wert - auswirken?

**Wertentwicklung eines Vermögens von 100.000 Euro auf einem mit 2 Prozent verzinsten Sparbuch, unter Berücksichtigung einer jährlichen Inflation von 2,5 Prozent**

| Jahr | Geldsumme (€) | Tatsächliche Kaufkraft, verglichen mit dem Anfangsjahr (€) |
|---|---|---|
| 0 | 100.000 | 100.000 |
| 1 | 102.000 | 99.500 |
| 2 | 104.040 | 99.003 |
| 3 | 106.121 | 98.507 |
| 4 | 108.243 | 98.015 |
| 5 | 110.408 | 97.525 |
| 6 | 112.616 | 97.037 |
| 7 | 114.869 | 96.552 |
| 8 | 117.166 | 96.069 |
| 9 | 119.509 | 95.589 |
| 10 | 121.899 | 95.511 |
| 11 | 124.337 | 94.635 |
| 12 | 126.824 | 94.162 |
| 13 | 129.361 | 93.691 |
| 14 | 131.948 | 93.223 |
| 15 | 134.589 | 92.757 |
| 16 | 137.279 | 92.293 |
| 17 | 140.024 | 91.832 |
| 18 | 142.825 | 91.372 |
| 19 | 145.681 | 90.916 |
| 20 | 148.595 | 90.461 |

Hier zeigt sich ganz deutlich, dass Herr Bürger seinem Millionenvermögen keinen Schritt näher gekommen ist, sondern sich sogar davon entfernt hat! Von Vermögensaufbau durch Zinsen keine Spur! Während sich auf seinem Sparbuch nominal scheinbar mehr und mehr Geld ansammelt, wird es real faktisch immer weniger! Dabei gilt es zu berücksichtigen, dass die rechnerischen Werte aus dem obigen Beispiel nicht in jedem Fall zutreffen müssen. Eine bessere Verzinsung würde die Entwicklung zugunsten von Herrn Bürger verändern, eine höhere Inflationsrate zu seinen Ungunsten. Auch zu zahlende Steuern wurden hierbei nicht berücksichtigt.

Dennoch kann gefolgert werden, dass herkömmliche Sparanlagen wie das *Sparbuch*, *Festgeldkonten*, *Sparverträge*, *Lebensversicherungen* etc. *keine* effektiven Werkzeuge darstellen, um sich ein Vermögen aufzubauen. Allein der Faktor Inflation spricht dagegen! Dabei ist es egal, ob Sie in monatlichen Raten sparen oder einmal eine fünf- oder sechsstellige Summe auf die hohe Kante legen:

Die Zinsen werden von der Inflation zunichte gemacht, die Behauptung, dass sich mit diesen Finanzprodukten Vermögensaufbau erzielen lässt, ad absurdum geführt!

**Inflationsgewinn durch die Immobilie!**

Lassen Sie uns nun die Wertentwicklung einer Immobilie, die einen *Sachwert* darstellt, im Angesicht der Inflation betrachten. Dabei sollte ich vorausschicken, dass der Wert von Immobilien hauptsächlich von den mit ihr erzielten *Mieteinnahmen* abhängt. Steigen also die Mieten, so steigt auch der Immobilienwert. Und interessanterweise sind die Mieten - wie andere Lebenshaltungskosten auch - direkt von der Inflation abhängig.

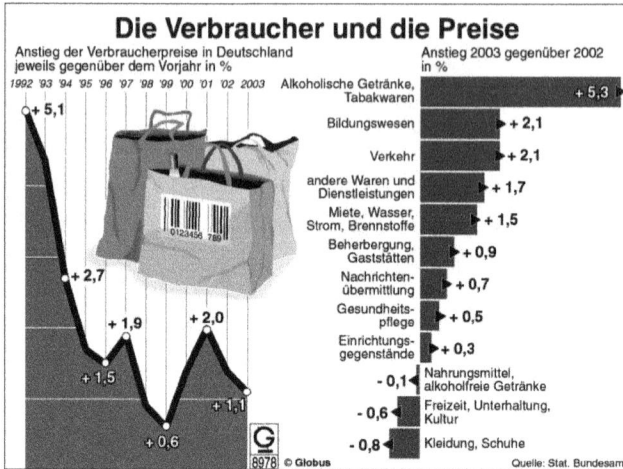

## Die Verbraucher und die Preise

Anstieg der Verbraucherpreise in Deutschland jeweils gegenüber dem Vorjahr in %

1992 '93 '94 '95 '96 '97 '98 '99 '00 '01 '02 2003

+ 5,1

+ 2,7

+ 1,9   + 2,0

+ 1,5

+ 1,1

+ 0,6

Anstieg 2003 gegenüber 2002 in %

| | |
|---|---|
| Alkoholische Getränke, Tabakwaren | + 5,3 |
| Bildungswesen | + 2,1 |
| Verkehr | + 2,1 |
| andere Waren und Dienstleistungen | + 1,7 |
| Miete, Wasser, Strom, Brennstoffe | + 1,5 |
| Beherbergung, Gaststätten | + 0,9 |
| Nachrichten- übermittlung | + 0,7 |
| Gesundheits- pflege | + 0,5 |
| Einrichtungs- gegenstände | + 0,3 |
| Nahrungsmittel, alkoholfreie Getränke | - 0,1 |
| Freizeit, Unterhaltung, Kultur | - 0,6 |
| Kleidung, Schuhe | - 0,8 |

8978 © Globus                Quelle: Stat. Bundesamt

Gemäß der obigen Grafik lag die Inflation im Jahr 1997 mit 1,8 Prozent unter dem vorher berechneten Durchschnittswert von 2,5 Prozent, somit relativ niedrig. Dennoch stiegen die Mieten im gleichen Jahr um 2,7 Prozent! Eine Entwicklung, die Mieter blass aussehen lässt, Immobilienbesitzer aber zu Freudensprüngen veranlasst.

Tatsächlich schlägt die Mietsteigerung der Vergangenheit die Inflationsrate um Längen. Im Zeitraum von 1963 bis 1993 - über 30 Jahre also - lag die jährliche Inflationsrate durchschnittlich bei 3,5 Prozent, die Mieten aber stiegen pro Jahr im Durchschnitt um 4,6 Prozent!

## Entwicklung der Wohnungsmiete und Lebenshaltungskosten

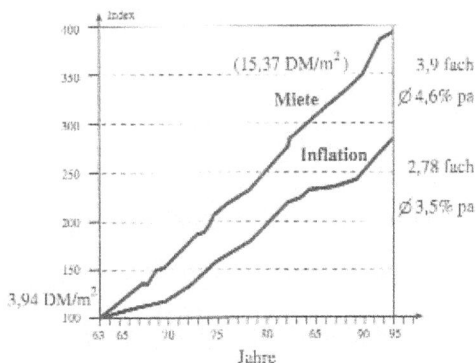

Somit hätten wir als Immobilienbesitzer der Inflation ein Schnippchen geschlagen und sogar an ihr verdient! Doch es kommt noch weitaus besser! Mit dem *Euro* können wir uns nämlich auf eine gesteigerte Inflation *freuen!*

## Die Euro-Inflation

Während über die Inflation der Deutschen Mark schon etliche Seiten geschrieben wurden, ist das Thema Euro im Zusammenhang mit Geldentwertung bisher recht stiefmütterlich behandelt worden. Man mutmaßt zwar, dass uns der Euro eine gesteigerte Inflation bringen könnte, hat dafür aber keine genauen Prognosen verfügbar.

Allerdings: Schon ein Blick in die Vergangenheit zeigt, dass der Euro - der vor ein paar Jahren noch *ECU* genannt wurde - in den letzten Jahren deutlich an Kaufkraft eingebüßt hat. War der Wert des Euro 1975 noch 3,05 Mark, so ist er heute auf 1,94 Mark gesunken.

(Stand 1997, Quelle: Deutsche Bundesbank) Diese Euro-Inflation von über 2 Prozent per anno muss man noch zur Inflation der Deutschen Mark hinzuaddieren!

Rechnet man weiterhin eine leicht gesteigerte Inflation durch die schwachen Währungen der kommenden Währungsunion hinzu, so wünscht man sich wohl bald die Zeiten zurück, als die Deutsche Mark mit 2,5 bis 3,5
Prozent jährlicher Durchschnittsinflation zu kämpfen hatte. Dann nämlich sind Werte um 5, 6, 7 oder mehr Prozent anzunehmen!

Kurz gesagt: Die Immobilie stellt einen *idealen Inflationsschutz* dar. Besser noch: Sie verwandelt den Schrecken dieses wirtschaftlichen Phänomens in einen Segen! Doch damit nicht genug!
Die Immobilie birgt noch weitaus mehr Vorteile. Betrachten wir als nächstes, wie sie mit der steigenden Steuerlast fertig wird.

**Kurzübersicht:**

1.  Sie können nicht alle Faktoren innerhalb unseres Wirtschaftssystems beeinflussen - aber Sie können Ihren eigenen Vermögensaufbau gezielt vorantreiben!

2.  Die jährliche Inflationsrate lag in den letzten 50 Jahren durchschnittlich bei 2,5 Prozent, im Zeitraum von 1963 bis 1993 bei 3,5 Prozent jährlich.

3.  Herkömmliche Sparanlagen wie Sparbuch, Festgeldkonten, Sparverträge, Lebens-Versicherungen etc. stellen keine effektiven Werkzeuge dar, um sich ein Vermögen aufzubauen. Allein der Faktor Inflation spricht dagegen!

4.  Mit der Ablösung der Deutschen Mark durch den Euro ist auch die Berechnung der Inflation geändert worden und damit ist zunächst der Eindruck entstanden als sei der Euro stabil, denn das ist auch politisch gewollt.
    Grundsätzlich kann der Zusammenschluss verschiedener Währungen, die alle mehr Inflation als früher die DM hatte, nicht zu einer langfristig niedrigen Inflationsrate führen.

5.  Die Mieten steigen schneller als die Inflation. Dies ist ein Faktor, der Immobilien in den idealen Inflationsschutz verwandelt und Immobilienbesitzer von der Inflation profitieren lässt.

## 2. Was Sie gegen die steigende Steuerlast unternehmen können

Ein zweiter Faktor, der sich Ihrem Vermögensaufbau in den Weg stellen kann, ist die sich ständig verschlechternde Steuersituation. Im gleichen Zuge könnte man auch die steigenden Abgaben nennen, die etwa für Sozialversicherungsleistungen anfallen. Dies sind Faktoren, die Sie definitiv ins Kalkül ziehen müssen.

### Die bundesdeutsche Steuerlandschaft

Die Liste der deutschen Steuerarten ist schier endlos und würde einen alten Germanen sicherlich mit Zorn erfüllen. Zwar kannte man zu seiner Zeit schon Steuern, doch hielten sie sich damals noch in Grenzen. Hätte man den Stammesfürsten die Einführung einer Lohn oder Einkommensteuer vorgeschlagen, wäre man sicherlich von ihrem Land vertrieben worden. Aber seitdem hatten die Staatsdenker und -lenker viel Zeit, sich gute Argumente für immer mehr Steuern auszudenken.

**Steuerspirale 2002**

Steuereinnahmen in Deutschland
insgesamt 441,7 Milliarden Euro
darunter in Mio. Euro

Zinsabschlag 8 478
9 261 Grundsteuer
Kirchensteuer* 8 346
10 403 Solidaritätszuschlag
Versicherung- 8 327
steuer
13 778 Tabaksteuer
Umsatz-,
Mehrwert-
steuer
138 195
Mio. Euro
Kfz-Steuer 7 592
14 024 Kapitalertragsteuer
Einkommen- 7 541
steuer
132 190
Lohnsteuer
Stromsteuer 5 097
23 489
Gewerbesteuer
42 193
Grunderwerb- 4 838
steuer
Mineralöl-
steuer
Erbschaftsteuer 3 021

Zölle 2 896
Körperschaftsteuer 2 864
2 149 1 844 1 091
Branntweinsteuer
Rennwett-, Kaffeesteuer
Lotteriesteuer

● 1 Getränkesteuer
● 2 Schankerlaubnissteuer
● 7 Kinosteuer
● 25 Jagd- u. Fischereisteuer
● 30 Zwischenerzeugnissteuer
● 54 Zweitwohnungsteuer
● 212 Hundesteuer
● 239 Vermögensteuer
● 244 Vergnügungsteuer
● 306 Feuerschutzsteuer
● 420 Schaumweinsteuer
812 Biersteuer

© Globus
8609

* in der Gesamtsumme nicht enthalten

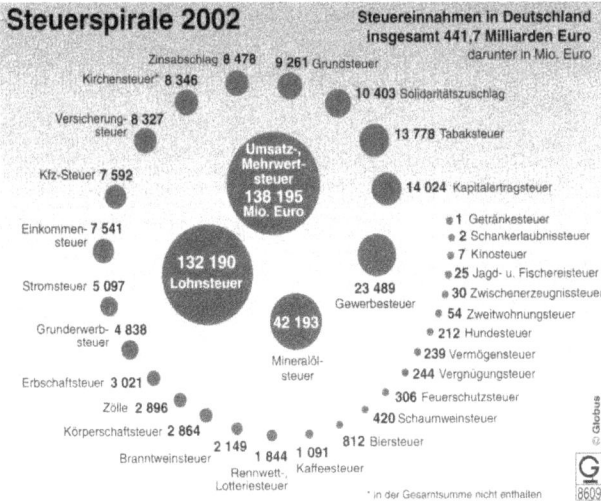

Grundsätzlich unterscheidet man *direkte* und *indirekte Steuern*. Zur ersten Kategorie zählt
beispielsweise die *Lohnsteuer*, die in Abhängigkeit von der Lohnsumme festgelegt und direkt
vom Bürger gezahlt wird.

Nach einem gesetzlich festgeschriebenen Verfahren muss man um so mehr zahlen, je mehr man verdient. In die gleiche Kategorie fallen *Einkommen-* und *Gewerbesteuer*. Damit sind direkte Steuern gleichsam ein Bremsklotz für den Arbeitseifer von Bürgern und Unternehmern.

Sehr viel versteckter werden die indirekten Steuern erhoben. Sie sind in den Preisen, die wir für Waren bezahlen, bereits enthalten. Denken Sie nur an die *Mineralölsteuer*, die Sie mit jedem Liter Benzin bezahlen. Oder an die *Mehrwertsteuer*, die in fast jedem Artikel und jeder Dienstleistung enthalten ist.

Es gibt einfach keinen Weg, an indirekten Steuern vorbeizukommen - außer man konsumiert nicht. Aber das ist fast unmöglich, denn schließlich muss man essen, braucht Kleidung etc.

**Die zusätzliche Belastung: Sozialabgaben**

Ein teures Erbe, das wir uns da angelacht haben: die *Sozialabgaben*! Obwohl das System an sich sinnvoll und erstrebenswert ist, kostet es uns dieser Tage Kopf und Kragen. In der Anfangszeit unserer Republik, als das Verhältnis von Produktion und staatlicher Fürsorge für Bedürftige noch stimmte, als Staatslenker wie Ludwig Erhard das Ruder in den Händen hielten, war die *soziale Marktwirtschaft* etwas, auf das wir stolz waren. Aber: Damals konnten wir sie uns auch noch leisten. Tatsächlich waren 1960 vom durchschnittlichen Arbeitnehmer nur 27,4 Prozent seines Lohns an Lohnsteuer, Sozialabgaben und indirekten Steuern zu zahlen. Und davon wurden sämtliche Staatsausgaben und sozialen Leistungen finanziert. Dieser Wert ist seitdem stetig angestiegen und droht sich gerade zu verdoppeln!

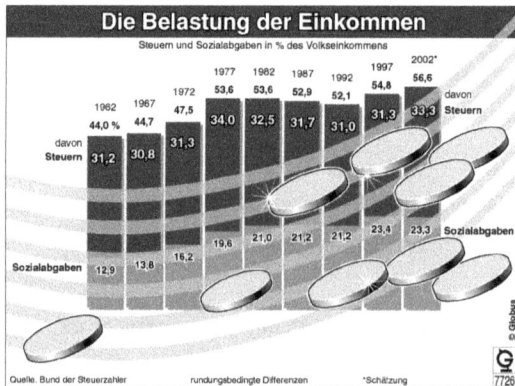

Die Belastung der Einkommen
Steuern und Sozialabgaben in % des Volkseinkommens

Als Begründung dieser enormen Steigerung wird in jüngster Zeit oft die *Wiedervereinigung* angeführt. Wenn Sie aber den Trend in der abgebildeten Grafik betrachten, ist leicht zu erkennen, dass der Anstieg der Soziallasten schon Jahrzehnte vorher begonnen hat und sich in der Gegenwart einfach weiter fortsetzt. Die Kosten der Wiedervereinigung haben sicherlich zu einer Beschleunigung des bereits vorhandenen Trends geführt, sie waren aber *nicht* der Auslöser. Und geht man davon aus, dass die Entwicklung in der gleichen Art und Weise voranschreiten wird, so müssen wir dem Staat bald 50 oder gar 60 Prozent unseres Einkommens zur Verfügung stellen, damit er sie nach seiner Vorstellung verteilen kann. Ich für meinen Teil halte das für eine schrittweise Entmündigung der wirtschaftlichen Entscheidungsfähigkeit des Einzelnen.

**Die Flaute auf dem Arbeitsmarkt**

Einer der Gründe für die steigenden Abgaben ist sicherlich in der Entwicklung des Arbeitsmarktes zu suchen. Immer mehr Arbeitslose, die kein Geld mehr in die Staatskasse einbringen, dafür aber soziale Unterstützung erhalten, stören die Funktionalität des Systems. Und die Zahlen sehen in der Tat nicht rosig aus. Von 1980 (900.000) bis 2004 (4.400.000) hat sich die Anzahl der Arbeitslosen - bezogen auf die alten Bundesländer - mehr als verdoppelt!

(Quelle: Statistisches Bundesamt) Und von 1990 bis zum Jahr 2000 steht uns eine weit schlechtere Entwicklung bevor. Betrachten Sie die Zahlen der vergangenen Jahre, und Sie werden die Tendenz klar sehen.

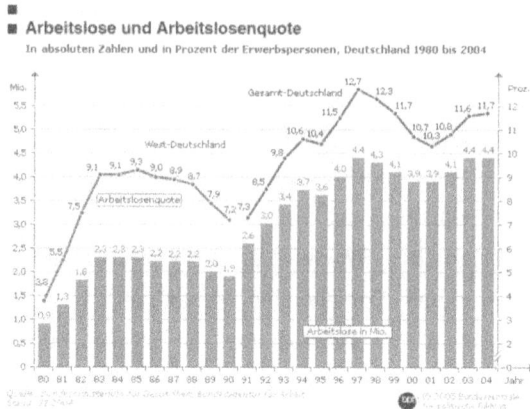

**Arbeitslose und Arbeitslosenquote**
In absoluten Zahlen und in Prozent der Erwerbspersonen, Deutschland 1980 bis 2004

## Wo das System fehlgeht

Unser Steuersystem beruht grundsätzlich darauf, dass alle zur Gemeinschaft beitragen, und ganz besonders jene zur Kasse gebeten werden, die viel verdienen. Das ist an sich keine schlechte Idee. Zumindest in der Theorie. In der Praxis versagt sie nämlich. Denn: Wer wirklich gutes Geld verdient, der schafft es ins Ausland oder verlegt seinen Wohnsitz in ein Steuerparadies - wie Boris Becker es vor Jahren schon getan hat, als er nach Monaco zog. Und im vereinten Europa ist dies für weitaus mehr gut verdienende Bürger eine gangbare Alternative. Oder man tritt - wie Steffi Graf - aus der Kirche aus.

## Welcher Ausweg bleibt?

Sie könnten nun natürlich versuchen, dieses Problem auf politischem Wege anzugehen. Allerdings wage ich zu bezweifeln, dass Sie damit als einzelner Erfolg haben werden. Weiterhin bleibt die Hoffnung, dass unsere Spitzenpolitiker umdenken und zu einer positiven Lösung gelangen. Immerhin - von einer *Steuerreform* ist alle naselang bei allen Parteien die Rede. Man hat sogar mal von einem *Sparpaket* gesprochen. Rhetorisch gesehen eine absolut geniale Wortschöpfung. In der Praxis allerdings änderte dies für den einzelnen Bürger nichts. Seine Abgaben stiegen weiter und steigen immer noch. Sie ahnen es vielleicht schon: Auch in Sachen Steuern kann Ihnen die Immobilie als effektives Werkzeug dienlich sein.

**Gezielt Steuern sparen mit Immobileninvestitionen**

Der Steuervorteil durch Immobilien ist in der Tat vielfältig. Grundsätzlich unterscheidet man vom steuerlichen Gesichtspunkt *selbstgenutzte* und *fremdvermietete Objekte.* Insbesondere letztere - sie werden zu Recht auch als *Kapitalanlage* bezeichnet - bieten dem Eigentümer steuerliche Abschreibungsmöglichkeiten, mit denen er seine Steuerlast senken kann. Ausgaben für Immobilieninvestitionen können vom zu versteuernden Einkommen abgezogen werden, was zu verminderter Lohn- beziehungsweise Einkommensteuer führt.

Ich will an dieser Stelle noch nicht im Detail darauf eingehen, wie Sie wovon wie viel Prozent absetzen können. Das ist Teil eines späteren Kapitels. Ich will Ihnen nur aufzeigen, dass sich Ihnen zwei Möglichkeiten bieten: Entweder, Sie zahlen weiterhin brav Ihre Steuern, oder Sie holen sich einen Teil des Geldes vom Staat zurück und investieren es in Ihren eigenen Vermögensaufbau.

## Steuern - steuern

Dabei müssen Sie nicht mal Steuerberater sein oder sich besonders geschickt anstellen. Wichtig ist nur, dass Sie die Entscheidung treffen, etwas zu unternehmen, und es dann *tun*! Es existiert jedoch ein weiteres Problem, das unserer Republik zu schaffen macht: die eskalierende Rentensituation! Dazu mehr im nächsten Kapitel.

**Kurzübersicht:**

1.  Man unterscheidet direkte Steuern (wie die Lohnsteuer) und indirekte Steuern
    (wie die Mehrwertsteuer).

2.  Die an den Staat abzuführenden Abgaben sind von 27,4 Prozent des Bruttoverdienstes im Jahr 1960 auf 45,5 Prozent im Jahr 1997 angestiegen. Sie umfassen Lohnsteuer, Sozialabgaben und indirekte Steuern.

3.  Einer der Gründe für die ungünstige Abgabenentwicklung ist die steigende Arbeitslosigkeit. So waren 1997 4.384.456 Bundesbürger arbeitslos, was einer Quote von 11,4 Prozent der erwerbsfähigen Bevölkerung entspricht.

4.  Wer laut Gesetz am meisten zum Steueraufkommen beitragen sollte, findet gewöhnlich Möglichkeiten, sich dem staatlichen Zugriff zumindest zum Teil zu entziehen, und sei es nur dadurch, dass er seinen Wohnsitz ins Ausland verlegt.

5.  Einer der effektivsten Wege, um Steuern zu sparen, besteht darin, in Kapitalanlage- Immobilien zu investieren. Auf diesem Wege lassen Sie Ihren Vermögensaufbau vom Staat "sponsern".

## 3. Die Renten sind sicher - oder etwa nicht?

Einer der Gründe, warum wir uns mit Vermögensaufbau beschäftigen, ist der gesicherte Ruhestand. Die Zeit Ihres Lebens, in der Sie die Früchte Ihrer Arbeit genießen und sich einige lang ersehnte Träume erfüllen wollen. Der Garant dafür war bisher unter anderem der Generationenvertrag, doch...

### ... werden sich Ihre Kinder und Enkel an den Generationenvertrag halten?

Auf der Welt existieren unterschiedliche Philosophien darüber, wie man seinen Lebensabend finanziell absichert. Vielerorts ist die beste Rentenversicherung eine große Familie, wobei die Nachkommen die ältere Generation ernähren, wenn diese nicht mehr selbst für sich aufkommen kann. Eine sehr einfache, aber dennoch brauchbare Form der sozialen Absicherung. Das bundesdeutsche System baut auch auf die Arbeitsleistung der Nachkommen, schaltet aber den Staat als Instanz zwischen Arbeiter und Rentner. Dadurch wird das System zwar weniger persönlich, in seiner Funktion aber grundsätzlich nicht weniger effektiv. Diese Rentenphilosophie bezeichnet man auch als *Generationenvertrag*. Das ist wohl einer der wenigen Verträge, die Sie nicht unterzeichnen müssen, um an ihn gebunden zu sein.

In seiner ursprünglichen Konzeption ist dieses System äußerst zuverlässig und sorgt dafür, dass sich unter der älteren Generation keine soziale Not ausbreitet. Besonders zur Zeit des Wirtschaftswunders, wo die deutschen Produktionsstatistiken mit enormem Antrieb in die Höhe schnellten, konnten sich die Rentner darüber freuen, finanziell abgesichert zu sein. Dabei sollte erwähnt werden, dass die von der arbeitenden Bevölkerung gezahlten Rentenbeiträge *nicht* mit guter Rendite angelegt werden, um sozusagen Rentenreserven aufzubauen. Das war und ist *nicht* vorgesehen. Tatsächlich werden die vom Staat eingenommenen Rentenbeiträge schnurstracks wieder an die existierenden

Rentner verteilt. In den letzten Jahren allerdings bröckelt dieses ach so stabile Rentensystem zusehends. Der Hauptgrund dafür ist die sich verändernde Altersstruktur unserer Republik. Durch geburtenschwache Jahrgänge und steigende Lebenserwartung verschlechtert sich das Verhältnis von Beitragszahlern zu Rentnern.

## Altersstrukturen der Deutschen

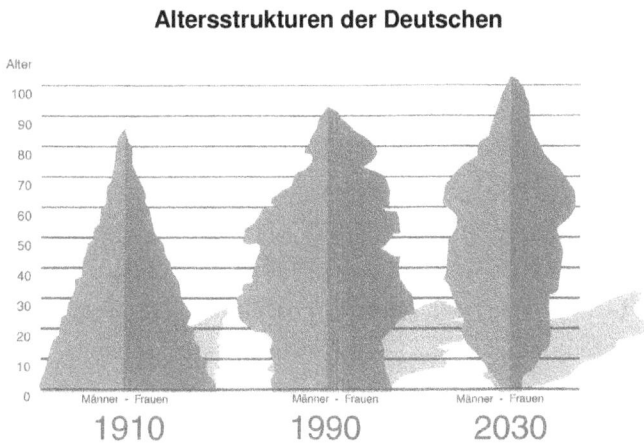

1910    1990    2030

Hinzu kommt, dass die junge Generation durch lange Schul- und Universitätsausbildung erst Mitte zwanzig damit beginnt, wirklich Geld zu verdienen und ihren Anteil zur Rentenkasse beizusteuern. Ganz zu schweigen von der steigenden Zahl der Arbeitslosen, die ihrerseits auch keine Rentenbeiträge entrichten.

Die Frage, die Sie sich stellen sollten, lautet daher: *Ist meine Rente sicher?* Und wenn ja, in welcher Höhe? Ich habe mir vor einiger Zeit die Mühe gemacht, dies durchzurechnen und bin zu folgender erschreckenden Schlussfolgerung gelangt: Wer heute 500 Euro monatlich einzahlt, der kann darauf hoffen, dass er in 20 Jahren gerade mal 25 Euro aus jedem eingezahlten Tausender als Rente in

Empfang nimmt! Es ist wirklich so extrem! Von Rendite und Vermögensaufbau keine Spur!

**Die staatliche Lösung**

Der Staat hat zur Lösung des Rentenproblems ein paar interessante Strategien aus seiner Trickkiste gezaubert. Nicht, dass sie das Problem etwa lösen würden - entschuldigen Sie bitte den Sarkasmus. Ich will sie dennoch kurz anführen: Zunächst sind die *Erhöhung der Rentenbeiträge* zu nennen. Das ist eine relativ einfache Methode, die man damit rechtfertigen kann, dass die Renten gesichert sein müssen! Natürlich geht das zu Lasten der arbeitenden Bundesbürger. Recht genial nimmt sich die Einführung der *Pflegeversicherung* aus. Hierbei wird jeder Arbeiter darum "gebeten", einen kleinen Prozentsatz seines Einkommens in eine Pflichtversicherung zu investieren, die - man höre und staune - hauptsächlich Rentnern zugute kommt. In Wirklichkeit handelt es sich somit um eine indirekte Erhöhung der Rentenbeiträge. Über kurz oder lang wird eine "Lösung" darin bestehen, dass die *Rentenbeiträge nicht mehr erhöht* und aufgrund der Inflation faktisch gesenkt werden.

Last but not least kann man das *Rentenalter erhöhen*. Da die Bundesbürger ohnehin immer älter werden, müssen sie ja nicht schon mit 65 in Rente gehen. Eigentlich nicht unlogisch, wenn es nicht übertrieben wird. Denn wenn man irgendwann erst mit 70 in den Ruhestand gehen kann, muss man fünf Jahre länger arbeiten (und Beiträge zahlen), nur bleibt einem dann nicht mehr viel Zeit, seine Rente zu genießen. Wie effektiv diese Lösungen tatsächlich sind, wird sich in der Zukunft zeigen.

**Der freie Fall ins Rentenalter**

Wir müssen aber nicht erst Jahre warten, um erkennen zu können, dass der Übergang ins Rentenalter einem freien Fall gleichkommt. Je nachdem, wie lange man für seine Rente eingezahlt hat, fällt man tiefer oder weniger tief. Aber schon die - gemäß der Rententabelle - Rentensumme von 60 Prozent des ehemaligen Verdienstes zwingt einen von jetzt auf gleich dazu, seinen Lebensstandard drastisch zu reduzieren. Wie viel Sie wirklich an Rente erwarten könnten, wenn Sie nächsten Monat Rentner würden, können Sie aus der nachfolgenden Tabelle ablesen.

| Brutto-Arbeitsentgelt 1998 | Altersrente mit 65 Jahren | In Prozent Des Brutto Arbeitsentgelts |
|---|---|---|
| 3000 | 1257 | 41,9 |
| 3200 | 1341 | 41,9 |
| 3400 | 1425 | 41,9 |
| 3600 | 1508 | 41,9 |
| 3800 | 1592 | 41,9 |
| 4000 | 1676 | 41,9 |
| 4200 | 1760 | 41,9 |
| 4400 | 1844 | 41,9 |
| 4600 | 1927 | 41,9 |
| 4800 | 2011 | 41,9 |
| 5000 | 2095 | 41,9 |
| 5200 | 2179 | 41,9 |
| 5400 | 2263 | 41,9 |
| 5600 | 2346 | 41,9 |
| 5800 | 2430 | 41,9 |
| 6000 | 2482 | 41,4 |
| 6200 | 2531 | 40,8 |
| 6400 | 2561 | 40,0 |
| 6600 | 2606 | 39,5 |
| 6800 | 2648 | 38,9 |
| 7000 | 2669 | 38,1 |

(Auszug Rententabelle alte Bundesländer. Den Rentenwert liegt eine Versicherungszeit vom vollendeten 17. Lebensjahr bis zum Rentenbeginn zugrunde.)

Sie sehen, es bleibt nicht viel! Und wenn wir die Zukunft betrachten, wird noch weniger übrig bleiben. Jeder, der sich nur auf die staatliche Rente verlässt, wird letztlich beim Sozialamt landen, wie es heute schon oft der Fall ist. Sie werden mir somit zustimmen, dass weder die Renten noch ihre Höhe sicher sind. Das gesamte System mag eines Tages zusammenbrechen und durch ein neues ersetzt werden. Darauf sollten Sie schon jetzt vorbereitet sein! Dazu sollten Sie auf eine Anlage setzten die Ihnen unabhängig von der Entwicklung des Rentenmarktes einen finanziell abgesicherten Lebensabend garantiert!

**Die Lösung des Rentenproblems**

Um auf Nummer Sicher zu gehen, dass Sie eine gute Rente bekommen, müssen Sie *privat vorsorgen*. Das ist nun kein neuer Gesichtspunkt. Versicherungsvertreter haben damit Milliardenumsätze erzielt. Dabei gilt es zu bedenken, dass Sparanlagen aufgrund des bereits beschriebenen Faktors Inflation eigentlich *nicht* für die Absicherung der Rente geeignet sind.

Tatsächlich bekommen diejenigen Anleger, die vor 20 bis 30 Jahren zur Aufbesserung ihrer Rente eine Kapital-Lebensversicherung abgeschlossen haben, heute im Schnitt nicht mehr als 50.000 Mark ausgezahlt! Vor 30 Jahren war das viel Geld. Man konnte sich damit ein schickes Einfamilienhaus kaufen. Aber heute?

Was wäre gewesen, wenn diese Anleger ihr Geld damals in Immobilien investiert hätten und jetzt eine monatliche Miete von 1.000 Euro zur Aufbesserung ihrer Rente einnähmen? Das sind 12.000 Euro im Jahr! In zehn Jahren 120.000 Euro! Ganz abgesehen von dem Immobilienvermögen, das weiter im Wert steigt und das man auch verkaufen kann! Mit Immobilien erwirbt man somit eine Rentenabsicherung, die selbst dann noch arbeitet, wenn man selbst schon damit aufgehört hat!

Wie eine Firma, die beständig Geld abwirft, wobei es weitaus einfacher ist, Immobilien für sich arbeiten zu lassen als Mitarbeiter. Wir können indes die Entscheidungen der heutigen Rentner zur Altersvorsorge nicht mehr ändern. Was wir aber können: *unsere Zukunft planen.* Wenn Sie jetzt die richtige Entscheidung bezüglich Ihres Vermögensaufbaus treffen, der richtigen Strategie folgen, gezielt in Immobilien investieren, dann erreichen Sie damit zum einen Unabhängigkeit von einem staatlichen System, dessen zukünftige Leistungskraft in Frage steht, und bauen sich gleichzeitig ein hohes Vermögen in Sachwerten auf! Und damit werden Sie in Zukunft finanziell unabhängig sein und das Leben unbeschwert genießen können.

**Kurzübersicht:**

1. Das deutsche Rentensystem baut auf dem Generationenvertrag auf, wobei die arbeitenden Bürger Beiträge zur Rentenversicherung entrichten, die dann vom Staat an die Rentner verteilt werden.

2. Folgende Aspekte führen zur Krise des Rentensystems:
   - geburtenschwache Jahrgänge
   - steigende Lebenserwartung
   - neue Beitragszahler verdienen erst Mitte zwanzig gutes Geld
   - steigende Arbeitslosigkeit

3. Insgesamt stehen mehr Rentnern immer weniger Beitragszahler gegenüber, was den langsamen Verfall unseres Rentensystems mit sich bringt.

4. Die Lösungen der Politik für dieses Problem sind:
   - Erhöhung der Rentenbeiträge
   - Einführung der Pflegeversicherung
   - Heraufsetzen des Rentenalters
   - Kürzung der Renten

5. Die wirkliche Lösung für das Rentenproblem liegt für Sie in privater Vorsorge. Und dabei kommt Ihnen die Hebelwirkung der Immobilie zugute. Damit schaffen Sie sich ein Vermögen, das auch dann noch für Sie arbeitet, wenn Sie dies selbst nicht mehr müssen!

## 4. Ist der nationale Schuldenberg Symptom einer internationalen Systemkrise?

Neben Inflation, Steuern und Rente sollten Sie sich eines weiteren Aspekts bewusst sein, der Ihren Vermögensaufbau beeinflussen kann: der *Staatsverschuldung*!

Es handelt sich dabei um einen Faktor, dem Sie Beachtung schenken müssen, weil er ein Indiz dafür ist, wohin sich der wirtschaftliche Trend unserer Nation entwickelt. Dabei soll es uns weniger interessieren, wer für die Entwicklung verantwortlich ist. Das zu ergründen, ist Aufgabe der Politiker. Betrachten wir einfach, wie sich die Gesamtschulden von Bund und Ländern seit 1990 entwickelt haben.

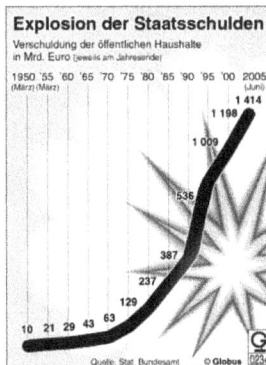

**Explosion der Staatsschulden**
Verschuldung der öffentlichen Haushalte in Mrd. Euro (jeweils am Jahresende)

1950 '55 '60 '65 '70 '75 '80 '85 '90 '95 '00 2005
(März) (März)                                      (Juni)

1 414
1 198
1 009
535
387
237
129
10  21  29  43  63

Quelle: Stat. Bundesamt    © Globus 0234

Sie sehen: Innerhalb von nur sieben Jahren hat sich der Schuldenberg *verdoppelt*! Von rund
1 Billion auf über 2 Billionen Mark. Das ist eine Summe, die man sich nicht leicht vorstellen kann - eine 2 mit zwölf Nullen! Tatsächlich entspricht 1 Billion 1 Million Millionen. Wenn wir dieses Geld frei zur Verfügung hätten, könnten wir 1 Million Bundesbürger zu Millionären machen! Bei 2 Billionen hätten wir schon 2 Millionen

Millionäre! Leider reden wir dabei nicht über ein Guthaben, über das der Staat verfügt, sondern von Schulden. Und wenn wir diese auf die Gesamtbevölkerung aufteilen, kommt auf jeden Bundesbürger eine Schuld von rund 28.000 Mark! (Stand: Januar 1998) Eine ganz schöne Summe, die täglich steigt. Den aktuellen Stand können Sie übrigens im Internet abfragen. Der *Bund Deutscher Steuerzahler* hat unter *http://www.steuerzahler.de* eine Schuldenuhr eingerichtet, die recht deutlich darstellt, wohin die Entwicklung geht. Dort werden Sie auch auf einen Satz stoßen, der zu denken geben sollte: *Die Schulden von heute sind die Steuern von morgen.*

## Die politische Lösung

Wenn man glaubt, dass unsere Politiker dafür eine Lösung hätten, so täuscht man sich. Ihre "Lösung" besteht darin, den Haushalt zu "konsolidieren". Das bedeutet de facto, dass man keine weiteren Schulden mehr aufnehmen will. In der Praxis mag man zwar willig sein, hält sich aber nicht an diesen Vorsatz. Stattdessen versucht man, die Neuverschuldung zu verringern. Lassen Sie uns anhand der folgenden Grafik ausrechnen, wie erfolgreich man damit war.

**Die jährliche Neuverschuldung der Bundesrepublik**

| Jahr | Neuverschuldung gegenüber dem Vorjahr (in Milliarden Mark) |
|------|-------------------------------------------------------------|
| 1991 | 117 |
| 1992 | 166 |
| 1993 | 167 |
| 1994 | 146 |
| 1995 | 331 |
| 1996 | 118 |
| 1997 | 123 |

Tatsächlich hat man es 1994 und 1996 geschafft, die Neuverschuldung unter der Summe des Vorjahres zu halten. In den anderen Jahren ist aber nicht einmal dieses Ziel erreicht worden. Das ist nicht schwer zu verstehen, steigt doch mit jedem Jahr der Anteil an Zinsen, der für diesen monumentalen Schuldenberg zu zahlen ist. Es wird also immer schwerer, ihn in den Griff zu bekommen. Hinzu kommt, dass die Gesamtsumme bereits 64,3 Prozent der jährlichen Wirtschaftsleistung ausmacht. (OECD-Schätzung für 1998) Der Staat müsste also, um all seine Schulden innerhalb eines Jahres abzutragen, insgesamt 64,3 Prozent dessen, was jeder Bundesbürger und alle Betriebe verdienen, als Steuern eintreiben. Rechnet man noch die Sozialabgaben und die laufenden Ausgaben hinzu, so müsste man über 100 Prozent dessen, was man verdient, versteuern! Das ist natürlich unmöglich!

**Die Verschuldung Europas**

Andere Länder stehen sogar noch schlechter da als die Bundesrepublik. In Belgien, Italien und Griechenland macht die Schuldensumme bereits mehr als 100 Prozent der jährlichen Wirtschaftsleistung aus. Als vorbildlich erweist sich allein Norwegen.

**Die staatliche Schuldenlast**
Staatsverschuldung in % des Bruttoinlandsprodukts im Jahr 2004

| Land | % |
|---|---|
| Griechenland | 110,5 |
| Italien | 105,8 |
| Belgien | 95,6 |
| Malta | 75,0 |
| Zypern | 71,9 |
| Deutschland | 66,0 |
| Frankreich | 65,6 |
| Österreich | 65,2 |
| Portugal | 61,9 |
| Ungarn | 57,6 |
| Niederlande | 55,7 |
| Schweden | 51,2 |
| Spanien | 48,9 |
| Finnland | 45,1 |
| Polen | 43,6 |
| Slowakei | 43,6 |
| Dänemark | 42,7 |
| Großbritannien | 41,6 |
| Tschechien | 37,4 |
| Irland | 29,9 |
| Slowenien | 29,4 |
| Litauen | 19,7 |
| Lettland | 14,4 |
| Luxemburg | 7,5 |
| Estland | 4,9 |

Quelle: Eurostat

Es handelt sich hier also nicht nur um ein nationales Problem. Die Länder der Welt haben - genauso wie wir - mit hoher Staatsverschuldung zu kämpfen.

Ich will indes nicht prophezeien, dass dies der Anfang vom Ende ist und das wirtschaftliche Gefüge der Welt bald kollabieren wird. Das wäre übertrieben. Dennoch sollten Sie sich fragen, woran Staaten, die so hoch verschuldet sind, Interesse haben: Möchten sie stabile Währungen oder lieber solche, die in hohem Maße der Inflation ausgesetzt sind?

Und die Antwort auf diese Frage ist es, die Ihnen einen weiteren Hinweis darauf gibt, ob Sie in Geld- oder in Sachwerte investieren sollten, um sich ein Vermögen aufzubauen!

**Kurzübersicht:**

1. Die Schulden der Bundesrepublik Deutschland haben sich von 1990 bis 1996 verdoppelt!

2. z.Z. beträgt die Pro-Kopf-Verschuldung der Bundesbürger durch den Staat ca. 17.000,- €.

3. Von Schuldenabbau ist bei den Politikern längst nicht mehr die Rede. Ihr Ziel ist es nur noch, die Neuverschuldung zu vermindern - was aufgrund steigender Zinsen auf die immer größer werdende Schuldensumme bisher kaum gelungen ist.

4. Staatsverschuldung ist nicht nur ein Problem unseres Landes. Tatsächlich steht es um andere Länder Europas sogar noch schlimmer!

## 5. Das Geld in den Händen von Banken und Politikern - nicht mehr als ein großer Bluff?

Nachdem wir die finanzielle Situation unserer bundesdeutschen Republik bereits betrachtet haben, sollten wir einigen weiteren Entwicklungen Aufmerksamkeit schenken, die auf globaler Ebene stattfinden und uns nicht nur tangieren, sondern in hohem Maße beeinflussen.

### Zum Thema Banken

Banken genießen zurzeit in diesem Land einen recht guten Ruf. Sie gelten als stabile Unternehmen mit konservativen Einstellungen, die allen Geschehnissen in der turbulenten Finanzwelt trotzen. Selbst Image-Probleme, wie sie die Deutsche Bank im Fall Schneider zu verdauen hatte, entlocken diesen Instituten nicht mehr als ein abwiegelndes "Peanuts".

Das Wesen der Banken ist für Otto Normalverbraucher nicht leicht zu verstehen - zumindest dann nicht, wenn er keinen Blick hinter die Kulissen werfen kann. Dort spielen sich nämlich Dinge ab, bei deren Kenntnisse es ihm den Atem verschlagen würde.

### Wie Banken Gewinn erzielen

Bekanntermaßen haben Banken verschiedene Einnahmenquellen. Eine besteht darin, für die Einrichtung und Führung von *Girokonten*, die Ausführung von *Überweisungen* etc. Gebühren zu erheben. Dies ist allerdings eine der kleinsten Quellen. dass das so ist, erkennt man schon daran, dass einige Banken inzwischen (fast) gebührenfreie Girokonten anbieten. Dann mischen Banken kräftig beim *Wertpapierhandel* mit und lassen sich das mit schönen Provisionen bezahlen.

Eine der besten Einnahmequellen allerdings - und das schon seit einigen tausend Jahren - stellt das *Kreditgeschäft* dar. Die Bank leiht einem Kunden Geld und kassiert dafür Zinsen.
Lassen sie uns das genauer in Augenschein nehmen.

Sie mögen annehmen, eine Bank würde das Geld, das Sie als fleißiger Sparer bei ihr anlegen, einfach gegen höhere Zinsen weiterverleihen. Doch in Wirklichkeit sieht das Geschäft für die Bänker viel lukrativer aus. Das von Ihnen deponierte Spargeld gelangt nämlich nicht in die Hände des nächsten kreditwilligen Bundesbürgers, sondern wird als Sicherheit für den großen Coup eingesetzt. Gemäß dem Kreditwesengesetz kann jede Bank einen maximalen Kredit in Höhe der *achtzehnfachen* Summe ihres haftenden Eigenkapitals von der Deutschen Bundesbank in Anspruch nehmen, um dieses Geld dann wieder zu verleihen. Hierfür zahlt die Bank selbst auch Zinsen, den *Lombardsatz*. Der reine Nettogewinn der Bank entsteht dabei durch die Differenz zwischen dem Lombardsatz und den jeweils gültigen Zinsen (abhängig von der Kreditsumme und der Höhe der Rückzahlungsraten). Um das einmal durchzurechnen:

Bei einem Lombardsatz von 4,5 Prozent (Stand: Januar 1998) und einem Privatkreditzins von 9,5 Prozent streicht die Bank jedes Jahr 5 Prozentpunkte Zinsen ein. Bei einer Kreditsumme von 10.212,90 € sind das immerhin 510,60 €. Und die tatsächlichen Gesamtsummen bewegen sich in Milliardenhöhe!

In der Tat war das Kreditgeschäft bis vor wenigen Jahrzehnten die bevorzugte Einnahmenquelle der Banken. Doch trat dann ein Faktor am internationalen Finanzmarkt auf, der vieles änderte und sich zu einer neuen Form der Gewinnschöpfung entwickelte.
Betrachten wir das anhand einiger Ereignisse von zentraler Bedeutung.

**Der Börsencrash von 1987 und was danach kam**

Im Oktober 1987 erschütterte eine schwere Krise die Finanzwelt. Vielleicht erinnern Sie sich:

Der Börsencrash in den Vereinigten Staaten, bei dem Vermögen en gros verloren gingen, sich innerhalb von Stunden in Luft auflösten. Spätestens damals wurde klar, dass es ein *Ungleichgewicht* zwischen *wirtschaftlichem Potential* (Waren, Produktion) auf der einen Seite und *Finanztiteln* (Aktien, Terminverträge ...) auf der anderen Seite gab. Und zu allem Übel verschlechterte sich dieses Ungleichgewicht noch - wie eine immer weiter auseinanderklaffende Schere. Den Strategen und Denkern der Weltfinanz war klar, dass dem Einhalt geboten werden musste, um weitere Crashs zu verhindern.

Tatsächlich hätte man daran arbeiten müssen, die fiktive Finanzmasse schrittweise abzubauen,

um sie so dem tatsächlichen wirtschaftlichen Potential *anzugleichen*. Doch leider hat man *nicht* diesen Weg gewählt. Statt die Situation zu stabilisieren, hat man die Finanzmasse durch so genannte *Derivate* ausgeweitet! Wir wollen an dieser Stelle nicht diskutieren, warum dies so war und wer dadurch einen Vorteil gewonnen hat. Wichtig ist für uns nur, dass es gemacht wurde!

**Medaille mit zwei Seiten: Derivate**

*Derivate* sind Finanzblasen. Auch wenn Sie in Wirtschaftskreisen als "innovative Spekulations-Mechanismen" gelobt werden, ist dieses Lob nicht wirklich angemessen. Es handelt sich um Finanzgeschäfte, die auf Trends von Börsenkursen, Warenpreisen etc. abgeschlossen werden.

Ein wirklicher Handel mit Waren im eigentlichen Sinne findet nicht statt. Das damit verbundene Problem ist, dass die investierten Finanzen nicht der Produktion dienen - sie fließen im Grunde nicht in die Wirtschaft!

Nun haben Derivate einen Vorteil: Man kann damit unheimliche Gewinne einfahren. Banken, die natürlich sehr auf Gewinn bedacht sind, haben daher die Gelegenheit wahrgenommen, in Derivate zu investieren. Und das nicht zu knapp. Die Zahlen über die Derivataktivitäten von führenden Finanzinstituten zeigen, dass das Volumen offener Derivatkontrakte der *Deutschen Bank* (Ende 1996: 4.547 Milliarden Mark) das Eigenkapital der Bank um das 153-fache übersteigt! Bei der *Commerzbank* liegt der Wert beim 125fachen, dem folgen die *Dresdner Bank* (91fachen), die *Bankgesellschaft Berlin* (77fachen), die *West LB* (57fachen) und andere (Quelle: EIR Strategic Alert Weekly Newsletter, Vol. 11, Nr. 49, vom 4. Dezember 1997).

Tatsächlich wurde sogar schon ein Nobelpreis dafür vergeben, dass es jemand geschafft hat, eine Formel für die Bewertung von Derivaten aufzustellen (Welt am Sonntag, 14. Dezember 1997: "Finanzexpertin kritisiert Nobelpreis-Entscheidung"). Derivate - ein *scheinbar* narrensicheres System also, wenn man schnell viel Geld verdienen will.

Warum also sollte man nicht selbst in Derivate investieren, schnell abkassieren und sich dann ein Leben in Saus und Braus gönnen? Gute Frage! Einige werden Ihnen vorschwärmen, wie effektiv und wunderbar Derivate sind. Und so gewinnbringend. Ich möchte in diesem Zusammenhang nur anführen, dass Roulettespielen auch wunderbar sein kann. Ein Spielkasino
macht große Freude - solange man gewinnt! Und wer mit dem Geld von anderen zocken darf und bei jedem Einsatz seine Provision kassiert, der wird natürlich ein absoluter Fürsprecher von Glücksspielen sein. Auch an Derivaten wird kräftig verdient. Broker und Bankhäuser machen Millionen, ja Milliarden im Jahr allein durch den Handel mit - nennen wir das Kind beim Namen: *Luft!* Es ist eigentlich

nichts da, was gehandelt wird, außer auf dem Papier oder in den Computern. Der Außenhandel mit dem Dollar beispielsweise ist nur noch zu 1 (!) Prozent mit Waren unterlegt, der Rest ist Luft! Dies ist die absolute Perversion des Handels, der einst mit dem Tausch von Waren begann und später mittels Geld als Zahlungsmittel durchgeführt wurde.

Dieses System funktioniert natürlich in gewissem Rahmen und hat eine bestimmte Lebensdauer. Und ein paar Bankhäuser, Broker oder andere Finanzunternehmen können schon mal platzen, ohne dass das gesamte System ins Schwanken gerät. Immerhin existieren umfangreiche Sicherheitsmaßnahmen, die, selbst wenn sie teilweise aus nichts weiter als zusätzlichen Luftblasen bestehen, eine Art Puffer bilden.

Kritisch wird es erst, wenn selbst diese Pufferzonen zu platzen beginnen, wenn sogar gute Gläubiger in Zahlungsschwierigkeiten geraten. Dann setzt der gefürchtete *Domino-Effekt* ein! Ein Unternehmen geht Bankrott, dadurch kann das nächste seinen Verpflichtungen nicht nachkommen und meldet Konkurs an, dann das nächste ... Wie eine Reihe von Dominosteinen, die sich einer nach dem anderen umwerfen und so die gesamte Wirtschaft in arge Bedrängnis bringen.

Wenn so etwas geschieht, wie 1982 in Mexiko oder 1995 in Japan, dann treffen sich die Vertreter der acht großen Weltmächte und tüfteln eine Lösung aus, die - auch das muss gesagt werden - aus nichts anderem als ein paar weiteren Luftblasen besteht. Man "erschafft" eine Menge Geld - für das natürlich nicht gleichzeitig ein realer Gegenwert geschaffen wird -, manipuliert ein wenig hier, dreht dort an ein paar Schräubchen und "löst" damit die Krise.

**Die internationale Pleiten- und Verluststatistik**

Dennoch bleibt die Tatsache bestehen, dass weltweit große Unternehmen und sogar Staaten Konkurs anmelden müssen. Damit Sie nicht der Idee verfallen, dass so etwas unsere soliden europäischen Bankinstitute nicht treffen könnte: 1995 führten die Finanzgeschäfte des Händlers Nick Leeson zum Untergang der britischen *Barings Bank*, eines mehr als 200 Jahre alten Bankhauses (Welt am Sonntag, 14. Dezember 1997: "Finanzexpertin kritisiert Nobelpreis-Entscheidung").

Nur als Vergleich: Die *Commerzbank* und *Deutsche Bank* bestehen erst seit 1870, die *Dresdner Bank* existiert seit 1872.

Insgesamt entstanden durch Derivate - für die es übrigens eine ganze Reihe von Unterbegriffen gibt, wie Sie im Glossar dieses Buches nachlesen können - seit 1984 Verluste in Höhe von 9 Milliarden Dollar, der größte Teil davon seit 1994!

**Verluste zwischen 1984 und 1994**

**Unternehmens Instrument Verlust in Millionen US-Dollar**
Klöckner Warentermingeschäfte 380
Allied Lyons Währungsoptionen 275
Volkswagen Währungstermingeschäfte 260
Nippon Steel Währungsderivate 130
Showa Shell Sekiyu Währungstermingeschäfte 1.580
Verluste zwischen 1994 und 1997

**Unternehmens Instrument Verlust in Millionen US-Dollar**
Sumitomo Corporation Warentermingeschäfte 1.800
Kashima Oil Währungsderivate 1.450
Metallgesellschaft Energiederivate 1.340
Barings Bank Aktienindex-Futures 1.330
Codelco (Chile) Warentermingeschäfte 200

Procter & Gamble Derivate 157

National Westminster Währungsoptionen 80

(Quelle: Welt am Sonntag, 14. Dezember 1997: "Finanzexpertin kritisiert Nobelpreis-Entscheidung")

Natürlich mag es Ihnen als Privatperson nicht besonders beunruhigend erscheinen, wenn ein paar millionen- und milliardenschwere Unternehmen Verluste hinnehmen oder ihre Tore für immer schließen müssen. Tatsächlich könnten Sie von diesem Treiben sogar profitieren - wenn Sie auf das richtige Pferd setzen! Falls Sie also über ein ausreichendes Vermögen verfügen und einen großen Teil davon sicher angelegt haben, könnten Sie in den Derivate-Handel einsteigen. Denn: Wann der große Knall (Stichwort Domino-Effekt!) kommt und wie groß er wirklich sein wird, das steht in den Sternen. Optimistisch betrachtet, mag es 100 Jahre dauern, bis die Finanzblasen dieser Welt platzen. Mit etwas mehr Pessimismus könnte man ein Finanzchaos schon in einem Jahrzehnt oder früher voraussagen.

Tatsache ist, dass der Bogen immer mehr angezogen und bald überspannt sein wird. Schon seit geraumer Zeit ist man dabei, den Schaden zu begrenzen. Ganze Länder - wie im bereits erwähnten Fall von Mexiko - mussten bereis finanztechnisch "behandelt" werden, um nicht zu kollabieren. Aber auch diese Maßnahmen werden eines Tages nicht mehr die gewünschte Wirkung erzielen, und dann wird der Domino-Effekt auf internationaler Ebene einsetzen.

Wenn ich hier von einem Knall spreche, dann meine ich damit nicht, dass alle Währungen auf einen Schlag wertlos werden. Das wird kaum der Fall sein. Tatsächlich könnte etwas Ähnliches geschehen wie zurzeit in einigen Teilen Asiens, wo die Währungen zusammenbrechen. Dort rennt alles in den Dollar und

52

das, obwohl der Dollar eigentlich nicht sicherer ist. Sicherer ist allein die *Meinung* über den Dollar und die *Kaufkraft*, die er in den Vereinigten Staaten und anderen Ländern besitzt. Mit dem Euro wird neben dem Dollar eine zweite Leitwährung geschaffen, was allerdings noch ein schönes Stück Arbeit sein wird.

Es wird sicherlich nicht passieren, dass alle Währungen vollkommen wertlos werden. Eine wird es immer noch geben, die funktioniert. Das hat sich die Menschheit in der Vergangenheit stets erhalten, selbst in schwierigsten Zeiten. Weiterhin gilt: Wenn der Wert einer Währung fällt, dann hat man immer noch *Sachwerte*. Und das gibt uns ein weiteres Argument für die Immobilie!

Zusammenfassend kann gesagt werden, dass die Gefahr, dass Sie ihr gesamtes Vermögen und Ihre Arbeit *auf einen Schlag* verlieren werden, recht gering ist - außer vielleicht, wenn Sie in die falschen Aktien investieren oder sich zur falschen Zeit am Derivate-Handel beteiligen.

Das bedeutet jedoch *nicht*, dass kein Handlungsbedarf bestände. Wenn Sie sich auf die kommenden Zeiten nämlich nicht vorbereiten, werden Sie zu den Verlierern gehören. Positiv betrachtet: *Wenn Sie für die kommende Finanzkrise gewappnet sind, kann Sie das ein gutes Stück voranbringen und Ihren Vermögensaufbau beschleunigen!*

**Die Inflations-Gefahr**

Was aber der große Knall, von dem hier die Rede ist, sehr wohl auslösen kann, sind gesteigerte Inflation und Arbeitslosigkeit mit all ihren Folgeerscheinungen.

Stellen Sie sich nur einmal vor, was geschieht, wenn die Inflationsrate auf 5, 6, oder 7 Prozent pro Jahr ansteigt! Wie viel sind Ihre Ersparnisse dann in zehn Jahren wert? Lassen Sie uns das einmal durchrechnen:

**Entwicklung eines Geldvermögens von 100.000 € bei einer Inflation von 3 Prozent**

| Jahr | Kaufkraft des Geldes ( € ) im Vergleich zum Ausgangszeitpunkt |
|---|---|
| 0 | 100.000 |
| 1 | 97.000 |
| 2 | 94.090 |
| 3 | 91.267 |
| 5 | 88.529 |
| 6 | 85.873 |
| 7 | 83.297 |
| 8 | 80.798 |
| 9 | 78.374 |
| 10 | 76.023 |

Wie Sie sehen, knabbern schon 3 Prozent Inflation kräftig an Ihrem Geldvermögen.

**Entwicklung eines Geldvermögens von 100.000 € bei einer Inflation von 6 Prozent**

Jahr       Kaufkraft des Geldes ( € ) im Vergleich zum Ausgangszeitpunkt

| Jahr | Kaufkraft |
|------|-----------|
| 0 | 100.000 |
| 1 | 94.000 |
| 2 | 88.360 |
| 3 | 83.058 |
| 4 | 78.075 |
| 5 | 73.390 |
| 6 | 68.987 |
| 7 | 64.848 |
| 8 | 60.957 |
| 9 | 57.299 |
| 10 | 53.862 |

Hier hat sich die Kaufkraft Ihres Vermögens innerhalb von nur zehn Jahre fast halbiert! Fairerweise sollte angemerkt werden, dass Sie für Ihre Geldanlage auch Zinsen erhalten, die die schleichende Geldentwertung mildern. Dennoch gilt: Es handelt sich hier um eine Entwicklung, die eine enorme wirtschaftliche Bedrohung darstellt - für Nationen wie auch für Individuen. Und somit auch für Sie und Ihre Familie und Freunde. Einen Knall, der relativ leise ist, aber innerhalb weniger Jahre verheerende Folgen haben kann.

Interessanterweise wissen selbst viele kluge Köpfe und Koryphäen der Finanzwelt nicht, wie sie die Gefahren, die mit Derivaten und anderen Faktoren entstanden sind, gerade entstehen oder noch entstehen werden, eindämmen können. Ich sprach diese Problematik einmal auf einer Tagung an, bei der eine hochrangige Führungskraft eines Tochterunternehmens der Deutschen Bank referierte. Als Antwort sprach der Experte eine halbe Stunde lang, ohne tatsächlich etwas zu sagen. Nach dem Vortrag bat ich den leicht ergrauten Herrn zur Seite und hoffte, dass er diesmal auf wirkliche Lösungsansätze zu sprechen kommen würde. Doch wurde ich erneut enttäuscht.

Trotz der "Spiele" und Eskapaden der Großen in der Finanzwelt sollten Sie in der Lage sein, Ihre eigene Finanzsituation zu kontrollieren und natürlich auch zu verbessern. Zu diesem Thema hält dieses Buch noch einige Leckerbissen für Sie bereit. Ich werde Ihnen aufzeigen, wie Sie sich von den Mietfesseln lösen und stattdessen die Miete in Ihre eigene Tasche fließen lassen können. Wie Sie die Auszahlungssumme Ihrer Lebensversicherung verdoppeln können. Und natürlich auch, wie Sie mit der richtigen Immobilien-Strategie Vermögen und finanzielle Sicherheit gewinnen werden. Und dafür müssen Sie nicht etwa 60 Stunden die Woche arbeiten oder sich sonst wie enorm anstrengen. Es ist wirklich nicht unrealistisch vermögend zu werden, wenn man weiß wie.

Bevor wir diese Themen schmackhaft zu uns nehmen können, gilt es eine Entwicklung am europäischen Finanzmarkt zu verdauen, der Sie sich nicht entziehen können: die Einführung des *Euro*! Lesen Sie dazu das nächste Kapitel.

**Kurzübersicht:**

1.  Die Haupteinnahmequellen von Banken sind:
    - Girogeschäft (Kontoführung, Überweisungen etc.)
    - Wertpapierhandel
    - Kreditgeschäft
    - Derivate

2.  Spätestens seit dem Börsencrash 1987 war klar, dass sich ein gefährliches Ungleichgewicht zwischen wirtschaftlichem Potential (Waren, Produktion) auf der einen Seite und Finanztiteln (Aktien, Terminverträge ...) auf der anderen Seite entwickelt hatte. Die Lösung hätte darin bestehen können, die fiktive Finanzmasse schrittweise abzubauen, um sie so dem tatsächlichen wirtschaftlichen Potential anzugleichen. Stattdessen hat man auf Derivate zurückgegriffen.

3.  Derivate sind Finanzblasen. Es handelt sich dabei um spekulative Finanzgeschäfte, die auf Trends von Börsenkursen, Warenpreisen etc. abgeschlossen werden. Ein wirklicher Handel von Waren im eigentlichen Sinne findet dabei nicht statt. Das damit verbundene Problem ist, dass die investierten Finanzen nicht der Produktion dienen - sie fließen im Grunde nicht in die Wirtschaft! Somit hat sich das Ungleichgewicht zwischen wirtschaftlichem Potential und Finanzmasse weiter verschlechtert.

4.  Durch die Entwicklung auf dem Derivate-Markt ist die internationale Finanzwelt in eine Krise geraten, deren Ausmaß zum jetzigen Zeitpunkt noch nicht abzusehen ist. Eine der sehr wahrscheinlichen Auswirkungen aber wird sein, dass wirtschaftliche Stabilität, wie wir sie bisher kannten, nicht mehr gegeben sein wird. Steigende Inflation ist eine der damit einhergehenden Folgen.

## 6. Geldwert schlägt Sachwert? - oder umgekehrt?

## Der Euro als Glied in einer Kette von Ereignissen

Der Euro, dem wir Deutschen so viel Aufmerksamkeit zollen, ist in Wirklichkeit nur *ein* Glied in einer Reihe von Geschehnissen auf dem internationalen Finanzmarkt, die vor etwa 30 bis 40 Jahren begannen, die Welt zu verändern. Bis etwa Mitte der sechziger Jahre war die große Welt der Finanzen streng reglementiert und sorgfältig geordnet. Die Notenbanken hatten in hohem Maße Kontrolle über die Geldbewegungen und vermochten das Geldvolumen der tatsächlichen Produktion anzugleichen. Auf diese Weise waren sie in der Lage, eine gewisse, gewollte Inflation zu verursachen, mit der die Regierungen ihre zunehmende Staatsverschuldung in Grenzen halten konnten. Gleichzeitig achteten sie aber auch darauf, dass die Inflation nicht überhand nahm.

Dieses System wies aber auch einige Nachteile auf. Beispielsweise war es nicht ohne weiteres möglich, Devisen in unbegrenzter Höhe zu wechseln. Finanzgeschäfte - insbesondere internationale - waren gesetzlich stark reglementiert. Von Regierungen verordnete diktierte Zinsbindungen sorgten dafür, dass die Kreditzinsen von Banken unter dem Niveau blieben, das unter unbeeinflußten Marktbedingungen vorgeherrscht hätte. Das Kapital floss nicht immer in die Kanäle, in denen es den höchsten Ertrag erbrachte und Produktion sichergestellt hätte. Kreditkarten des einen Landes konnten in einem anderen Land nicht benutzt werden. Ein Umstand, der nicht allen gefiel. Und so geschah es, dass sich einige für die *Liberalisierung der Finanzmärkte* einsetzten.

Unter diesem Begriff, der auf gut deutsch soviel wie *Befreiung* bedeutet, kann man sich nun eine Menge vorstellen. Einige der angenehmen Erscheinungen haben wir in den letzten Jahren erlebt. Heutzutage ist es kein Problem mehr, in einem anderen europäischen Land mit der deutschen EC-Karte Geld aus einem

Bankautomaten zu zaubern. Praktisch, nicht wahr? Und wir können in fast jedem Land Europas mit der gleichen Währung - dem Euro - bezahlen. Auch das hat einen praktischen Nutzen.

Taucht man aber tiefer in das Geschehen ein, das sich verstärkt seit Mitte der siebziger Jahre abspielte, so stößt man auf eine Vielzahl von erstaunlichen Fakten. Tatsächlich wurden die Machtgefüge, die noch 10 Jahre zuvor existiert hatten, schlichtweg über den Haufen geworfen.

Das Zusammenleben und -wirken von Staaten, Zentralbanken, Banken, Investmentinstituten und privaten Anlegern wurde grundlegend verändert, besser gesagt: auf den Kopf gestellt. Während es früher die Regierungen waren, die die Banken und andere Geldinstitute kontrollierten und ihnen Vorgaben machten, ist es heute der Markt, der das Geschehen bestimmt. Auch können Regierungen und Notenbanken nicht mehr wie früher einfach nach eigenem Willen Wechselkurse zwischen Währungen festlegen. Diese werden heute durch den Markt geregelt.

Tatsächlich waren es die Regierungen selbst, die an der Schaffung dieses Szenarios mitgewirkt haben. Ihre ständig wachsenden Schuldenberge und Budgetdefizite zwangen sie in immer größerem Maße dazu, sich über den freien Markt zu finanzieren. Und so konnten sie durch ihn in immer stärkerem Ausmaß beeinflusst werden.

In gewisser Weise kommt diese Entwicklung unseren Staatslenkern sogar entgegen. Sollte nämlich der Euro eine gesteigerte Inflation mit sich bringen, würde das den bereits angehäuften Schuldenberg auf angenehme Weise abtragen. Doch wird dieser Vorteil teuer erkauft. Grob gesagt könnte man anführen, dass die Regierungen durch ihre eigenen Entscheidungen nicht mehr den wirtschaftlichen Einfluss haben, den sie einst hatten. Keine Tatsache, der ich persönlich nachtrauere, denn die Einmischung der Regierungen in den Markt war in der Tat übertrieben und nicht der Natur der Sache - also dem Gesetz von Angebot und Nachfrage - angemessen. Und niemand kann lange gegen die Natur arbeiten, ohne dass diese irgendwann zurückschlägt.

Doch leider ist es nicht so, dass sich der Markt heute, wo sich Regierungen weniger einmischen (sie tun es natürlich immer noch in hohem Maße), frisch und fröhlich selbst reguliert. Denn die Macht, die die Regierungen verloren haben, haben private Institutionen gewonnen.

Da wären zum einen die Geldinstitute zu nennen, die sich spätestens seit 1993 auf ganz Europa ausbreiten konnten. Dies war das Jahr, in dem beschlossen wurde, dass die Banken jedes Landes der Europäischen Union in jedem anderen Land der Union Zweigstellen eröffnen und an Geldgeschäften teilnehmen könnten. Ein Zustand, von dem sie zehn Jahre früher kaum zu träumen gewagt hätten. Jetzt ist er Realität.

Weiterhin können kapitalstarke Privatinstitute und sogar Einzelpersonen mit großem Vermögen nun aufgrund der gewonnenen Freiheiten solch eklatante Veränderungen in der Devisenstruktur verursachen, dass der gesamte Markt ins Wanken gerät.

Angesichts dieser Entwicklung, die immer mehr außer Kontrolle zu geraten schien, sehnte man sich nach innovativen, sicheren Finanzprodukten, die die neuen Gefahren eindämmen sollten. Und an dieser Stelle begann der Siegeszug der bereits im letzten Kapitel erwähnten Derivate (Quelle: Thomas Hanke/Norbert Walter, Der Euro - Kurs auf die Zukunft, 2. Auflage, Frankfurt, 1997, Seite 46 ff). Sie waren ursprünglich als Werkzeuge eingesetzt worden, um Handelsgeschäfte abzusichern.

Statt aber den Markt zu stabilisieren, blähten sie die Geldwerte immer weiter auf.

## Der eigentliche Fehler

Was aber ist nun schief gelaufen? Wieso konnte so etwas geschehen? Tatsächlich fand die oben knapp beschriebene Entwicklung über Jahre, ja sogar Jahrzehnte hinweg statt. In dieser Zeit summierte sich eine Vielzahl von Entscheidungen auf dem wirtschaftlichen und politischen Parkett und führte zum jetzigen Stand der Dinge.

Man könnte nun alle möglichen Gründe für diese Entwicklung aufdecken, Wirtschaftsökonomen heranziehen und lange debattieren. Doch ich persönlich denke, dass all dem ein Abgleiten von den eigentlichen Grundsätzen des Marktes zugrunde liegt. Statt Geld und Sachwerte, Finanztitel und Produktion im Gleichgewicht zu halten, wurden Geldwerte und Finanztitel *künstlich aufgebläht!* Dies ermöglichte einigen wenigen schnelle Gewinne, destabilisierte aber gleichzeitig den Markt. *Spekulieren* hieß die Devise, nicht *stabilisieren!*

Und damit wurde eine Entwicklung in Gang gesetzt, deren Konsequenzen uns inzwischen spürbar tangieren, deren zukünftige Auswirkungen wie düstere Wolken am Horizont aufziehen. Sicher ist nur, dass irgendjemand dafür bezahlen muss. Wann das sein wird, ist schwer abzuschätzen. Sicher ist nur, dass der Euro ein weiterer Schritt in eine weniger stabile deutsche Zukunft ist. Eine Tatsache, die ausländischen Politikern und Finanzgrößen nur zu bewusst ist, wie ihre Aussagen erkennen lassen. So äußerte beispielsweise Jacques Delors (französischer Politiker der Sozialistischen Partei Frankreichs): "Ich habe immer für die Abschaffung der D-Mark gekämpft. Sie ist das letzte Machtmittel der Deutschen

"Alan Greenspan von der amerikanischen Federal Reserve Bank sagte: "Der Euro wird kommen, aber er wird keinen Bestand haben" (Quelle: Anzeige der Initiative Pro D-Mark, Rheinische Post vom 24. Januar 1998).

Soviel zum Hintergrund des Euro. Diese neue Währung ist nur eine Erscheinung, hinter der viel mehr steckt. Sehr viel mehr. Ich habe dieses Thema hier nur angeschnitten, da eine vollständige Behandlung den Rahmen dieses Buches sprengen würde. Ich wollte Ihnen aufzeigen, dass der Euro nicht das eigentliche Problem ist, sondern dass hinter dieser neuen Währung Faktoren existieren, die für Sie weitaus bedrohlicher sind.

### Geldwert oder Sachwert?

Ich habe den Hintergrund unserer jetzigen Gesellschaft und ein paar ihrer Probleme angerissen um Sie auf Ihre persönliche Entscheidung für oder gegen Immobilien vorzubereiten. Vorweg sollte klar sein, dass Immobilien immer langfristig sind und kurzfristig keine Liquidität ersetzen.

### Wer beeinflusst Geld?

Natürlich wir alle, aber sicher haben unsere Politiker, Bänker und Beamte mehr Einfluss als Sie und Ich. Stellen Sie sich nur mal vor, wir haben in Deutschland ca. 17.000 Berufspolitiker und ca. 5 Millionen Beamte und Angestellte im öffentlichen Dienst. Die nur an das Wohl der Bevölkerung denken, dann sollte ich lieber über den Weihnachtsmann schreiben. Geld wird gedruckt ohne Goldhinterlegung oder irgendwelchen nachprüfbaren streiten, streiken um ein paar Minuten täglicher Arbeit, können wir da von Vernunft ausgehen? Diese Leute entscheiden wie viel Geld der Wirtschaft und der Bevölkerung zur Verfügung gestellt wird.

Und da wir die Globalisierung haben gibt's da noch die Italiener, Franzosen, Griechen und nicht zuletzt die einzige Weltmacht USA, da wird das Geld von der Federal Reserve kurz Fed genannt herausgegeben, einer Privatbank. Wenn Sie nun glauben, das diese vielen Herrschaften wirklich an das Wohl der Menschheit und den breit angelegten Vermögensaufbau der Bevölkerung denken, ist dass das falsche Buch für Sie. Also ist Ihnen klar, dass das Geld heute nicht von Ihnen bestimmt werden kann, trotzdem müssen wir eine gewisse Abhängigkeit akzeptieren.

**Wer beeinflusst Immobilien?**

Als erstes brauchen Sie ein Stück Land - wie schon Mark Twain sagte: Leute kauft Land, Gott schafft keins mehr. Dann rd. 11 Unternehmer die Ihnen das Haus bauen vom Maurer, zum Elektriker usw. das ist für jeden der es schon einmal gemacht hat eine echte Herausforderung. Und was kostet es? Natürlich die Summe der Aufwendungen 0 Herstellungskosten. Interessanterweise muss man sich mal ansehen wenn Politiker bauen, der Bund der Steuerzahler gibt jährlich ein Schwarzbuch (www.steuerzahler.de) der Verschwendung zu diesem Thema heraus, keiner ist verantwortlich, keiner kann für Fehlausgaben in irgendeinerweise herangezogen werden, das öffnet den Blödsinn Tür und Tor, ist aber Gesetz. Zurück zum Sachwert. Rd. 36 Millionen Haushalte brauchen eine Wohnung und rd. 36 Millionen Wohnungen sind vorhanden. Der Neubau ist jedoch so gering, dass der Bestand nicht gehalten wird, Experten schätzen, das für den Erhalt 1 % neu gebaut werden muss = 360.000 Wohnungen, es werden zur Zeit aber nur 200.000 Wohnungen jährlich neu gebaut. Kurzum wir haben es mit einem Gut ( Wohnungen ) zu tun, das jeder braucht und das eine wirklich lange Lebenserwartung hat (ca. 100 Jahre).

**Kurzübersicht:**

1. Mit der vor wenigen Jahren eingeleiteten Liberalisierung der Finanzmärkte wurden die Machtgefüge, die noch vor rund 30 Jahren existierten, schlichtweg über den Haufen geworfen. Während es früher die Regierungen waren, die die Banken und andere Geldinstitute kontrollierten und Ihnen Vorgaben machten, ist es heute der Markt, der das Geschehen bestimmt. Tatsächlich waren es die Regierungen selbst, die an der Schaffung dieses Szenarios mitgewirkt haben. Ihre ständig wachsenden Schuldenberge und Budgetdefizite zwangen sie in immer größerem Maße dazu, sich über den freien Markt zu finanzieren. Und so konnten sie durch ihn in immer stärkerem Ausmaß beeinflusst werden.

2. All dem liegt ein Abgleiten von den eigentlichen Grundsätzen des Marktes zugrunde. Statt Geld- und Sachwerte, Finanztitel und Produktion im Gleichgewicht zu halten, wurde Geldwerte und Finanztitel künstlich aufgebläht. Dies ermöglichte einigen wenigen schnelle Gewinne, destabilisierte aber gleichzeitig den Markt. Spekulieren hieß die Devise, nicht stabilisieren!

3. Sicher ist, dass der Euro ein weiterer Schritt in eine weniger stabile deutsche Zukunft ist.

4. Sie entscheiden, ob Sie Ihr Geld in Finanzwerten oder in Sachwerten anlegen, dabei ist die Langfristigkeit der Immobilien zu beachten.

II. Zum Thema Finanzmanagement

## 1. Die 3 Säulen der Vermögensbildung oder: Welche Lösungen sind für Sie denkbar?

Nachdem wir uns in den einleitenden Kapiteln dieses Buches damit beschäftigt haben, einen Blick auf die finanzielle Situation der Welt im allgemeinen und der Bundesrepublik im besonderen zu werfen, wollen wir unsere Aufmerksamkeit nun auf einen spezifischeren Bereich konzentrieren: auf *Sie*!

Sicher, die gegenwärtig stattfindenden Entwicklungen wirken beunruhigend. Spitzenpolitiker und Wirtschaftsbosse manipulieren den Markt und steuern das finanzielle Gefüge, dessen Teil Sie genauso wie ich und alle anderen von uns sind. Dennoch besteht die Lösung dieser Situation nicht darin, untätig zu sein und abzuwarten, was geschieht. *Erfolg hat nur der, der etwas ändert!* Und zwar zum Positiven.

Lassen Sie mich Ihnen in diesem Licht die erste meiner Strategien vorstellen, die gleichsam eine Art finanzieller Lebensphilosophie darstellt. Eine erfolgreiche Strategie, um sich stufenweise und in der richtigen Reihenfolge ein Vermögen aufzubauen. Es handelt sich dabei um die drei Säulen der Vermögensbildung. Diese sind: *Arbeitskraft*, *Geldwerte*, *Sachwerte*.

### Die 1. Säule der Vermögensbildung: Ihre Arbeitskraft

Der Grundstein für Vermögen (abgesehen vielleicht von Erbschaft oder Lottogewinn) liegt in der Arbeitskraft eines Menschen. Diese ist, besonders zu Beginn der beruflichen Laufbahn, sein wichtigstes Kapital. Nur dadurch, dass er tagtäglich etwas leistet, was andere als wertvoll genug betrachten, um es zu entlohnen, erhält er überhaupt finanzielle Mittel. Es ist die Arbeitskraft, ob geistiger oder körperlicher Natur, die ihn für jemand anderen wertvoll macht. Die erste Säule - die tatsächlich Millionen wert ist, wie Sie leicht herausfinden können, wenn Sie einmal zusammenrechnen, was Sie in Ihrem Leben schon verdient haben und voraussichtlich noch verdienen werden - setzt sich aus mehreren Teilaspekten zusammen.

Zuallererst sollten Sie natürlich daran arbeiten, einen sicheren und gut bezahlten *Beruf* zu erlernen beziehungsweise auch auszuüben. Bei den sich gegenwärtig in Rekordhöhe befindlichen Arbeitslosenzahlen sollten Sie zudem eine Portion *Flexibilität* mitbringen.

Durch kontinuierliche Weiterbildung, Schulung und den Aufstieg auf der Karriereleiter können Sie daran arbeiten, die erste Säule zu stärken. (Als Anmerkung am Rande: Falls Sie in Ihrem Berufsfeld keine hinreichenden Möglichkeiten sehen, wie wäre es dann mit einer Karriere als Sachwertberater? Das ist jemand, der die hier beschriebenen Konzepte und Strategien seinen Kunden nahe bringt.)

Darüber hinaus sind *Versicherungen* unabdingbar, die den *Todesfall* (zur finanziellen Absicherung der Hinterbliebenen), die *Berufsunfähigkeit*, sowie *Haftungspflichten* und *Sachrisiken* abdecken. In diesen Bereichen sollten Sie weder über- noch unterversichert dastehen, da beide Extreme teuer werden können. Idealerweise müssen Sie nie auf diese Absicherungen zurückgreifen und können Ihr Leben lang den von Ihnen gewählten Beruf ausüben, der Ihnen ein regelmäßiges Einkommen beschert.

Übrigens fällt auch die Rente - ob staatlicher oder privater Natur - in diese Rubrik. Sie ersetzt das sonst durch Arbeit erzielte Einkommen. Allerdings: Man sollte, um sich einer ausreichenden Pension sicher zu sein, die zweite und dritte Säule der Vermögensbildung nicht vernachlässigen. Erst sie garantieren einen wirklich geruhsamen Ruhestand.

## Die 2. Säule der Vermögensbildung: Geldwerte

Um Vermögen zu erlangen, muss man unter anderem *sparen*. Genau darum dreht es sich bei der zweiten Säule. Sie legen regelmäßig Geld auf die hohe Kante, verstecken es unter der Matratze oder investieren hier und da ein paar Mark. Man könnte dabei von einer Reserve oder einem Puffer reden, einem Polster, das Sie sich anlegen, für schlechte Zeiten, zwecks Investitionen oder - positiv betrachtet - für die Realisierung Ihrer Träume und Wünsche. Die zu diesem Zweck angewandten Methoden sind bekannt, ich will sie daher nur kurz erwähnen.

Es handelt sich um:

- Sparbücher

- Sparverträge

- Festgeldanlagen

- Bausparverträge

- Wertpapiere

- Fonds

- Kapital-Lebensversicherungen und

- Aktien

Sie werden mir zustimmen, dass nicht all diese Methoden gleich angemessen sind, um Geldwerte zu sammeln. Ein Sparbuch beispielsweise bringt es in den seltensten Fällen auf mehr als 3 Prozent Zinsen. Geringe Rendite ist ein weit verbreitetes Manko von Geldanlagen. Zusätzlich fließt der Faktor der Inflation in die Rechnung ein und lässt das Geld in jedem neuen Jahr mit verminderter Kaufkraft dastehen. Aktien können darüber hinaus durch nicht inflationsbedingte Faktoren - vor allem Kursschwankungen - an Wert verlieren.

Trotz alledem benötigt man Geldwerte, um sich ein Vermögen aufzubauen. Sie ermöglichen den Kauf von angenehmen Wertgegenständen und stellen die Basis für die dritte Säule dar. Sie sollten sich also mit Ihnen auseinandersetzen, um sie für sich nutzen zu können.

In der Tat sind alle oben angeführten Geldanlagen besser als keine! Selbst wenn Kapital-
Lebensversicherungen oder Sparverträge keine nennenswerten Zinsen erwirtschaften, sind sie allemal besser als reiner Konsum ohne Sparsamkeit. An dieser Stelle kommt die *Guns-and- Butter-Philosophie* ins Spiel.

**Konsum oder Vermögen: Treffen Sie Ihre Entscheidung!**
Guns and Butter - Kanonen und Butter. *Guns* steht für jegliche Art von Vermögensanlage. *Butter* bezieht sich auf angenehme Luxusgüter wie Videogeräte, Einbauküchen, exquisite Teppiche, feines Essen etc. Viele Menschen erstehen mit ihrem Geld nun wenig Guns, aber sehr viel Butter.

Dies führt dazu, dass sie keinerlei Vermögen aufbauen und aufgrund der Inflation und anderer Faktoren bald über zu wenig Geld verfügen, um sich Butter leisten zu können. Sie stehen also ohne irgendeine Kaufkraft dar. Andersherum können diejenigen, die in Guns investieren und an der Butter sparen, bald Gewinne erwirtschaften und sich ausreichend Butter leisten. Der grundlegende Unterschied zwischen dem Erwerb von Butter oder Guns liegt eigentlich darin, inwieweit man sich der Zukunft bewusst und bereit ist, etwas dafür zu unternehmen, dass man auch in Zukunft etwas besitzt.

Guns and Butter bezieht sich neben reinen Geldanlagen auch auf Sachwertanlagen, die die dritte Säule der Vermögensbildung darstellen.

### Die 3. Säule der Vermögensbildung: Sachwerte

Den langfristigen Grundstock für persönlichen Wohlstand bilden Sachwerte, allen voran Immobilien. Während die Geldentwertung kontinuierlich voranschreitet, steigt der Wert von Immobilien stetig. Ein Blick in die Geschichte offenbart, dass Liegenschaften schon in der Antike Symbol von Reichtum und Macht waren. Wer es sich leisten konnte, residierte in einer stattlichen Villa. Auch heute strebt fast jeder nach den eigenen vier Wänden, selbst wenn die früher übliche Säulen- oder Pyramiden-Architektur heutzutage passé ist. Schließlich und endlich wird ein Vermögen im eigentlichen Sinne erst durch diese dritte Säule zur Realität. Einen Hinweis auf die Wertsteigerung von Haus und Grund liefert der Baukostenindex. Er stellt die Meßlatte für Immobilienpreise dar. Urteilen Sie selbst - würden Sie in eine Anlage mit solch einer Wertsteigerung investieren?

Während Geldanlagen kurz-, mittel- und langfristige Investitionen darstellen, ist die Immobilie eher als mittel- und langfristige Anlage zu sehen. Selbst wenn man ein Schnäppchen schon zwei Jahre nach dem Kauf mit gutem Gewinn wieder verkaufen kann, ist dies nicht unbedingt die Regel. Immobilien entfalten Ihren Wert im Laufe der Jahre, wobei sie mit ein bisschen Pflege Spitzenrenditen erwirtschaften können. Es existiert hierzu eine Menge Know-how. Die wichtigsten Fakten, Hintergrundinformationen und Strategien rund um die dritte Säule sind in diesem Buch enthalten, denn es ist in der Tat diese Säule, mit der Sie Stein um Stein ein Vermögen verdienen können.

**Das Verhältnis der 3 Säulen untereinander**

Diese Säulen sind voneinander abhängig. Wenn beispielsweise die Geldentwertung auf die zweite Säule schlägt und die Kaufkraft des Geldes wie Eis in der Sonne schmelzen lässt, steigt gleichzeitig die dritte Säule der Sachwerte. In diesem Fall würde die dritte Säule die zweite sinnvoll ergänzen. Anderseits werden aus der ersten Säule die zwei anderen aufgebaut. Wenn jemand dies versäumt, sein Geld also wie schon beschrieben ständig für Konsumgüter ausgibt, ohne seinem Vermögensaufbau die nötige Beachtung zu schenken, werden ihm irgendwann die Mittel fehlen, wenn er in größere Ziele investieren möchte.

Eine weitere wichtige Regel sollten Sie beherzigen: Wenn Sie die zweite Säule nicht ausreichend etabliert haben, kommt für Sie die dritte nicht in Frage! Die drei Säulen bauen sowohl zeitlich wie auch in ihrer Rangfolge aufeinander auf. An erster Stelle steht, wie schon erklärt, der Verdienst durch die Arbeitskraft, gefolgt von Vermögen durch Geldwertanlagen.

Dann erst investiert man in Immobilien. Begehen Sie aber auch nicht den Fehler, ewig für eine Immobilie zu sparen. Sie würden nur gegen die Inflation ankämpfen und schließlich auf der Verliererseite enden. Sehen Sie einfach zu, dass Ihr Job läuft, Sie einen fünfstelligen Betrag zur Seite gelegt und sich somit Bonität und Liquidität aufgebaut haben, und erwerben Sie dann Ihre erste Immobilie, beispielsweise eine vermietete Eigentumswohnung. Schon allein durch diesen Schritt können Sie im Alter mietfrei wohnen.

Eine weitere Regel betrifft die staatliche Rente als Teil der ersten Säule. Diesen Faktor sollten Sie beileibe nicht unberücksichtigt lassen. Vielleicht schwebt in Ihrem Kopf die Idee herum, dass die gezahlten Rentenbeiträge als Geldinvestition einzustufen sind und somit eigentlich zur zweiten Säule zählen. Dies stimmt - wie schon gesagt - mitnichten, denn die Rentenversicherungsanstalten legen die eingenommenen Gelder nicht an, sondern zahlen sie direkt an die jetzigen Rentner aus. Würde niemand mehr die gesetzlich vorgeschriebenen Beiträge zahlen, so würden die Rentenempfänger aufgrund des ausbleibenden Geldflusses in wenigen Monaten verdutzt schauen und der Regierung in Bonn oder Berlin auf den Pelz rücken.
Ich will indes nicht Kritik am Rentensystem üben, sondern nur darauf hinweisen, dass die erste Säule im Ruhestandsalter wegfällt und nur zu einem geringen Teil durch die Rente getragen beziehungsweise abgedeckt wird.

Daher müssen Sie durch die zweite und insbesondere die dritte Säule vorsorgen!

Der Kernpunkt, der letzten Endes zu erfolgreichem Vermögensaufbau führt, ist die dritte Säule, die Immobilie. Mit ihr kann man innerhalb eines Lebens leicht Millionär werden. Dazu gilt es natürlich einige Spielregeln zu beachten. Einige, die sich dieser Regeln nicht bewusst waren und sträflichst gegen Sie verstoßen haben, wollen wir im nächsten Kapitel betrachten, wo wir die Hauptfehler aufdecken, die zum Sturz des Dr. Jürgen Schneider sowie auch zum Zusammenbruch der Neuen Heimat geführt haben.

**Kurzübersicht:**

1.  Die drei Säulen der Vermögensbildung sind:

    - Arbeitskraft

    - Geldwerte

    - Sachwerte

2.  Um die erste Säule zu etablieren, sollten Sie daran arbeiten, einen sicheren und gut bezahlten Beruf zu erlernen beziehungsweise auch auszuüben. Darüber hinaus sind Versicherungen unabdingbar, die den Todesfall, die Berufsunfähigkeit sowie Haftungspflichten und Sachrisiken abdecken.

3.  Die Grundidee der zweiten Säule ist Sparen. Dazu können Sie auf folgende Anlageformen zurückgreifen:

    | | |
    |---|---|
    | - Sparbücher | - Aktien |
    | - Sparverträge | - Fonds |
    | - Festgeldanlagen | - Kapital-Lebensversicherungen |
    | - Bausparverträge | - Wertpapiere |

4.  Der Kernpunkt, der letzten Endes zu erfolgreichem Vermögensaufbau führt, ist die dritte Säule, die Immobilie. Nachdem Sie die ersten beiden Säulen etabliert haben, sollten Sie sich der dritten zuwenden.

## 2. Was man aus den Fällen Schneider und Neue Heimat lernen kann

Für die Presse war es ein gefundenes Fressen, als der Skandal um den Großinvestor *Dr. Jürgen Schneider* und die Deutsche Bank herauskam. Die etwas Älteren unter uns erinnern sich vielleicht noch an die Zeit, als der *Neuen Heimat* ein ähnliches Schicksal beschieden war. Wir wollen indes nicht analysieren, warum die Medien diese Stories so sehr ausgeschlachtet haben, sondern diese vielmehr als Beispiele dafür nehmen, wie man es nicht machen sollte. Erforschen wir also die Hintergründe, die zu einigen der "populärsten" Konkurse im Zusammenhang mit Immobilien geführt haben, im Detail.

### Der Fall Neue Heimat

Alle Jahre wieder geschieht es, dass sich eine Gruppe von Menschen zusammenschließt, um etwas Großartiges zu vollbringen. So ein Geistesblitz führte vor einigen Jahrzehnten zur Gründung der *Neuen Heimat*, eines gewerkschaftlichen Unternehmens, dessen Zweck es war, für Gewerkschaftsmitglieder Häuser zu bauen und Wohnungen zur Verfügung zu stellen.

Tatsächlich handelte es sich dabei nur um eine von vielen Unternehmungen der Gewerkschaften, genauer gesagt des 1949 gegründeten *Deutschen Gewerkschaftsbunds* (DGB).

Die Idee an sich war wirklich gut. Nach dem Krieg war Wohnraum knapp geworden. Es existierte eine ungeheure Nachfrage nach qualitativ hochwertigen Wohnungen. Da der DGB finanziell recht potent war und über eine hohe Liquidität verfügte, floss ein Teil dieser Gelder in das Projekt Neue Heimat. Mit einem Milliardenvermögen im Rücken war es auch kein Problem Immobilienkredite zu erhalten, eine Möglichkeit, die bis zur Grenze ausgeschöpft wurde. Kurz gesagt: Es steckte eine Menge Power in diesem Projekt, die sich in schneller Expansion manifestierte. Und es wurde gebaut und gebaut. Eines Tages aber traten Probleme auf. Man hatte sich zu viele Kredite aufgehalst und ging schließlich daran unter.

Was aber war es nun, das den Sturz der Neuen Heimat tatsächlich verursacht hat? Nun, ein Aspekt, der erst im Laufe langjähriger Untersuchungen zu Tage trat, war falsches Management und unbedachtes Wirtschaften innerhalb des Konzerns. Was aber für uns im Rahmen dieses Buches weitaus interessanter ist:

Man hat bei der Neuen Heimat rigoros gegen die Grundregel verstoßen, dass man Immobilieneigentum *entschulden* muss!

Tatsächlich wurde sogar mehr als der tatsächliche Immobilienwert beliehen! Die Objekte wurden zunächst zu 100 Prozent finanziert. Nach einigen Jahren wurden die Objekte nochmals eingewertet * und jetzt - da sie ja im Laufe der Zeit an Wert gewonnen hatten - mit 120 Prozent oder einem ähnlich hohen Wert finanziert, also zusätzlich um 20 Prozent belastet. Die neue Finanzspritze wurde genutzt, um weitere Immobilien zu erwerben beziehungsweise zu bauen.
(* siehe Glossar)

Dies führte zunächst zu rasender Expansion. Es schien auf den ersten Blick zu funktionieren. Doch genau diese spekulative Expansionsstrategie war der Anfang vom Ende.

Das reine *Aufschuldungsprinzip*, bei dem man immer weiter Kredite auf sein Immobilieneigentum aufnimmt, ohne es zu entschulden, ist eine *Falle*. Auch wenn es einladend ist, sollte man diesen Fehler nicht begehen. Nur weil die Bank einem weitere Kredite zur Verfügung stellt, bedeutet das noch lange nicht, dass man einen *Wertgewinn* erzielt hat. Eine Immobilie mit einem Wert von 100.000 €, die auch mit 100.000 € belastet ist, ist nun mal nichts wert! Erst der Ertrag durch die Mietrendite und die Tilgung der Hypothek - gestützt durch den Inflationsgewinn - führen letztendlich zu Vermögen.

Die Probleme begannen für die Neue Heimat, als man sich durch übermäßige Verschuldung und einen teuren Verwaltungsapparat so hohe Kosten geschaffen hatte, dass man nicht mehr zahlen konnte. Und das mit einem Immobilienvermögen mit Milliardenwert in den Büchern! Eine grundlegende Kaufmannsregel hierzu lautet: *Liquidität geht vor Gewinn!* Ein Grundsatz, den wir im folgenden Kapitel im Detail durchleuchten wollen. Das bedeutet für Sie konkret:

Sie müssen über so hohe Liquidität verfügen, dass Sie Ihre laufenden Verpflichtungen locker erfüllen können. Erst dann kommt der Gewinn.

Das Ende vom Lied: Die Neue Heimat existiert nicht mehr. Wohl aber die Immobilien, die aus diesem Konzern stammen. Sie findet man heute im Besitz anderer Konzerne wieder, die - so Gott will - besser damit umgehen.

## Der Fall Schneider

In eine ähnliche Falle wie der Gewerkschaftskonzern ist auch der vor wenigen Jahren ebenso berühmt wie berüchtigt gewordene *Dr. Jürgen Schneider* getappt. Auch er hat das Liquiditätsprinzip verletzt und über den Wert der Immobilien hinaus finanziert. Dennoch unterschied sich seine Vorgehensweise von der der Neuen Heimat.

Während sich die Neue Heimat auf den Bau von Wohnungen für Gewerkschaftsmitglieder konzentrierte, war Schneider ein typischer *Trophäenjäger*. Unter einer Trophäe versteht man vorzügliche Objekte in erstklassiger Lage, die man gut beleihen kann. Leider mangelt es ihnen an Wirtschaftlichkeit. Anders ausgedrückt: Sie erbringen *keine* nennenswerte Rendite. Nehmen wir als Beispiel das 100-Zimmer-Hotel in Leipzig, das Schneider für über 100 Millionen Mark renovierte. Ein absolut schickes Objekt. Hervorragende Qualität. Erstklassig gelegen. Ein wahres Kunstwerk. Und dennoch völlig unrentabel!

Mit großen Empfängen und viel Champagner gelang es Schneider einige Zeit, die Wirklichkeit zu verschleiern, die darin bestand, dass er immer wieder ein neues Projekt beleihen musste, um die Zinsen aus den vorangegangenen Projekten zu begleichen.

Da das auf Dauer auch nicht funktionierte, fing er an zu tricksen. Bei der berüchtigten *Zeit- Galerie* in Frankfurt am Main mit rund 9.000 Quadratmetern Ladenfläche rechnete er sämtliche Nebenflächen hinzu und kam so auf satte 20.000 Quadratmeter. Für die gesamte Fläche gab er einen Ertragswert von 300 Mark je Quadratmeter an, ein Wert, der nur von der Spitzenfläche im Erdgeschoß erzielt wird, nicht von den höhergelegenen Ebenen. Auf diese Weise hat er seiner Bank eine jährliche Mietrendite von 54 Millionen Mark vorgegaukelt, die völlig unrealistisch war. Die tatsächlichen Einnahmen lagen bei rund 10 Millionen Mark.

Ihm wurde ein Kredit von 450 Millionen Mark eingeräumt, was bezogen auf die *vorgetäuschten* Einnahmen nicht unangemessen war. Der Rest ist bekannt. Von insgesamt 2,5 Milliarden Mark an Krediten hat er knapp 300 Millionen Mark ins Ausland geschafft. Als er schließlich als Angeklagter nach Deutschland zurückkehrte, musste er sich wegen Krediterschleichung vor dem Richter verantworten und bewohnt nun eine wenig luxuriöse Gefängniszelle. Außer Schlagzeilen und einem wenig ruhmreichen Image ist ihm nichts geblieben.

Die Analyse hier: Auch Schneider hat nach dem Aufschuldungsprinzip gehandelt, immer größere Kredite für unrentable Immobilientrophäen aufgenommen, sich so mehr und mehr verschuldet und am Ende versucht, sich mit Betrug aus der Affäre zu ziehen.

Ein besonderes Problem bei Trophäen ist, dass man sich zu leicht in sie verliebt. Klar, wer würde nicht lieber einen Palast besitzen als ein schlichtes Mehrfamilienhaus? In diesem Zusammenhang führe ich als plastisches Beispiel gern Autos an. Wenn Sie ein Auto brauchen, dann ist ein VW Golf wesentlich günstiger zu betreiben als ein Ferrari. Natürlich ist der Ferrari schöner zu fahren und weitaus schneller. Aber vom wirtschaftlichen Gesichtspunkt aus betrachtet ist seine Anschaffung ziemlicher Unsinn. Er ist höchstens etwas für Liebhaber, die mit ihm an schönen Sommertagen über die Prachtstraßen der Stadt fahren wollen, um Eindruck zu schinden. Als Gebrauchsgegenstand ist er völlig fehl am Platze und unrentabel.

All das bedeutet nicht, dass Immobilien nicht schön aussehen oder renoviert werden sollten. Um den Publikumsgeschmack zu treffen und somit eine gesteigerte Mietrendite oder einen höheren Verkaufserlös zu erzielen, handelt es sich dabei um durchaus legitime Aktivitäten. Aber all das muss sich rechnen!

**Kurzübersicht:**

1. Immobilien müssen im Laufe der Zeit entschuldet werden. Das reine Aufschuldungsprinzip, bei dem man immer weiter Kredite auf sein Immobilieneigentum aufnimmt, ohne es zu entschulden, ist eine tödliche Falle.

2. Die grundlegende Kaufmannsregel bei Immobilieninvestitionen lautet: Liquidität geht vor Gewinn!

3. Unter einer Trophäe versteht man vorzügliche Objekte in erstklassiger Lage, die man gut beleihen kann. Leider mangelt es Ihnen an Wirtschaftlichkeit. Anders ausgedrückt: Sie erbringen keine nennenswerte Rendite. Hier gilt die Regel: Wenn man mit dem Herzen kauft, bleibt das Portemonnaie leer!

## 3. Alte Kaufmannsregel in neuem Licht:

**Liquidität geht vor Gewinn!**

Der Faktor *Liquidität* spielt eine entscheidende Bedeutung beim Vermögensaufbau. Dabei ist es grundsätzlich egal, ob Sie in Aktien, Immobilien oder andere Anlagen investieren: Ohne, ausreichende Liquidität setzen Sie sich einer Gefahr aus.

Betrachten wir das bezogen auf Aktieninvestitionen: Angenommen, Sie hätten Ihr gesamtes Vermögen in Aktien angelegt und lebten nun davon, dass Sie von Zeit zu Zeit einen Teil davon verkaufen. Was würde geschehen, wenn der Markt einmal kurzfristig in die Knie ginge? Sie wären - da Sie über keine Liquidität verfügten - gezwungen einen Teil Ihres Aktienvermögens unter Preis zu verkaufen. Hätten Sie einen ausreichenden Liquiditätsspielraum, wäre das nicht nötig - dann könnten Sie sorglos darauf warten, dass der Markt sich wieder erholt.

Bei Immobilien ist es ähnlich. Sie sind zwar wertvoll und erwirtschaften durch die Mieten eine Menge Geld, stellen aber erst dann ein wirkliches Vermögen dar, wenn sie - zumindest zum Teil - entschuldet sind. Erst dann können Sie beim Verkauf Gewinn erzielen. (Zu dieser Regel gibt es nur dann eine Ausnahme, wenn Sie enorm günstig eingekauft haben oder teuer verkaufen können.) Glücklicherweise bewirkt die Marktentwicklung, dass der Immobilienwert über die Zeit steigt, so dass Sie neben der *Entschuldung aufgrund von Tilgung des Kredits* durch den *Wertgewinn der Immobilie selbst* einen Vermögenszuwachs zu verzeichnen haben. Das ist in der folgenden Grafik aufgezeigt.

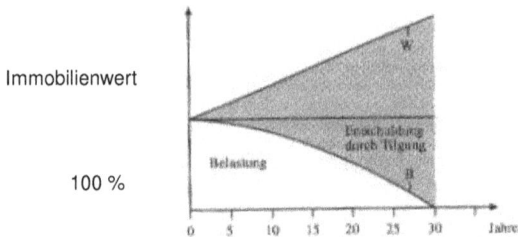

Immobilienwert

100 %

Wenn Sie zu 100 Prozent finanzieren, haben Sie zu Anfang keinen Gewinn erwirtschaftet, da der Immobilienwert und die gesamte Belastung durch den Hypothekenkredit gleich groß sind. Durch die Tilgung des Kredits senken Sie die Belastung und schaffen dadurch Gewinn. Gleichzeitig steigt der Immobilienwert. Das tatsächliche Vermögen entspricht der Differenz zwischen Immobilienwert und Belastung.

Um diese Entwicklung zu garantieren, müssen Sie die Ausgaben - Kreditzinsen und Tilgung - durch die Einnahmen - Miete und Steuerersparnis - tragen können.

Wenn diese Faktoren unter Kontrolle sind, geht die Investition auf. Und genau das ist es, was Sie erreichen wollen. Dieses Prinzip trifft auf eine einzelne Immobilieninvestition zu, lässt sich aber auch dann anwenden, wenn Sie nacheinander mehrere Objekte kaufen. Zu Beginn können Sie mit 100-prozentiger Finanzierung kaufen. Aber schon beim zweiten Objekt sollten Sie etwas Eigenkapital einbringen. Dieses Vorgehen stabilisiert Ihren Vermögensaufbau, da Sie wirkliche Liquidität aufbauen und nicht nur über Fremdmittel - sprich: Bankkredite - finanzieren. Das Endziel ist natürlich völlige Bankenfreiheit, die dann erreicht ist, wenn alle Ihre Objekte vollständig entschuldet sind.

Ob man die Liquidität zum Kauf einer Immobilie hat, kann man ausrechnen. Bei der *Kempe Grundbesitz & Anlage AG* lasse ich zu diesem Zweck Wirtschaftsprüfungstestate erstellen (weitere Details dazu sind in Kapitel IV. 8. über Steuervorteil enthalten). Wenn die Immobilie hochverzinst ist, verdient sie heute das Geld, das sie an Zinsen kostet. Wir gehen dabei von Immobilien aus, die mindestens 5 Prozent Nettoverzinsung auch bei Eigentumswohnungen haben.

Doch nicht jeder bewertet seine Situation nach dem obigen Prinzip und erleidet somit oft Schiffbruch. Jemand hört, dass man sich mit Immobilien ein Vermögen aufbauen kann, und setzt nun alles daran, sich innerhalb kürzester Zeit *mehrere* Objekte zu kaufen, die er zu 100 Prozent oder höher finanziert. Statt zu entschulden, kauft er weiter. Damit überzieht er den Bogen. Ein paar Mietausfälle, zusätzliche Kosten, die nicht eingeplant waren - und schon kann er die Kreditraten nicht mehr zahlen. Und das ist der Anfang vom Ende.

Die Immobilie kann wie ein Werkzeug betrachtet werden, mit dem Sie den Bogen, der den Pfeil in Richtung Ihres Vermögensziels abschießt, mit Leichtigkeit weiter anspannen können. Dadurch trifft er das Ziel schneller und mit größerer Sicherheit. Spannt man ihn aber zu sehr an, bricht der Bogen.

Es ist diese wenig solide Vorgehensweise, die einige besonnene Anleger davon abhält, in Immobilien zu investieren. In den Zeitungen wird nämlich hauptsächlich von den negativen Beispielen wie Schneider berichtet. Dabei überwiegen am Immobilienmarkt eindeutig die Gewinner. Und zu denen können auch Sie gehören, wenn Sie das *Entschuldungsprinzip* beachten.

Diese Prinzipien gelten nicht nur für Einzelpersonen, sondern auch für Unternehmen.

Bei letzteren werden zuweilen aber auch andere, weniger zuverlässige Maßstäbe angesetzt, um ihre Vermögensentwicklung und Stabilität zu bewerten.

**Eigenkapitalentwicklung kontra Gewinn**

Eine der meines Erachtens nach unsinnigsten Betrachtungen ist zum Beispiel die folgende, die bei der Analyse von Firmen oft vorgenommen wird: Es werden anhand von Cash-Flow und Gewinn ein oder zwei Jahre bewertet - mehr nicht. Diese beiden Faktoren sind natürlich wichtige Indizien, aber letztendlich ist die *langfristige Eigenkapitalentwicklung* einer Firma der entscheidende Faktor, nach dem diese bewertet werden sollte. Das bedeutet: Wenn eine Firma ihr Eigenkapital über fünf oder zehn Jahre kontinuierlich ausbaut, ist dies ein *Sicherheitsgarant*. Wenn das Eigenkapital hingegen kontinuierlich abnimmt, ist dies ein *Risikogarant*! Der gleiche Maßstab gilt bei Immobilien. Wenn eine Firma in den ersten Jahren ihres Bestehens voll finanzierte Immobilien kauft, ist das normal, verständlich und sinnvoll. Wenn sie aber schon fünf Jahre am Markt aktiv ist und immer noch voll finanzierte Immobilien kauft, so ist das bedenklich. Wenn sie es nach zehn Jahren immer noch macht, sollte man das definitiv hinterfragen. Entweder existieren bereits teilentschuldete Immobilien - oder die Eigenkapitalbildung hat nicht stattgefunden. Letzteres deutet darauf hin, dass die Firma schwächer wird.

Korrekterweise muss also eine *kontinuierliche Entschuldung* der vorhandenen Immobilien gegeben sein, nicht nur ein Ausbau des Geschäftsvolumens und des Gewinns. Das ist heute insbesondere aufgrund der Steuersituation nicht immer leicht. Aber nur durch Eigenkapitalbildung erlangt man Stabilität. Schließlich ist es insbesondere Eigenkapital, das man im Fall einer Krise einsetzen kann. Und Krisen kommen und gehen - das ist normal. Nur wenn eine Firma in solch einer Krise über ein Sicherheitspolster verfügt, kann sie überleben.

Das ist eine grundlegende Regel, die Herr Schneider und die Neue Heimat verletzt haben. Und sie gilt natürlich nicht nur für Firmen, sondern auch für Einzelpersonen.

Für den Staat gilt diese Regel offensichtlich nicht, denn sonst wäre er schon längst bankrott. Schon Goethe sagte: "Wenn der Staat ein Privatmann wäre, käme er aus dem Gefängnis nicht mehr heraus."

Doch da wir keine Politiker sind, schon gar nicht im Finanzministerium, wollen wir das Management der Bundesrepublik anderen überlassen und uns auf unsere eigenen Aufgaben konzentrieren.
Wie wertvoll eine persönliche Vermögensstrategie dabei sein kann, wollen wir im nächsten Kapitel betrachten.

**Kurzübersicht:**

1.  Das tatsächliche Vermögen, das Sie sich durch Immobilieninvestitionen aufgebaut haben, entspricht der Differenz zwischen Immobilienwert und Belastung.

2.  Um Vermögensaufbau zu garantieren, müssen Sie die Ausgaben - Kreditzinsen und Tilgung - durch die Einnahmen - Miete und Steuerersparnis - tragen können. Wenn diese Faktoren unter Kontrolle sind, geht die Investition auf.

3.  Einer der größten Fehler bei Immobilieninvestitionen besteht darin, nicht zu entschulden und sich immer wieder neue, zu 100 Prozent belastete Immobilien anzueignen. Das destabilisiert den Vermögensaufbau. Kontinuierliche Entschuldung stabilisiert ihn.

4.  Auch bei einer Firma ist es nicht so sehr der Gewinn als vielmehr die langfristige Eigenkapitalentwicklung, die die tatsächliche Expansion widerspiegelt.

5.  Nur durch Eigenkapitalbildung schafft man Stabilität!

## III. Die erfolgreichen Vermögensstrategien

## 1. Der Weg zu finanzieller Unabhängigkeit:

**Ihre ganz persönliche Vermögensstrategie**

Sie können weiterhin darauf vertrauen, dass Vater Staat sich mittels Rentenzahlung Ihrer annehmen wird. Diese Geisteshaltung ist aber - wenn man die Daten aus den vorhergehenden Kapiteln dieses Buches betrachtet - für Ihre Zukunft nicht sehr förderlich. Schließlich wollen Sie doch etwas für den Aufbau Ihres Vermögens tun, nicht wahr?

In der Tat baut die Masse der Bundesbürger auf den Staat, den jahrzehntealten Generationenvertrag, die 3 Prozent Zinsen auf dem Sparbuch, veraltete Anlagen wie die Kapital-Lebensversicherung und andere Faktoren, die in der heutigen Zeit immer mehr an Ertragskraft und Aktualität verlieren. Sie überlassen die Gewinne den Banken und Versicherungsunternehmen, die ihrerseits in Immobilien investieren und nur einen kleinen Teil ihrer Erträge an die Anleger ausschütten. Sicher, diese Masse schrumpft, denn immer mehr Menschen erkennen, dass sie sich auf dem Holzweg befinden. Folglich suchen diejenigen, die erkannt haben, wie der Hase läuft, nach neuen und besseren Lösungen.

Es gehört allerdings ein wenig Mut dazu, sein finanzielles Schicksal in die eigenen Hände zu nehmen und darauf zu vertrauen, dass man dank seiner eigenen Strategien vermögend wird. Doch genau das ist die Geisteshaltung, die Sie in die richtige Richtung lenkt. Und es ist auch die, mit der Sie die in diesem Buch enthaltenen Konzepte und Strategien umsetzen können.

Nehmen Sie sich einmal die Zeit, sich zurückzulehnen und Ihre eigene Position so unvoreingenommen wie möglich zu betrachten. Wo genau befinden Sie sich?

Wie sieht Ihr Leben aus? Was für Chancen bieten sich Ihnen? Welche haben Sie bereits ergriffen? Welche sind vertan? Und die wichtigste aller Fragen: Was wollen Sie im Leben erreichen? Diese Überlegungen müssen gestellt werden, damit die Themen Geld und Vermögensaufbau einen anderen Sinn bekommen. Dies ist der Inhalt dieses Buches und einer der Pfeiler, die Ihnen ein erfolgreiches Leben ermöglichen können. Vermögen allein macht nicht glücklich. Aber es kann enorm dazu beitragen, Glück und Lebensfreude zu schaffen.

Erreicht wird dies durch eine *persönliche Vermögensstrategie*, die Sie für sich selbst entwickeln und dann in Ihrem Leben befolgen. Wie sie genau aussieht, müssen Sie selbst entscheiden. Ich will Sie in diesem Kapitel mit ein paar Beispielen dabei unterstützen, diese Strategie zu erarbeiten.

**Die falsche Strategie der Bausparer**

Ein weit verbreitetes Allfinanzprodukt, das mit großem Druck vertrieben wird, ist der *Bausparvertrag*. Mit dem Ziel, sich den Traum der eigenen vier Wände erfüllen zu können, werfen sparsame Häuslebauer in spe regelmäßig Geld in einen Topf, um so die Gunst der Bausparkassen auf einen Niedrigzins-Kredit zu erwerben. Auf den ersten Blick keine schlechte Idee: Man plant, für 200.000 Euro eine Immobilie zu bauen oder zu kaufen, spart innerhalb einiger Jahre rund 80.000 Euro an und erhält weitere 120.000 Euro in Form eines zinsgünstigen Darlehens von der Bausparkasse zu Verfügung gestellt. Jedoch: In der Zwischenzeit sind die Immobilienpreise gestiegen! Die bei Abschluss des Bausparvertrags zum Bau oder Kauf anvisierte Immobilie kostet jetzt 300.000 Euro! Damit geht die Rechnung nicht auf, und Millionen von Bausparern laufen hinter der Inflation her, holen sie jedoch nicht ein. Dies ist in der Tat eine Strategie, mit der viele versuchen, sich ein Vermögen aufzubauen. Leider funktioniert sie nicht besonders gut, da sie das Pferd von der falschen Seite aufzäumen. Betrachten wir daher einen erfolgreicheren Weg.

**Schritt für Schritt zum Mehrfamilienhaus**

Angenommen, Sie sind noch nicht zu alt und haben bereits ein wenig Geld zur Seite gelegt.

Dann könnte der erste größere Schritt in Richtung Vermögen der Kauf einer *Eigentumswohnung* sein. Ein kleines Objekt, das Sie finanzieren können und bei dem Sie nur rund 100 Euro im Monat dazuzahlen müssen. Innerhalb von fünf Jahren steigern Sie die Miete, erwirtschaften Überschuss und investieren diesen in die Renovierung der Wohnung. Danach können Sie die Miete noch ein Stück erhöhen, was den Wert der Wohnung - der sich aus dem Vielfachen der Jahresnettokaltmiete * errechnet - weiter steigert. Zu diesem Zeitpunkt verkaufen Sie das Objekt, zahlen mit einem Teil des Verkaufserlöses den Kredit zurück und investieren den Rest als Eigenkapital in den Kauf eines Sechsfamilienhauses. Hier gehen Sie im Grunde nach dem gleichen Schema vor, wobei sich der Gewinn versechsfacht! Im Laufe der Jahre wird auch dieses Haus lastenfrei, und Sie können es im Alter als stabile Einnahmequelle nutzen, die Ihre eigentliche Rente um ein Vielfaches übersteigt.

(* Man berechnet den Wert eines Mehrfamilienhauses anhand des Vielfachen der Jahresnettokaltmiete. Wenn wir vom 15fachen ausgehen, steigert eine jährliche Mieterhöhung von nur 120 Euro den Wert des Hauses um 120 mal 15 = 1.800 Euro! Wenn Sie die Monatsmiete um 1.200 Euro steigern, gewinnt das Haus 18.000 Euro an Wert! Wenn man sich das vor Augen führt, sieht man, welche Hebelwirkung bei Immobilien zum Tragen kommt und wie man mit Immobilien Vermögen erwirtschaften kann.)

Sie könnten auch - was nicht zu empfehlen ist - auf den Zwischenschritt mit der Eigentumswohnung verzichten und sich das Eigenkapital für den Kauf des Mehrfamilienhauses über eine Kapital-Lebensversicherung, einen Sparvertrag oder sonst wie zusammensparen. Dann allerdings arbeitet die Zeit *gegen* Sie!

Dies ist eine Strategie, die oft verwendet wird, aber nicht besonders gut funktioniert!

Nutzen Sie daher *strategisch durchdachte Immobilieninvestitionen*, um sich mehr Immobilieneigentum zu verdienen. Die Immobilie ist dabei das Werkzeug, das fachmännisch eingesetzt werden muss. Wenn Sie lernen, dies zu erreichen, können Sie mit Wonne auf Ihren Lebensabend zugehen, brauchen Inflation, Arbeitslosigkeit und die staatlichen Rentenprobleme nicht zu fürchten, können Ihre Miete in die eigene Tasche stecken und mit Ihrem Geld tun, was Sie wollen!

Betrachten wir ein weiteres Beispiel, wie man in die Vermögensbildung einsteigen kann:

**Die Strategie des pfiffigen Lehrlings**

Vor ein paar Jahren kaufte ein junger Kaufmannslehrling bei mir ein unausgebautes Dachgeschoß. Kostenpunkt: rund 30.000 Euro. Auf den ersten Blick nicht unbedingt eine besonders gute Investition, da man solch eine Immobilie höchstens als Abstellkammer oder Trockenraum vermieten kann, nicht als Wohnimmobilie. Dieser Lehrling aber verfügte über die Gabe, kaufmännisch zu denken und zu planen. Dabei setzte er auf ein im Grunde simples Konzept: Mit seinem Vater, der genau wie er selbst handwerklich begabt war, baute er das Dachgeschoß komplett aus, inklusive Wärmedämmung, Innenwände, Böden, Sanitär-Einrichtungen, Fenster und allem, was sonst noch nötig war. Er investierte also zu den gezahlten 30.000 Euro noch viel Schweiß und Baumaterialien im Wert von weiteren 30.000 Euro. Dann allerdings gehörte ihm eine De-facto-Neubau-Immobilie, die er für 170.000 Euro verkaufte! Eine sagenhafte - und steuerfreie - Gewinnspanne! Doch damit noch nicht genug:

Mit dem Kapital, das er sich auf diese Weise geschaffen hatte, investierte er weiter in Immobilien und hat sich damit inzwischen eine goldene Nase verdient.

**Das Risiko bei Immobilieninvestitionen**

Manch einer mag das Risiko, das mit Immobilieninvestitionen verbunden ist, scheuen und daher bei weitaus weniger lukrativen Anlagen bleiben. Dies ist einerseits verständlich, andererseits aber nicht gerade intelligent.

Natürlich können Sie beim Immobilienkauf einiges falsch machen. Beispielsweise nur auf den Steuervorteil achten und zu teuer einkaufen. Oder den Kaufvertrag unterschreiben, ohne dass die Finanzierung von der Bank zugesagt ist. Es gibt in der Tat einiges, was man falsch machen kann. Aber die wichtigen Fehler, die Sie kennen und vermeiden sollten, sind in diesem Buch beschrieben. Und der einzige weitere Fehler, den Sie begehen können, besteht darin, *nichts zu tun*! Nicht in Immobilien zu investieren! Sich nicht zu engagieren!

Das größte Risiko besteht darin, dass Sie die Gewinnmöglichkeiten, die ich Ihnen hier aufzeige, nicht wahrnehmen. Tatsächlich handelt es sich um sechs- oder gar siebenstellige Beträge, die Sie einfach nur deshalb verlieren, weil Sie sie nicht verdienen! Mein Tipp daher: Folgen Sie den erprobten Strategien rund um die Immobilie als Anlageinstrument im Rahmen Ihrer Möglichkeiten, und machen Sie das Beste daraus!

**Mit Zielen zum Erfolg**

Um eine funktionierende Strategie auszuarbeiten - und dabei will ich Ihnen mit den folgenden Kapiteln helfen - müssen Sie wissen, welche Vermögensziele Sie anvisieren. Denken Sie einmal darüber nach, und führen Sie sie nachfolgend auf. Machen Sie sich keine Gedanken, wenn Sie noch nicht ganz exakt festlegen können, in welcher Beziehung Immobilien mit der Erreichung Ihrer Ziele stehen. Sie werden mit jedem Kapitel weiter daran herangeführt werden, dieses Verhältnis zu erkennen und für sich auszuarbeiten. Am Ende des Buches folgt dann die Erstellung eines ausgeklügelten Plans, mit dem Sie sich ein Immobilienvermögen aufbauen und so Ihre Ziele erreichen können.

**Meine Ziele:**

1. _____
2. _____
3. _____
4. _____
5. _____

Das ist der Punkt, an den Sie gelangen wollen. Dabei dürfen wir nicht aus den Augen verlieren, wo Sie gerade jetzt stehen. Analysieren Sie auch dies genau:

**Meine gegenwärtige Situation:**

1. _____
2. _____
3. _____
4. _____
5. _____

Führen Sie als nächstes auf, was Sie besitzen (Geld- und Sachwerte, Reserven, wertvolle Besitztümer, vertragliche Rechte etc.) sowie auch das, was Sie schulden:

**Meine Vermögenssituation:**

Guthaben/Werte:                          Schulden:

_____          _____
_____          _____
_____          _____
_____          _____
_____          _____
_____          _____

Jetzt gilt es noch, Ihre Ein- und Ausgaben gegenüberzustellen. Das Verhältnis dieser herein und hinausströmenden Geldflüsse ist es, das Ihnen zeigt, ob sich Ihr Vermögen mehrt oder mindert. Führen Sie also alle Einnahmen (Gehalt, Prämien, Nebeneinkünfte, etc.) und alle Ausgaben (Miete, Sozialabgaben, Essen, Auto, Kreditraten und -tilgung, Steuern, etc.) so genau wie möglich auf. Falls einige Posten nicht monatlich, sondern etwa quartalsmäßig oder jährlich anfallen, so rechnen Sie sie auf monatliche Beträge um, so dass ein Vergleich möglich ist.

**Meine monatlichen Geldflüsse:**

Einnahmen (+):                           Ausgaben (-):

_____        _____

_____        _____

_____        _____

_____        _____

_____        _____

_____        _____

_____        _____

_____        _____

Gesamt _____        Gesamt _____

Einnahmen    minus    Ausgaben    ergibt    ein    Plus/Minus    von

€_____

Falls Ihre Einnahmen unter den Ausgaben liegen, so ist das der erste Punkt, den Sie in Ordnung bringen müssen, denn Sie bewegen sich in die falsche Richtung. Die wichtigste Kaufmannsregel für ein gesundes Unternehmen lautet nämlich: *Die Einnahmen müssen immer größer sein als die Ausgaben!* Bringen Sie diese Regel auf Ihre Person zur Anwendung, und Sie haben den ersten Schritt in Richtung Vermögensaufbau getätigt.

Darüber hinaus sollten Sie sich überlegen, wie weit Sie mit den Maßnahmen, die Sie zurzeit ergreifen, Fortschritte in Richtung Vermögensaufbau machen werden. Wenn Sie Ihren Fortschritt in dieser Richtung zu beschleunigen wünschen, sind Sie auf dem richtigen Weg.

**Kurzübersicht:**

1.  Es gehört ein wenig Mut dazu, seinen Vermögensaufbau in die eigenen Hände zu nehmen, sich den Luxus individueller, freier Gedanken zu gönnen. Doch genau das ist die Geisteshaltung, die Sie in die richtige Richtung lenkt.

2.  Bausparer wissen um den Wert von Immobilien und versuchen daher, sich welche zusammenzusparen. Damit verfolgen sie zwar das richtige Ziel, aber die falsche Strategie und laufen hinter der Inflation her, holen sie jedoch nicht ein.

3.  Das größte Risiko besteht eigentlich darin, dass Sie die Gewinnmöglichkeiten, die Ihnen Immobilien bieten, nicht wahrnehmen. Tatsächlich handelt es sich um sechs- oder gar siebenstellige Beträge, die Sie einfach nur deshalb verlieren, weil Sie sie nicht verdienen!

## 2. Altersabhängige Vermögensstrategien

Interessanterweise sind Vermögensstrategien auch altersabhängig. Man kann als Fünfzigjähriger nicht in der gleichen Art und Weise planen wie ein Dreißigjähriger - aus dem einfachen Grund, dass einem weniger Zeit bleibt, um sein Vermögen aufzubauen. Schließlich ist die Arbeitsphase der meisten Menschen mit dem Rentenalter - also um die 65 Jahre - vorüber. Und damit enden viele der Möglichkeiten, die einem den Weg zum Vermögen ebnen.

Es empfiehlt sich also, früh genug anzufangen und sich Zukunftskonzepte zu erstellen. Idealerweise sollte man diese schon im Alter von 20 Jahren erarbeiten - oder wenn man seine Berufsbildung beendet hat. Dann kann man die Zeit für sich nutzen und mit ihr arbeiten, und zwar insbesondere, was Sachwerte betrifft. Wer mit 18 Jahren beginnt, kann vielleicht schon mit 25 seine erste Immobilie erwerben und in den folgenden Jahren darauf aufbauen. Mit 50 ist er dann *Millionär*!
Doch nicht alle von uns denken (und handeln) so.

**Wie Sie es nicht angehen sollten**

Die Deutschen - gleich welcher Altersgruppe - haben ihre Gründe, *nicht* in Sachwerte zu investieren. Ich weiß, diese Aussage ist zu generell gefasst, aber betrachten wir einmal einige Gründe, warum man nicht daran arbeitet, sich um den Aufbau seines Vermögens zu kümmern.

Die *Zwanzigjährigen* verdienen entweder noch kein Geld - wenn sie beispielsweise durch Eltern und Staat gefördert ihrer Ausbildung nachgehen - oder nagen am Hungertuch. "Ich soll investieren? Sie machen Witze! Für das wenige Geld, das ich habe, möchte ich was erleben!" ist eine häufig anzutreffende Aussage. Ein kleiner Bausparvertrag ist das Höchste der Anlage-Gefühle.

Die *Dreißigjährigen* merken langsam, dass sie älter werden, und denken zuweilen an ihre Rente. Um diese abzusichern, hat man natürlich eine Lebensversicherung abgeschlossen. Zusätzlich noch einen Sparvertrag. Dabei darf der Konsum nicht fehlen: "Bevor ich zu alt werde, möchte ich mir noch mal echt was gönnen und Spaß haben." Und dabei geht das Geld für Konsum drauf statt für ausgereifte Investitionsstrategien. Wobei mit der Gründung einer Familie Geld für andere Dinge eingesetzt werden muss als für Konsum. Und Zeit wird auch Mangelware.

Bei den *Vierzigjährigen* - und natürlich schon früher - fließt ein Teil des Verdienstes in die Erziehung der Kinder. Darüber hinaus mehren sich die Ersparnisse. "Ich habe jetzt schon einiges gespart. Ein eigenes Haus wäre nicht schlecht. Auch für die Kinder. Aber was das kostet! Wenn ich noch ein paar Jahre in meinen Bausparvertrag einzahle, dann kann ich mir vielleicht ein nettes Häuschen leisten."

Die *Fünfzigjährigen* schließlich müssen erkennen, wie sehr der Zahn der Zeit an ihrem Vermögen genagt hat. Für eine Eigentumswohnung reicht es schon, aber das eigene Haus im Grünen bleibt ein scheinbar unerfüllbarer Traum. "Na ja, die Baupreise sind eben zu schnell gestiegen. Das hätte ich nicht erwartet. Dann bleibe ich halt in der Stadt wohnen. Vielleicht ergibt sich für mich ja noch eine Möglichkeit."

Sorgen machen sich die *Sechzigjährigen*, die über ein gewisses Vermögen verfügen und darauf hoffen, dass der Staat bald für ihre - wenn auch karge -

Rente aufkommen wird. Um besser über die Runden zu kommen, haben sie rund 50.000 Euro angespart, und die Klugen verfügen über eine Eigentumswohnung. "Ich hoffe, das reicht. Um die Miete muss ich mir ja keine Sorgen mehr machen, aber die Weltreise, von der ich so lange geträumt habe, kann ich mir eigentlich nicht leisten. Bei den hohen Preisen muss ich ohnehin schauen, dass ich über die Runden komme. Hätte ich bloß investiert, als ich die Mittel dazu hatte! Wenn man kein Einkommen mehr hat, ist es halt zu spät zum Investieren."

Auch wenn dieses Muster nicht auf alle Deutschen zutrifft: Viele erleben diese Tragödie. Einige kommen am Ende mit einem größeren Vermögen heraus, andere mit einem weniger großen. Der gemeinsame Nenner hierbei ist, dass man über *keine* lohnenswerte Strategie verfügt, die man konsequent verfolgt. Das Leben, der Konsumzwang und die laufenden Kosten lenken einfach zu sehr von der Tatsache ab, dass man *sich aktiv darum kümmern muss*, sein Vermögen aufzubauen. Da Sie sich nicht darauf verlassen können, dass Ihnen jemand anders diese Aufgabe abnimmt, will ich Ihnen an dieser Stelle - abhängig von Ihrem Alter - ein paar Vermögensstrategien mit auf den Weg geben.

**Lebensphase 1: Investition in jungen Jahren**

Nehmen wir zunächst den Youngster unter die Lupe, den Deutschen zwischen 20 und 35. Denjenigen also, der gerade seine berufliche Karriere gestartet hat und schon gut verdient. Dies ist das richtige Alter, um die erste Eigentumswohnung zu erwerben. Dabei sollte man das Objekt - und wenn möglich auch die Nebenkosten - voll finanzieren. Da einem genug Zeit für den Vermögensaufbau zur Verfügung steht, kann man sich mit der Tilgung Zeit lassen, also tilgt man anfangs üblicherweise jährlich mit 1 Prozent des Kaufpreises.

Bei günstigen Zinsen, langer Festschreibung und lukrativ eingekauften und vermieteten Immobilien kann man sich innerhalb von fünf bis zehn Jahren ein Immobilienvermögen von 100.000 Euro erwerben. Wenn man seine erste Immobilie ohne Eigenkapital erstanden hat, sollte man mit dem Kauf der zweiten so lange warten, bis sich die erste Wohnung allein durch die Mieteinnahmen trägt und man zumindest über genug Geld für die Kaufnebenkosten verfügt. Sicherer ist es, über umfangreiche Geldreserven zu verfügen und ein wenig Eigenkapital in die Finanzierung des zweiten Objektes einzubringen. Dann muss man nur noch dafür sorgen, dass die Mieten fließen und die Kredite gedeckt sind, und ist - da sich der Immobilienwert innerhalb von 30 Jahren erfahrungsgemäß verdoppelt - bis zum Rentenalter Millionär!

Die wichtigste Aktion in dieser Lebensphase besteht darin, *durchzustarten*, ins Immobiliengeschäft *einzusteigen*. Der nächste Schritt ist, sich eine immer bessere Bonität aufzubauen.

**Lebensphase 2: Vermögensaufbau im Alter zwischen 35 und 55**

In dieser Lebensphase muss man an *Entschuldung* denken. Die Strategie sollte hier darauf hinauslaufen, Vermögen aufzubauen, indem man beim Immobilienkauf nötiges *Eigenkapital* einsetzt und Kredite schnell tilgt.

Üblicherweise liegt der Eigenkapitalanteil zwischen 20 und 50 Prozent. Der Kernpunkt ist, dass man sich darauf vorbereiten muss, mit dem Eintritt in die folgende dritte Lebensphase sämtlichen Immobilienbesitz - oder zumindest den größten Teil davon - voll entschuldet zu haben.

## Lebensphase 3: Das Rentenalter

Mit dem Erreichen des Rentenalters sollten alle im Besitz befindlichen Immobilien entschuldet sein. Spätestens dann ist nämlich die Zeit gekommen, um von den Mieteinnahmen seines Eigentums zu leben.

Dennoch kann es selbst im Rentenalter interessant sein, sich Immobilieneigentum anzuschaffen. Angenommen, ein Rentner erhält zu seinem 65. Geburtstag von seiner Lebensversicherung die Summe von 200.000 Euro ausgezahlt. Wenn er sie gut anlegt, erhält er vielleicht 6 bis 8 Prozent Rendite, also 12.000 bis 16.000 Euro im Jahr, was als Zusatzrente nicht schlecht ist. Wenn wir davon ausgehen, dass er noch geraume Zeit zu leben hat, müssen wir allerdings bedenken, dass sein Ertrag aufgrund der Inflation mit jedem Jahr real weniger wert ist.

Hier bestände die Möglichkeit, sich eine günstige Immobilie mit einer Rendite von rund 6 Prozent anzuschaffen, die voll bezahlt wird. Dabei kann man die Miete der Inflation anpassen - oder noch schneller erhöhen - und gewinnt damit jedes Jahr eine lohnendere Rendite. Zusätzlich besteht für den Rentner - falls er noch Steuern zahlt - die Möglichkeit, einen Teil der Investition abzuschreiben.

Berücksichtigen Sie die obigen Informationen entsprechend Ihrem Alter, und bauen Sie sie in die Konzeption Ihrer persönlichen Vermögensstrategie ein.

Wir wollen indes einen Schritt weiter gehen und im nächsten Kapitel noch tiefer in die Materie einsteigen: mit den sieben erfolgreichen Immobilienkonzepten.

**Kurzübersicht:**

1.  Die drei Lebensphasen, die es beim Vermögensaufbau zu beachten gilt,
    lassen sich wie folgt umreißen:
    - Investition in jungen Jahren (im Alter von etwa 20 bis 35)
    - Vermögensaufbau im Alter zwischen 35 und 55
    - Rentenalter

2.  In der ersten Lebensphase kann man sich mit der Tilgung seiner
    Immobilieninvestitionen Zeit lassen. Wichtig ist hier, überhaupt zu starten.
    Diese Phase sollte man nutzen, um sich bis spätestens zum Rentenalter
    ein Millionenvermögen aufgebaut zu haben.

3.  Im Laufe der zweiten Lebensphase konzentriert man sich vor allem darauf,
    seinen Immobilienbesitz zu entschulden. Neue Investitionen werden unter
    Verwendung von immer mehr Eigenkapital getätigt.

4.  Mit Erreichung des Rentenalters sollte man seinen gesamten
    Immobilienbesitz entschuldet haben und von den Mieteinnahmen leben
    können.

## 3. Immobilienkonzept Nr. 1:

## Tilgung durch eine Kapital-Lebensversicherung

Aus der langjährigen Erfahrung, die die *Kempe Grundbesitz & Anlagen AG* am Immobilienmarkt sammeln konnte, haben sich sieben erfolgreiche Konzepte herauskristallisiert, die für Sie gleichsam Wege zum Erfolg darstellen können. Konzepte, die zu effektivem Vermögensaufbau führen. Dabei ist es von Ihrer ganz persönlichen Situation abhängig, welches Konzept Sie in Ihre persönliche Strategie einbinden. Oft wird auch eine Kombination von mehreren Konzepten sinnvoll sein.

Wenn in diesem Buch von Konzepten und Strategien die Rede ist, so bedeutet das folgendes: Die Konzepte sind grundlegende Ideen, die Ihnen eine Vorstellung vermitteln sollen, welche Wege Ihnen bei Vermögensaufbau mit Hilfe von Immobilien zur Verfügung stehen. Eine Stufe höher steht die Strategie: Damit ist der Plan gemeint, mit dessen Hilfe sie Ihr Vermögen erreichen. Die Strategie ist, wie Sie die hier vorgestellten Konzepte für sich einsetzen.

Somit ergibt sich folgende Rangordnung:

**1. Ziel** :        Vermögensaufbau

**2. Strategie**:    Gesamtplan zur Verwirklichung des Ziels

**3. Konzept**:     Erste Niederschrift, Entwurf. Ein einzelner Plan, der in die Strategie eingebunden werden kann.

Die hier angeführten sieben Immobilienkonzepte dienen Ihnen als Grundlage, um mit ihrer Hilfe Ihre persönliche Vermögensstrategie zu entwickeln.

**Konzepte und Strategien statt Public Relations**

Sie werden vielerorts von Strategien hören, brillanten Ideen und Konzepten für effektiven Vermögensaufbau und Reichtum. Leider handelt es sich dabei in vielen Fällen eher um *Public Relations* als um wirklich bodenständiges Know-how. Ich habe das kürzlich wieder einmal bei einem bekannten deutschen Wochenmagazin erlebt. "Immobilien: Die optimale Strategie" war auf dem Cover zu lesen. Eine äußerst einladende Headline.

Im Inhaltsverzeichnis wurde daraus "Geldtipps 1998: Mit den richtigen Anlagen zum Erfolg". Über dem Artikel selbst war die Überschrift "Immobilien - Noch kein Ende der Misere" zu finden, gefolgt von ein paar netten Infos und dem Hinweis darauf, dass das richtige Timing wichtig sei. Alles korrekt. Was aber *fehlte*, war eine Strategie.

*Dabei ist die richtige Strategie der Ausgangspunkt jeder erfolgreichen Aktivität!* Sie legt fest, wohin man will und wie man dieses Ziel erreicht, welche Hindernisse wie zu überwinden sind und durch welche Faktoren man schneller vorwärts kommt.

In unserem Fall handelt es sich um eine Reihe von Konzepten, die alle darauf ausgerichtet sind, *Ihre persönlichen Belange mit den Möglichkeiten des Immobilienmarktes zu verknüpfen und dadurch optimale Resultate zu erzielen.*

Beginnen wir gleich jetzt mit dem ersten Konzept, bei dem es sich um die Verquickung von Immobilieninvestition und Kapital-Lebensversicherung dreht.

**Die Wahrheit über die Lebensversicherung**

Es war einmal eine Zeit, da mangelte es den Menschen dieser Welt an einem neuartigen Finanzprodukt. Einem, das Ihnen Sicherheit geben und sie zum

Sparen animieren sollte. Und einem, das leicht verständlich war. Die Lösung war die *Lebensversicherung*, genauer gesagt die *Kapital-Lebensversicherung*. Zwar weiß ich nicht, wer sie ins Leben gerufen hat - ich nehme an, sie ist aus den früheren Sterbeversicherungen hervorgegangen - oder auf die Idee eines solchen Produktes kam, doch ist sie eine der beliebtesten Anlagen des deutschen Bürgers. Ich will nicht zuviel Zeit dafür aufwenden, mit Ihnen die geheimsten Geheimnisse der Kapital-LV zu ergründen. Daher nur ein paar grundsätzliche Erklärungen.

Die Kapital-LV ist im Grunde ein kombiniertes Anlagepaket. Sie besteht aus einem *Sparplan* und einer *Risiko-Lebensversicherung*. Man schließt beim Vertreter einer Bank oder Lesens-Versicherungsgesellschaft einen Versicherungsvertrag ab und verpflichtet sich dann, über die Laufzeit von 12 oder mehr Jahren monatlich einen bestimmten Betrag an den Versicherer zu entrichten. Der größere Teil dieses Geldes wird angelegt und wenig rentierlich verzinst. Ein kleiner Teil fließt in die Risiko-Versicherung, die dann zuteilungsreif wird, wenn der Versicherte stirbt. Letztgenannter Aspekt machte diese Anlageform zu einem Renner bei Familien, wo der Verdiener den Ehepartner und die Kinder abgesichert wusste, falls er nicht mehr da sein sollte.

Und dank des enthaltenen Sparplans haben Millionen von Bundesbürgern im Laufe der letzten Jahrzehnte Milliardenbeträge auf die hohe Kante gelegt. Somit ist die Kapital-LV auf jeden Fall besser als gar keine Anlage. Und eine solide und zuverlässige noch dazu. Versicherungsgesellschaften haben zu Recht den Ruf, sich an ihre Verträge zu halten und die angesparten Gelder samt Zinsertrag zum festgelegten Zeitpunkt auszuzahlen.

Lassen Sie mich aber auch einen wesentlichen Unterschied ansprechen. Es existieren Lebensversicherungsgesellschaften, die als AGs

(Aktiengesellschaften) gegründet und somit verpflichtet sind, für Ihre Aktionäre Gewinne zu erzielen. Andere wiederum sind als eGs (eingetragene Genossenschaften) oder Vereine organisiert und nur ihren Versicherten verpflichtet. Obwohl dies keine Aussage zur Rendite darstellt, bin ich der Meinung, Sie sollten wissen, mit welchen Gesellschaften und Gesellschaftsformen Sie Verträge schließen. Zu den Leistungen gibt es weitläufig publizierte Vergleiche, die die Auswahl unterstützen können. Dabei sollte nicht vergessen werden, dass alle Versicherungsgesellschaften die Bilanzierungsmöglichkeiten in Form von umfangreichen Risikovorsorgen zu Lasten der Rendite weit ausgeschöpft haben.

Und genau das ist auch das große Manko dieser Anlageform: die Rendite. Sie nimmt sich eher bescheiden aus, wenn man den Faktor Inflation einbezieht. Dies führt auch zu einer Fehleinschätzung über die Höhe der abgeschlossenen Vertragssumme. Wenn Anleger heute eine Kapital-LV abschließen, sagen wir in Höhe von 100.000 Euro, so rechnen sie damit, dass sich dieser Betrag in 25 bis 30 Jahren verdoppelt haben wird. Sie gehen also davon aus, als Lohn ihres fleißigen Sparens 200.000 Euro zu erhalten. Dabei vergessen sie, dass dieses Geld im Laufe der Jahre an Wert verliert und eine Kaufkraft wie heute 100.000 Euro - oder sogar noch weniger - haben wird.

Tatsächlich hatte die Kapital-LV als *einzelne* Anlageform vor einigen Jahrzehnten durchaus ihre Existenzberechtigung. Sie sensibilisierte die Anleger dafür, überhaupt zu sparen. In der Gegenwart allerdings stellt sie - für sich allein genommen - keine besonders lukrative Anlage dar.
Das ändert sich jedoch schlagartig, wenn man sie mit einer Immobilieninvestition verknüpft. Dann lässt sich ihr Ertrag nämlich verdoppeln! Insbesondere, wenn man auf eine *fondsgebundene Lebensversicherung* zurückgreift.

**Besonders hohe Rendite durch die fondsgebundene Lebensversicherung**

Statt auf eine althergebrachte Standard-LV zurückzugreifen, können Sie sich auch für die fondsgebundene Variante entscheiden. Sie ähnelt der normalen Kapital-LV, mit dem Unterschied, dass der Sparanteil der eingezahlten Raten in einen Fonds fließt. Das führt zu einem positiven wie auch einem negativen Aspekt: Es besteht die Möglichkeit, dass das angelegte Geld weniger gut verzinst wird als bei der herkömmlichen LV. Positiv betrachtet kann die Rendite aber auch weitaus höher ausfallen, was in der Vergangenheit immer wieder der Fall war.

Besonders der letztgenannte Faktor der höheren Renditemöglichkeit macht die fondsgebundene LV als *Tilgungswerkzeug für Hypothekenkredite* interessant. Bei günstiger Renditeentwicklung gelangt man sogar in die angenehme Position, den Hypothekenkredit vor Ende der anvisierten Laufzeit zurückzahlen zu können.

Es gilt hierbei nur zu klären, ob die finanzierende Bank einer solchen Tilgungsvariante zustimmt. Dies muss nicht unbedingt der Fall sein, da Banken kaum fondsgebundene LVs anbieten und lieber ihre eigenen herkömmlichen LVs zur Finanzierung verkaufen. Schließlich verdienen sie daran mehr Provision.

Beachten wir aber die besondere Idee, die sich mit einer Lebensversicherung - gleich welcher Variante - verfolgen lässt.

**Das Konzept der Tilgung durch eine Kapital-Lebensversicherung**

Die grundlegende Idee dabei, durch eine Kapital-LV zu tilgen, besteht darin, auf lange Sicht Schulden zu haben. Das hört sich etwas ungewöhnlich an, da Schulden eigentlich nicht besonders wünschenswert sind. Im Fall einer Immobilieninvestition ist dies jedoch anders, da Sie die Schuldzinsen steuerlich absetzen können (hierbei wird von einer nicht selbst genutzten Kapitalanlage-Immobilie ausgegangen).

Bei einer normalen Finanzierung über ein so genanntes *Annuitätendarlehen* zahlt man monatlich (seltener vierteljährlich) eine feste Summe. Mit einem Teil davon werden die Schuldzinsen beglichen, mit dem Rest wird der Kredit getilgt. Dabei nimmt die Kreditsumme immer mehr ab, was zu geringeren Schuldzinsen und höherer Tilgung führt.

Was Sie diesbezüglich wissen sollten: Während die Zinszahlungen steuerlich absetzbar sind, ist es die Tilgungssumme nicht! Ergo schwindet der steuerliche Vorteil zusehends.

**Tilgungsverlauf beim Annuitätendarlehen**

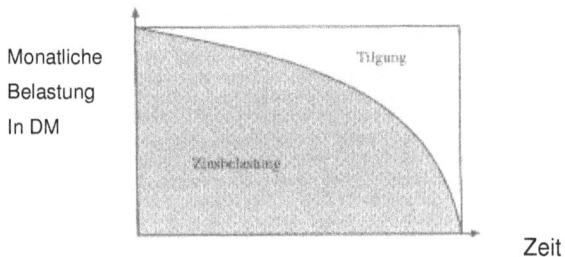

Während der Instinkt darauf ausgerichtet sein mag, so schnell wie möglich von Schulden herunterzukommen, ist es tatsächlich günstiger, diese hoch zu halten und dann - am Ende der Kreditlaufzeit - auf einen Schlag zu entschulden. Dies ist die Vorgehensweise, die sich mit einer Kapital-LV realisieren lässt. Der geldwerte Vorteil: Aufgrund des Steueraspekts kann man bei dieser Finanzierungsvariante rund ein Drittel des Kaufpreises einsparen (dies ist ein grober Richtwert, der vor allem von der Steuersituation des Kreditnehmers abhängig ist)!

## Einmalige Tilgung durch eine Lebensversicherung

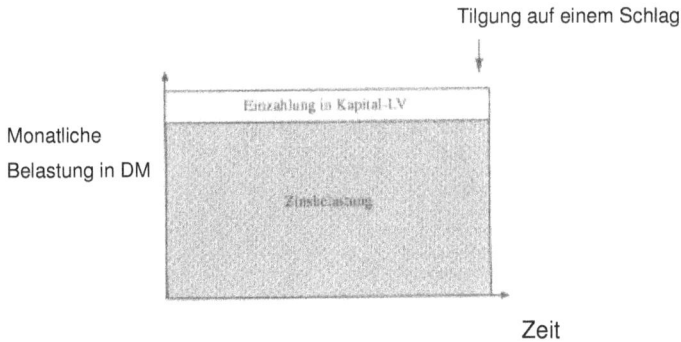

Tilgung auf einem Schlag

Monatliche
Belastung in DM

Einzahlung in Kapital-LV

Zinsbelastung

Zeit

Doch es existiert ein weiterer Aspekt, den Sie sich vor Augen halten sollten: *Durch Ihre ratierlichen \* Schuldzinszahlungen sichern Sie sich die Option, den Kredit für den Kauf der Immobilie in der Zukunft zum jetzigen Preis zu tilgen, und zusätzlich den größtmöglichen Steuervorteil! Und das ist der eigentliche Clou!*

(\* In Raten stattfindend)

Lassen Sie uns dies anhand eines Beispiels betrachten. Sie kaufen eine Immobilie zum Preis von 100.000 Euro. Wir finanzieren die besagte Immobilie zu einem Zinssatz von beispielsweise 6 Prozent. Somit müssen Sie nur noch 50 Euro im Monat dazuzahlen. Damit sichern Sie sich sozusagen die Option, den Kredit in 30 Jahren für 100.000 Euro zu tilgen. Der Clou dabei:

Dank Inflation und anderer wertsteigernder Faktoren ist es bis dahin 200.000 Euro wert! Und dieser Gewinn von 100.000 Euro kostet Sie nur 50 Euro im Monat zuzüglich 100 Euro, die zwecks späterer Kredittilgung in eine Kapital-LV fließen sowie 50 Euro für Nebenkosten - ergo 2.400 Euro im Jahr und auf 30 Jahre hochgerechnet summa summarum 72.000 Euro!

111

Um die Rechnung zu verdeutlichen:

| | |
|---|---|
| Monatliche Unterdeckung | 50 Euro |
| Monatliche Zahlung in die Kapital-LV | 100 Euro |
| Monatlich zu zahlende Nebenkosten | 50 Euro |
| **Gesamter monatlicher Aufwand** | **200 Euro** |

| | |
|---|---|
| Somit entsteht ein jährlicher Aufwand von | **2.400 Euro** |

| | |
|---|---|
| Das ergibt in 30 Jahren einen Gesamtaufwand von | 72.000 Euro |

| | |
|---|---|
| Dafür besitzen Sie nach 30 Jahren eine vollständig schuldenfreie Immobilie im Wert von | 200.000 Euro |

| | |
|---|---|
| **Der Gewinn beträgt somit** | **128.000 Euro** |

Dabei ist die Möglichkeit der Mietsteigerung noch nicht berücksichtigt und auch nicht der Faktor, dass Sie - solange die Schuldzinsen über der Nettomieteinnahme liegen - Steuervorteile genießen!

In den 30 Jahren arbeitet die Zeit für Sie. Wird dann die Kapital-LV ausbezahlt, nutzen Sie das Geld, um das Objekt auf einen Schlag entschulden - oder Sie kaufen von dem Geld gleich ein größeres Objekt!

Um es noch einmal ganz deutlich zu sagen: Sie nehmen eine wenig rentable Anlage wie die Kapital-LV, verknüpfen sie mit der Finanzierung einer Immobilie und erhalten damit eine äußerst lohnenswerte Anlage! Das ist genauso einfach wie lukrativ!

**Kurzübersicht:**

1.  Die richtige Strategie ist der Ausgangspunkt jeder erfolgreichen Aktivität!

2.  Eine Kapital-Lebensversicherung besteht aus einem Sparplan und einer Risiko- Lebensversicherung, wobei eine Laufzeit von mindestens zwölf Jahren festgelegt wird. Für sich allein genommen ist diese Anlageform schutzlos der Inflation ausgeliefert und wenig rentabel.

3.  Bei einer normalen Finanzierung über ein so genanntes Annuitätendarlehen zahlt man monatlich (seltener vierteljährlich) eine feste Summe. Mit einem Teil davon werden die Schuldzinsen beglichen, mit dem Rest wird der Kredit getilgt. Dabei nimmt der Steuervorteil durch die Schuldzinsen schnell ab.

4.  Durch Ihre ratierliche Schuldzinszahlung, die bei der Tilgung über eine Lebensversicherung gegeben ist, sichern Sie sich die Option, die Immobilie in der Zukunft zum jetzigen Preis zu kaufen und zusätzlich den größtmöglichen Steuervorteil! Und das ist der eigentliche Clou dieses Konzepts!

## 4. Immobilienkonzept Nr. 2: Betriebliche Altersversorgung

Ein äußerst interessantes Konzept für Unternehmer stellt die betriebliche Altersversorgung dar, ganz besonders wenn dabei Immobilien als Wertanlage einbezogen werden. Die Vorteile dieses Konzeptes sind vielschichtig, und zwar sowohl für das Unternehmen wie auch für Arbeitnehmer.

### Ein Gewinn für Arbeitnehmer

Der Hauptvorteil für den Angestellten oder Arbeiter besteht darin, dass er durch die Pensionszusage seines Betriebs auf eine *Zusatzrente* bauen kann. Dies ist - insbesondere wo damit zu rechnen ist, dass die gesetzliche Rentenversicherung in der Zukunft immer weniger Leistung erbringen wird - ein nicht zu verachtender Sicherheitsfaktor. Weiterhin baut das Unternehmen, für das er tätig ist, Reserven auf, was dessen Stabilität und somit auch seinen Arbeitsplatz sichert.

### Vielschichtige Unternehmensgewinne

Einer der größten Vorteile für das Unternehmen besteht darin, dass es durch eine Pensionszusage *qualifiziertes Personal an das Unternehmen binden* kann. Denn: Nur wenn der Mitarbeiter, dem eine Pensionszusage gemacht wurde, lange genug für das Unternehmen tätig ist, hat er Anspruch auf die versprochene Pension.

Nicht zu unterschätzen ist der geldwerte Nutzen, der daraus entsteht, dass in der Steuerbilanz *erhebliche Rückstellungen* möglich sind, die es dem Betrieb erlauben, mit diesem Geld sinnvoll zu wirtschaften und weitere Erträge einzufahren. Dabei handelt es sich nicht etwa um eine neue Idee, sondern um eine erprobte Methode des Steuersparens, die bereits von 50 Prozent der deutschen Betriebe mit über 250 Mitarbeitern eingesetzt wird. Ich will an dieser Stelle einige große Firmen nennen, die uns als interessantes

Beispiel dienen sollen; wenn wir das Verhältnis von Rückstellung zu Eigenkapital betrachten, so zeigt dies sicherlich auch einen Grund für den Erfolg dieser Unternehmen.

|  | Porsche AG | Daimler-Benz AG | Siemens AG |
|---|---|---|---|
| Eigenkapital gezeichnet in Millionen Mark | 88 | 2.568 | 2.799 |
| Rückstellungen für Pensionen in Millionen Mark | 413 | 13.112 | 17.747 |

(Stand 1995)

Durch Einsatz dieses Steuersparkonzeptes verblieben in deutschen Firmen von 1982 bis 1993 Bruttoerträge von über 123 Milliarden Mark als zusätzliches Kapital!

**Gewusst wie - die verschiedenen Varianten der betrieblichen Altersversorgung**
Die betriebliche Altersversorgung kann in drei möglichen Formen vorgenommen werden:

1. durch Bilanzrückstellungen - das Geld verbleibt im Betrieb
2. durch Bilanzrückstellungen und eine Versicherungsrückdeckung
3. durch Bilanzrückstellungen und Zuwendungen an eine Unterstützungskasse

In jedem Fall gewährt der Gesetzgeber für Firmen, die Pensionszusagen an ihre Mitarbeiter aussprechen, erhebliche Steuersparmöglichkeiten. Der Vorteil liegt auf der Hand: Der Betrieb kann mit der gewonnen Liquidität arbeiten!

Dabei soll die Tatsache nicht unter den Tisch gekehrt werden, dass das Unternehmen mit einer Pensionszusage auch eine Verpflichtung eingeht. Schließlich muss das für die versprochenen Renten nötige Geld auch zur Seite gelegt werden. In der Praxis kam es vor, dass dem nicht Rechnung getragen wurde, was dazu führte, dass man seinen Versprechen nicht nachkommen konnte. Um das zu verhindern, ist bei den letzten beiden der oben angegebenen Formen eine Versicherung beziehungsweise Unterstützungskasse vorgesehen.

Für die erstgenannte Form empfehle ich ein neues Konzept: *Immobilienrückdeckung*! Denn: Gerade heute, wo Immobilienfinanzierungen äußerst günstig angeboten werden, sind ertragsstarke, finanzierte Immobilien der Schlüssel zum Vermögensaufbau. Und das gilt auch für Firmen.

**Wie man die betriebliche Altersversorgung über Immobilienrückdeckung realisiert**

Angenommen, ein Unternehmen sagt einem Mitarbeiter eine betriebliche Altersversorgung in Höhe von 1.000 Euro monatlich zu. Dadurch können - wie ich Ihnen gleich aufzeigen werde - im Laufe der Jahre rund 200.000 Euro Bruttoerträge unversteuert in der Firma belassen werden. Allein mit dieser Summe können jährliche Erträge in Höhe von 16.000 Euro erwirtschaftet werden (wobei hier eine Verzinsung von 8 Prozent angenommen wurde). Gehen wir davon aus, dass die Pensionszusage heute erfolgt und der Mitarbeiter, dem sie versprochen wird, in 30 Jahren in Rente gehen wird. Dazu müsste das Unternehmen in 30 Jahren über eine entschuldete Immobilie verfügen, die 1.000 Euro monatlich an Mietrendite abwirft.

Wenn wir den Faktor Inflation in die Rechnung einfließen lassen, so müssten wir heute eine Immobilie erstehen, die 309 Euro an Miete erbringt, damit diese innerhalb von 30 Jahren auf 1.000 Euro steigt. (vgl. Inflationstabelle im Anhang. Als durchschnittliche Inflation wurde hier ein Wert von 4 Prozent angenommen, was auf 30 Jahre hochgerechnet einem Faktor von 3,24 entspricht. Und 309 Euro mal 3,24 ergeben die angestrebten 1.000 Euro.) Lassen Sie uns dies anhand eines Beispiels weiter durchrechnen:

| | |
|---|---|
| Gesamter Einkaufswert der Immobilie heute: | 80.555 Euro |
| Voraussichtliche Steuervorteile im Erwerbsjahr: | 2.359 Euro |

Aufgrund der Tatsache, dass der Gesamtbetrag finanziert wird, wäre eine Eigenleistung nicht notwendig.

Betrachten wir nun die verschiedenen Kosten und Einnahmen pro Jahr in der Vermietungsphase.

| | |
|---|---|
| Vermietungsphase: Mieteinnahmen (gerundet) | 3.720,00 Euro (Einnahme) |
| AfA | 1.450,00 Euro (Steuergewinn) |
| Zinsaufwendung 6,1 Prozent | 4.914,00 Euro (Ausgabe) |
| WEG-Verwaltergebühr * | 257,00 Euro (Ausgabe) |
| Tilgung 1 Prozent | 805,50 Euro (Ausgabe) |

(* Gemäß Wohnungseigentumsgesetz ist eine Verwaltung vorgeschrieben, somit auch eine Gebühr zu entrichten.)

Aus all dem ergeben sich in der Vermietungsphase Steuereinsparungen in Höhe von etwa 1.850 Euro jährlich.

Stellen wir nun die jährlichen Einnahmen und Ausgaben gegenüber, so ergibt sich folgende Rechnung:

| Ausgaben: | | Einnahmen: | |
|---|---|---|---|
| Zinsen | 4.914,00 Euro | Miete | 3.720,00 |
| WEG-Verwaltergebühr | 257,00 Euro | Steuerersparnis | 1.850,00 |
| Instandhaltung | 256,00 Euro | | |
| Tilgung (1 Prozent) | 805,50 Euro | | |
| Gesamtausgaben | 6.232,50 Euro | Gesamteinnahmen | 5.570,00 |

Die Differenz ergibt eine jährliche Investition von 662,50 Euro, im Monat also 55,20 Euro. Und damit sichert sich das Unternehmen eine Immobilie, die heute rund 80.000 Euro wert ist und in 30 Jahren etwa das doppelte!

Allein das mag Sie schon in Erstaunen versetzen. Doch bedenken Sie, wie sich all das rechnet, wenn man nicht nur einem Mitarbeiter eine Pensionszusage macht!

Wenn man zehn Mitarbeitern eine Pensionszusage von 1.000 Euro macht und weiterhin einem Geschäftsführer eine in Höhe von 5.000 Euro, so beträgt die Rückstellung insgesamt 3 Millionen Euro. Davon brauchen Sie aber nur 1,208 Millionen Euro (die 15fache Summe aus obigem Beispiel, wo von einer Pensionszusage von 1.000 Euro ausgegangen wurde) in den Kauf von Immobilien investieren. Der Rest ist *Liquiditätsgewinn!* (Bei der Berechnung der genauen Rückstellungssumme für einen Arbeitnehmer sind eine ganze Reihe von Variablen wie dessen Alter, die Höhe der zugesicherten Rente, die Lebenserwartung etc. zu beachten. Ich möchte dies hier nicht zu sehr ausführen, da es den Rahmen dieses Buches sprengen würde.

Falls Sie detailliertere Informationen wünschen, so bin ich gerne bereit, Sie näher in das Thema der betrieblichen Altersversorgung mit Hilfe von Immobilien einzuführen. Sie können mich zu diesem Zweck bei der *Kempe Grundbesitz & Anlagen AG* kontaktieren.)

Wenn Sie also Inhaber eines Unternehmens - egal welcher Größe - sind, ist die betriebliche Altersversorgung mittels Immobilienrückdeckung eine lohnenswerte Angelegenheit, die Sie nicht außer Acht lassen sollten. Schließlich können Sie auf diesem Wege nicht zuletzt auch sich selbst zum Besitzer eines Immobilienvermögens machen.

**Kurzübersicht:**

1. Durch die betriebliche Altersversorgung lassen sich folgende Vorteile realisieren:
   - Der Arbeitnehmer kann auf eine Zusatzrente bauen.
   - Das Unternehmen bindet qualifizierte Mitarbeiter.
   - Durch den Liquiditätsgewinn können weitere Gewinne erzielt werden.
   - Die Stabilität des Unternehmens wird gefestigt.

2. Die betriebliche Altersversorgung kann in drei möglichen Formen vorgenommen werden:
   - durch Bilanzrückstellungen - das Geld verbleibt im Betrieb
   - durch Bilanzrückstellungen und eine Versicherungsrückdeckung
   - durch Bilanzrückstellungen und Zuwendungen an eine Unterstützungskasse

**5. Immobilienkonzept Nr. 3:**
**Aktienrendite contra Immobiliengewinn**

Ein Streitpunkt, bei dem man auf zwei völlig verschiedene Meinungen trifft, ist die Frage: *Aktien oder Immobilien*? Hier finden wir einerseits diejenigen, die von den hohen Renditechancen der Aktienmärkte schwärmen, die Aktien als das Nonplusultra Werkzeug der Geldanlage betrachten. Auf der anderen Seite sitzen die Befürworter und Fans der Immobilie, die deren soliden Sachwert schätzen.

Jetzt stellt sich für Sie als Anleger natürlich die Frage, welches dieser beiden Instrumente - Aktien oder Immobilien - den besseren Weg zum Vermögen ebnet. Eine gute Frage, die ich in diesem Kapitel beantworten werde.

**Die falsche Sichtweise**
Zunächst möchte ich aber vorausschicken, dass eine Schwarz-Weiß-Sichtweise bei diesem Thema grundsätzlich falsch ist. Wie schon bei den *drei Säulen der Vermögensbildung* beschrieben, muss man sowohl die zweite Säule (Geldwerte) als auch die dritte Säule (Sachwerte) aufbauen, um zu Vermögen zu gelangen. Daher ist die *Konkurrenzsituation* zwischen Aktien und Immobilien eigentlich falsch!

Aktien sind, wenn man sich mit der Börse auskennt, eine nicht zu verachtende Geldanlage. Sie erwirtschaften eine *überdurchschnittliche Rendite* und bieten *hohe Liquidität*. Schließlich kann man sie an jedem Wochentag in bares Geld umwandeln. Für all jene, die sich mit dem Aktienmarkt nicht besonders gut auskennen, ist die Aktie allerdings mit vielen Variablen behaftet. Das letzte wenig ruhmreiche Beispiel dieser Art war die Einführung der *T-Aktie*. (Aktie der Telekom, für deren Kauf weit reichende Werbung durchgeführt wurde.) Mit dem Ziel, den Deutschen die Aktie als übliches Anlagewerkzeug näher zu bringen, wurde diese Aktie von vielen Börsianern in den Himmel gelobt.

Das letztendliche Resultat allerdings entpuppte sich als eher mäßig.

Dennoch kann man mit Aktien einen guten Schnitt machen, wenn man die richtigen wählt oder in einen erfolgreichen Aktien-Fonds investiert. Renditen von 10 Prozent pro Jahr sind auf dem Aktienmarkt keine Seltenheit. Und Profis streichen sogar noch mehr Gewinn ein. André Kostolany, der Börsenguru, beispielsweise sagte einmal, dass er mit 49 Prozent seiner Aktienanlagen verloren und mit 51 Prozent gewonnen hätte. Dieser kleine Differenzbetrag aber hat ihn zum Millionär gemacht. Keine schlechten Aussichten also, wenn man Börsenprofi ist. Für den Laien hingegen kann ich den Aktienmarkt nur beschränkt empfehlen. Es existieren dort zu viele Faktoren, die man beachten muss, aber selber nicht beeinflussen kann. Wenn man bereits über Aktien verfügt, sich damit auskennt, ist es ein lukrativer Markt, den man nicht aufgeben sollte. In diesem Fall wären Immobilien als Unterlegung des Aktienvermögens anzuraten.

**Ein Vergleich für Vermögensstarter**

Wenn Sie darauf aus sind, sich ein Vermögen aufzubauen, dann gehe ich davon aus, dass Sie nicht einfach mal so 50.000 Euro investieren können und dafür eine günstige Investitionsmöglichkeit suchen. Vielmehr werden Sie sich in der Situation befinden, dass Sie jeden Monat einen begrenzten Betrag zur Seite legen können. Nehmen wir daher diesen Faktor als Ausgangsbasis, und untersuchen wir, welche *Rendite* eine Aktienanlage im Vergleich zu einer Immobilienanlage erwirtschaften kann.

**Aktienrendite**

Gehen wir davon aus, dass Sie jeden Monat 300 Euro sparen können, im Jahr also 3.600 Euro. Dann ergibt sich bei einer angenommenen Aktienrendite von 10 Prozent folgende Rechnung:

3.600 Euro x 10 Prozent = **360 Euro**

Dabei gilt zu beachten, dass die tatsächliche Rendite eigentlich niedriger ausfällt, da ja nicht der gesamte Betrag von 3.600 Euro das ganze Jahr über verzinst wird. Aber halten wir es einfach.

**Immobilienrendite**
Für einen monatlichen Aufwand von 300 Euro erhalten Sie leicht eine Immobilie im Wert von 150.000 Euro. (Wenn Sie eine Immobilie im Wert von 150.000 Euro bei einem Zinssatz von 5 Prozent und mit 1 Prozent Tilgung kaufen, so entspricht das einem jährlichen Aufwand von 12.000 Euro, im Monat also 1.000 Euro. Wenn der Mieter davon 700 Euro an Kaltmiete beisteuert, müssen Sie nur noch 300 Euro aus der eigenen Tasche zahlen.

Und nach 30 Jahren gehört das Objekt vollständig Ihnen, wobei es dann dank Inflationswertsteigerung weitaus mehr wert ist!) Wie das finanzierungstechnisch genau vonstatten geht, werde ich Ihnen im Verlauf dieses Buches im Detail aufzeigen. Der Wertgewinn der Immobilie ergibt sich, wie bereits ausgeführt, aus der Inflation. Wenn wir diese mit 2,5 Prozent per anno als gegeben sehen - was angesichts des Euro eine sehr milde Schätzung ist -, ergibt sich folgende Rechnung:

150.000 Euro x 2,5 Prozent **= 3.750 Euro**

Dazu muss eigentlich nicht mehr viel gesagt werden, denn das Obige zeigt die unglaubliche *Hebelwirkung* auf, die eine Immobilienanlage mit sich bringt! Es ist fast unglaublich, wie sehr sich die Immobilienrendite von den anderen Anlagen abhebt!

**Fazit**

Die Frage lautet *nicht*: Aktien oder Immobilien? Tatsächlich ist eine Kombination beider Anlageformen anzuraten. Man investiert in Aktien, um sich die kurzfristigen, attraktiven Renditen des Aktienmarktes zu sichern, und legt den Großteil seines Vermögens in Immobilien an, um von deren langfristiger Hebelwirkung zu profitieren und ein wirkliches Vermögen aufzubauen!

**Kurzübersicht:**

1.  Aktien erwirtschaften eine überdurchschnittliche Rendite und bieten hohe Liquidität. Sie sind daher als Geldanlage eine nicht zu vernachlässigende Alternative.

2.  Dank der ungeheuren Hebelwirkung schlägt die Immobilienrendite die Gewinnchancen von Aktien um Längen. Der Knackpunkt ist der, dass die Rendite einer Immobilie, die Sie mittels Kredit kaufen, auf den gesamten Objektwert berechnet wird. Bei Sparanlagen wird nur der bereits eingezahlte Betrag verzinst.

3.  Der Clou ist: Man investiert in Aktien, um sich die kurzfristige, attraktive Rendite des Aktienmarktes zu sichern und legt den Großteil seines Vermögens in Immobilien an, um von ihrer langfristigen Hebelwirkung zu profitieren und ein wirkliches Vermögen

## 6. Immobilienkonzept Nr. 4:
## Generationsüberspannende Vermögensübertragung

Vermögensübertragung von einer Generation zur nächsten ist ein interessantes Thema. Hier spielen verschiedene Faktoren herein, von denen Ihnen einige sicherlich bekannt sind. Zuallererst wäre der steuerliche Aspekt zu nennen: Aufgrund unserer Gesetze können Eltern ihren Kindern nicht einfach beliebige Werte schenken oder vererben, ohne dass Schenkung oder Erbschaftsteuer fällig wird.

Ein anderer Aspekt betrifft die abhängig vom Alter unterschiedliche finanzielle und wirtschaftliche Situation der verschiedenen Generationen. Im jungen Alter von rund 20 oder 30 Jahren verdienen die meisten Kinder noch nicht besonders viel. Und selbst wenn dies doch der Fall sein sollte, steht es oft nicht gut um die Bonität. Die Eltern-Generation verfügt in der Regel über größere Ersparnisse, höhere Einkommen und somit auch einen höheren Steuersatz. Mit Anbeginn des Rentenalters verändert sich diese Situation wieder, und zwar dergestalt, dass die Einnahmen stark absinken, gleichzeitig aber auch die Steuerbelastung. Je nach Situation können nun verschiedene Strategien eingesetzt werden, um generationsüberspannende Vermögensübertragung zu ermöglichen.

### Die Rentenkauf-Strategie

Ein Konzept, das dann interessant ist, wenn die Eltern ihre Kinder beim Immobilienerwerb unterstützen wollen, besteht darin, die Immobilie von den Kindern kaufen und zum Großteil finanzieren zu lassen. Einen Teil des Kaufpreises geben die Eltern dazu und erwerben damit lebenslanges Wohnrecht.

Lassen Sie uns dies anhand eines Beispiels betrachten. Nehmen wir an, dass eine Eigentumswohnung für 150.000 Euro zum Kauf angeboten wird. Peter Müller verliebt sich sozusagen in das Objekt und denkt daran es zu kaufen.

Allerdings steht es um seine Bonität nicht besonders gut, da er erst seit zwei Jahren im Berufsleben steht und noch keine Gelegenheit hatte, Geld zu sparen. Da er weiß, dass seine Eltern auch daran denken, einen Teil ihrer Ersparnisse in Sachwerten anzulegen, führt er mit Ihnen ein ausführliches Gespräch, bei dem folgendes vereinbart wird:

Peter kauft die Immobilie, wobei er allerdings nur 80 Prozent, also 120.000 Euro finanziert. Das Manko der fehlenden Bonität wird dadurch ausgeglichen, dass seine Eltern als Bürgen eintreten. Weiterhin zahlen Sie die fehlenden 30.000 Euro zum Kauf der Wohnung aus ihren Ersparnissen und erwerben damit ein im Grundbuch verankertes Wohnrecht auf Lebenszeit. Damit wäre das Objekt für Peter Müller realisierbar geworden. Was hätte diese Vorgehensweise nun für Folgen? Wie sähe der weitere Verlauf dieser Investition aus?

Zunächst einmal könnte die Familie Müller eine komplette Eigentumswohnung, mit all den damit verbundenen Sachwert-Vorteilen, ihr eigen nennen. Die Eltern hätten durch das lebenslange Wohnrecht ihre Altersversorgung aufgebessert, da der Sohn - für den Fall, dass er die Wohnung selbst bewohnen würde - eine kleine Miete an sie zahlen würde. Mit dem späteren Ableben der Eltern würde das Objekt vollständig in den Besitz des Sohnes übergehen, da dann das grundbuchlich eingetragene Wohnrecht gelöscht würde. Dieses Konzept ermöglicht es auch, die Erbschaftsteuer zu minimieren, was je nach Vermögensstand interessant sein mag.

Wer die Wohnung letztendlich mietet, ist durch das obige Konzept nicht unbedingt festgelegt. So könnte Peter selbst als Mieter auftreten. Oder er könnte neben seinen Eltern als Miteigentümer zum Vermieter werden, während an eine dritte Partei vermietet wird. Wenn bei dieser Variante seinen Eltern die

Mieteinnahmen zuflössen, könnte er sich über eine extrem hohe Steuerabschreibung freuen. Falls die Eltern bereits das Rentenalter erreicht hätten, könnten sie die Mieteinnahmen (fast) steuerfrei beziehen! Der kleine Nachteil, dass die Objektabschreibung wegfiele, müsste dabei in Kauf genommen werden. Um diesen Nachteil auszuschalten, könnte man alternativ mit einem Darlehen der Eltern arbeiten - zu den gleichen Bedingungen wie bei einer Bank und auch durch Grundschuld gesichert.

Dieses Konzept, das eigentlich eine Form von *Rentenkauf* darstellt, kann anhand von DATEV-Tabellen (Datenverarbeitungsorganisation für die steuerberatenden Berufe) exakt berechnet werden. Die in diesen Tabellen enthaltenen statistischen Angaben geben Auskunft über Lebenserwartungen, Verzinsungen etc. So kann exakt berechnet werden, bei welchem Alter der Eltern welcher Kapitaleinsatz von Seiten des Kindes erforderlich ist.

**Das Tilgungssenkungs-Konzept**

Wenn die Eltern über ein hohes Einkommen und entsprechende Bonität verfügen, können Sie die Wohnung vollständig allein kaufen, Zeit ihres Lebens das Kind darin wohnen und die Miete bezahlen lassen und die Wohnung später vererben. Hier kann es allerdings - wenn die Eltern bereits ein gewisses Alter erreicht haben - zu einem Problem mit der Tilgung kommen.

Wie später noch aufgezeigt werden wird, tilgt man jährlich idealerweise nur mit 1 Prozent des Aufpreises. Eine höhere Tilgung würde die monatliche Belastung steigern und gegen das Prinzip verstoßen, dass man auf lange Sicht mit immer weniger wertvollem Geld tilgt. Eine solch niedrige Tilgung bringt allerdings eine Kreditlaufzeit von rund 30 Jahren mit sich. Wenn die Eltern bereits um die 50 Jahre alt sind, entfällt eine solch lange Laufzeit, da sie sonst bis zum Alter von 80 Jahren tilgen müssten, was statistisch nicht realistisch ist. Und Banker beziehen sich natürlich auf Statistiken und würden daher oft - je nach Alter der Eltern als Kreditnehmer - eine jährliche Tilgung von 2 oder 3 Prozent fordern.

Aber auch aus dieser Sackgasse führt ein Weg heraus. Kinder und Eltern bilden in diesem Fall eine Eigentümergemeinschaft und kaufen das Objekt gemeinsam - wobei die Eltern den Großteil des Kaufpreises oder sogar den gesamten Betrag als Kredit aufnehmen. Sie sind dadurch beide als Eigentümer im Grundbuch eingetragen, und wenn die Eltern die Kreditraten nicht mehr zahlen, kann das Kind übernehmen. Somit wäre wieder eine niedrige Tilgung von 1 Prozent realisierbar. Die Bank würde diese Strategie natürlich unterstützen, da sie neben den Eltern selbst einen zusätzlichen Bürgen hätte - das Kind.

**Vermögensbildung für die ganze Familie**
Generationsüberspannende Vermögensbildung kann auch dann stattfinden, wenn weder die Eltern noch die Kinder in die Immobilie einziehen. Betrachten wir das anhand der Familie Fischer, eines jungen Ehepaares, Peter und Claire, und deren beiden Kindern Rosa und Gerd. Während sich Claire hauptsächlich um die Erziehung der Kinder kümmert, geht Peter, als Ernährer der Familie, seinem Job als fest angestellter Ingenieur nach. Somit kommen monatlich knapp 3.000 Euro brutto zusammen, wobei nach Abzug von Steuern und Sozialabgaben nicht mal 2.000 Euro übrig bleiben. Zieht man noch die 700 Euro Miete für ihre Wohnung ab, so reicht das Geld gerade für Essen, ein wenig Freizeit und den jährlichen Urlaub. Für die Vermögensbildung bleiben monatlich vielleicht 1.300 Euro übrig.
Nun könnte sich die Familie Fischer darauf verlassen, mit einer Lebensversicherung Vermögensaufbau zu betreiben. Doch mal ganz ehrlich: Wie lange müsste sie sparen, um sich mit 2.400 Euro im Jahr ein Vermögen aufzubauen? Ganz klar: viel zu lange! Daher investieren Peter und Claire dieses Geld in eine fremdvermietete Eigentumswohnung, die einen Verkehrswert von 200.000 Euro besitzt. Die Wertsteigerung beträgt dabei - allein durch eine angenommenen Inflation von 2,5 Prozent - 5.000 Euro im Jahr! Und nach 30

Jahren besitzt die Familie eine komplett entschuldete Immobilie. Die können die Eltern dann entweder als Erbe oder auch schon vorher an ihre Kinder übertragen.

**Eine weitere Variante**

Charly, ein junger Mann von 30 Jahren, arbeitet schon seit geraumer Zeit in Düsseldorf. Aufgrund der relativ hohen Miete in der Landeshauptstadt hat es ihn nach Wuppertal verschlagen, wo er für nur 280 Euro Warmmiete ein kleines Apartment bewohnt. Ein Preis, der nach seiner Ansicht in Düsseldorf nicht zu realisieren ist. Dafür nimmt er auch die zusätzliche tägliche Fahrzeit mit der Eisenbahn und die monatlich anfallenden Fahrtkosten von 90 Euro in Kauf. Summa summarum zahlt er monatlich also 370 Euro. Von einem Bekannten wird ihm der Erwerb von Wohneigentum nahe gelegt, weshalb er sich auf die Suche nach einem geeigneten Objekt macht. Nach knapp zwei Monaten hat er in Düsseldorf ein echtes Schnäppchen ausgemacht, das ihm sehr günstig angeboten wird - und dabei sogar noch größer ist als seine Wohnung in Wuppertal. Da er selbst nicht über die Bonität verfügt, um schnell zuzuschlagen und auch für seine Eltern Vermögensaufbau realisieren will, vereinbart er, dass sie das Objekt kaufen sollen und er als Mieter einziehen wird. Das Resultat: Er zahlt jetzt unter 370 Euro im Monat und spart jeden Tag über eine Stunde Fahrzeit. Seine Eltern mussten beim Kauf die Nebenkosten von knapp 3.500 Euro berappen und investieren abzüglich Steuern nur 45 Euro im Monat. Dafür gehört ihnen in 20 Jahren eine Eigentumswohnung, die bis dahin rund 80.000 Euro wert sein wird! Ein lohnendes Geschäft für beide Generationen.

Generationsüberspannende Vermögensübertragung ist ein spannendes Thema, mit dessen Hilfe sich durch die Verteilung von Steuervorteilen, Gewinnteilen etc. für beide Generationen Vorteile realisieren lassen. Vorteile, von denen Sie, wo immer möglich profitieren sollten.

**Kurzübersicht:**

1. Im jungen Alter von rund 20 oder 30 Jahren verdienen die meisten Kinder noch nicht besonders viel. Und selbst wenn dies doch der Fall sein sollte, steht es oft nicht gut um ihre Bonität. Die Eltern-Generation verfügt in der Regel über größere Ersparnisse, höheres Einkommen und somit auch einen höheren Steuersatz. Diese beiden unterschiedlichen Positionen können, ins richtige Verhältnis gebracht, für beide Parteien Vorteile schaffen.

2. Generationsüberspannende Vermögensübertragung kann auf verschiedene Arten abgewickelt werden. Immobilieneigentum kann entweder zusammen oder allein von den Eltern erworben werden. Die Kinder können unter anderem als Mieter auftreten.

## 7. Immobilienkonzept Nr. 5: Immobilien ansparen

Angenommen, Sie hätten den wahren Wert von Immobilien als Werkzeug zum Vermögensaufbau erkannt, möchten auch einsteigen, können diesen Schritt aufgrund mangelnder Bonität aber nicht realisieren. Nehmen wir zusätzlich an, dass Sie nicht auf die Unterstützung Ihrer Eltern oder anderer Verwandter zurückgreifen könnten. Wäre das das Ende - noch bevor Sie begonnen hätten? müssten Sie dann darauf verzichten, in Immobilien zu investieren?

Die Antwort lautet natürlich: *Nein*! Es gibt immer noch einen Weg, am Immobiliengeschäft teilzunehmen. Wie? Indem Sie Vermögen *ansparen*!

Dabei müssen wir uns vor Augen führen, dass sparen, um die zweite Säule der Vermögensbildung aufzubauen, eine Tätigkeit ist, die durch die Inflation erschwert wird. Was aber wäre, wenn man auch ohne Eigenkapital und Bonität mit den Kauf von Sachwerten starten könnte? Wäre das nicht eine interessante Alternative?

Um dieses Problem zu lösen, hat die Kempe Grundbesitz & Anlagen AG einen geschlossenen Immobilienfonds aufgelegt, der aus Objekten in Düsseldorf (Düsselthaler Straße), Ratingen (Duisburger Straße) und Duisburg (Kaiser-Friedrich-Straße) besteht, den sogenannten *Drei- Städte-Fonds*. Hierbei handelt es sich um ein Immobilienvermögen in Gesamthöhe von 1,6 Millionen Euro das in 105 Anteile zu je 10.000 Euro aufgeteilt ist. Um also Immobilieneigentum zu erwerben, muss man nur 10.000 Euro investieren!

Nun ist dieser Betrag nicht auf einen Schlag zu zahlen, sondern kann finanziert werden. Somit ist ein Anteil auch mit kleinem Geldbeutel zu erwerben.

Der Clou bei der ganzen Angelegenheit: Der Fondsanteil kann jederzeit beim Kauf einer kompletten Immobilie der Kempe Grundbesitz & Anlagen AG als Anzahlung angerechnet werden, womit - je nach bereits aufgebautem Vermögen - das nötige Eigenkapital gegeben wäre!

Aber auch während der Laufzeit wirft die Investition in diesen Fonds Zinsen ab. Ab 1998 werden 4 Prozent ausgeschüttet, ab 2006 sind es 6 Prozent und zwischen 2015 und 2026 von 7 bis hoch zu 18 Prozent jährlich! Gleichzeitig kann man sich über die inflationssichere Wertsteigerung des Immobilieneigentums freuen. Rechnet man die Investition nach, wird klar, dass im Fonds auch die Hebelwirkung einer Immobilienfinanzierung erreicht wird.

Beispiel: 1 Anteil = 10.000 Euro

| | |
|---|---|
| Anzahlung | 1.000 Euro |
| Agio | 500 Euro |
| **Gesamt** | **1.500 Euro** |

Neben den zu Anfang zu entrichtenden 1.500 Euro werden 90 Monate lang jeweils 100 Euro investiert:

| | |
|---|---|
| 90 Monate x 100 Euro | 9.000 Euro |
| **Gesamtinvestition** | **10.500 Euro** |

Die Gesamtinvestition beträgt also 10.500 Euro. Nach 20 Jahren kann man mit folgendem Ertrag rechnen:

| | |
|---|---|
| Auszahlung (Zinsen) | 24.197 Euro * |
| Wert des Anteils bis dahin | 23.810 Euro * |
| **Gesamtergebnis also** | **48.000 Euro *** |

(* Hierbei handelt es sich um Schätzwerte, die unter anderem von der Inflation abhängig sind.)

Zieht man die investierten 10.500 Euro ab, verbleiben 37.500 Euro Gewinn! Dies ist eine vorzügliche Einstiegsmöglichkeit, um direkt in eine Immobilie zu investieren, wenn das nötige Kleingeld fehlt.

**Kurzübersicht:**

1. Wenn Sie weder über Bonität noch über solvente Verwandtschaft verfügen, um Immobilieneigentum zu erwerben, bleibt Ihnen immer noch eine Alternative: Eigenkapital ansparen.

2. Da Geldanlagen in hohem Maße der Inflation ausgesetzt sind, empfiehlt es sich, in Immobilien anzusparen. Um dies zu realisieren, wurde der *Drei-Städte-Fonds* ins Leben gerufen.

3. Der Clou dieses Fonds: Man kann seinen Anteil als Eigenkapital beim Kauf einer Immobilie der Kempe Grundbesitz & Anlagen AG einsetzen.

4. Bei einer Investition in den *Drei-Städte-Fonds* sichert man sich mit wenig Kapitalaufwand die Hebelwirkung der Immobilienfinanzierung.

## 8. Immobilienkonzept Nr. 6:
## Selbstgenutzte contra vermietete Immobilien

Ein grundlegendes Bedürfnis vieler Bundesbürger besteht darin, die Immobilie, in der sie wohnen, selbst zu besitzen. Und ganz ehrlich: Ich bin der Meinung, dass jeder Immobilieneigentum besitzen sollte. Leider ist das zurzeit bei nur etwa 40 Prozent der deutschen Bevölkerung der Fall.

Die Frage, die uns in diesem Kapitel beschäftigen soll, lautet: *Soll man lieber in eine selbstgenutzte Immobilie investieren oder eine zwecks Kapitalanlage erwerben?* Welche Variante - die ja beide im Endeffekt auf dasselbe hinauslaufen, nämlich Immobilienbesitz, den man selbst nutzen kann - ist vorteilhafter?

Gehen wir bei unseren Überlegungen noch einen Schritt zurück, und betrachten wir, wie es um denjenigen steht, der sein ganzes Leben als Mieter fristet, ohne Kapitalanlage in Immobilien.

### Ein Leben lang Miete zahlen

Angenommen, das junge Ehepaar Schmitz mietet zum jetzigen Zeitpunkt eine Wohnung und zahlt dafür monatlich 400 Euro. Auf einen Zeitraum von 30 Jahren hochgerechnet ergibt das einen Gesamtbetrag von 144.000 Euro. Dabei ist aber noch keinerlei Mietsteigerung berücksichtigt. Wenn wir diese als mit 4 Prozent jährlich gegeben annehmen, kommen wir auf einen Gesamtbetrag von 278.*000 Euro*, den Herr und Frau Schmitz zahlen müssen, um am Ende *ohne* Immobilieneigentum dazustehen.

### Investieren in die eigenen vier Wände

Familie Schulz ist in Sachen Vermögensaufbau etwas klüger und legt sich schon in jungen Jahren eine Eigentumswohnung zu. Dazu investiert sie 25.000 Euro Eigenkapital in eine Wohnung mit einem Kaufpreis von 109.000 Euro, wobei in dieser Summe die Kaufnebenkosten bereits enthalten sind. Berücksichtigt man alle Kosten sowie Zinsen, Tilgung, Aufwendungen für Hausverwaltung und Instandhaltung sowie auch Vergünstigungen wie die Eigenheimzulage, so haben Herr und Frau Schulz in 30 Jahren insgesamt 229.100 Euro für Ihre eigenen vier Wände ausgegeben.

Damit haben Sie im Vergleich zur Familie Schmitz *48.900 Euro gespart* und *besitzen* eine Wohnung, die rund *200.000 Euro* wert ist. Ein Unterschied von knapp einer viertel Million! Und was war dazu nötig? Zu Anfang mussten Herr und Frau Schulz ihren Konsum einschränken, sich das Eigenkapital zusammensparen und monatliche Aufwendungen erbringen, die über denen von Familie Schmitz lagen. Während die Miete von Herrn und Frau Schmitz aber ständig angehoben wurde, blieb die monatliche Belastung der Eheleute Schulz in etwa gleich!

**Mietfrei wohnen durch eine vermietete Eigentumswohnung**

Doch es geht noch besser! Angenommen, Familie Schulz wäre noch etwas gewitzter und hätte wie Familie Schmitz auch zur Miete gewohnt, sich aber gleichzeitig eine Immobilie als Kapitalanlage angeschafft. Berücksichtigt man in dieser Konstellation die Steuervorteile, die Mieteinnahmen, eine optimale Finanzierung und auch die für die Mietwohnung aufzuwendenden Mietzahlungen, so muss das Ehepaar Schulz nur *152.360 Euro* für die eigene Kapitalanlage-Immobilie investieren! Nach 30 Jahren ist diese vollständig lastenfrei - was einem Immobilienvermögen von *200.000 Euro* entspricht - und kann entweder bezogen oder als zusätzliche Einnahmenquelle genutzt werden. Die dann noch fließenden Steuervorteile und Mieteinnahmen decken mehr als das, was Familie Schulz an eigener Miete zu zahlen hat. Zusätzlich haben Schulzes dank optimaler

Finanzierung einen Überschuss von *106.750 Euro* für ihre Altersvorsorge zur Verfügung!

**Die Investitionen der verschiedenen Varianten im Überblick**

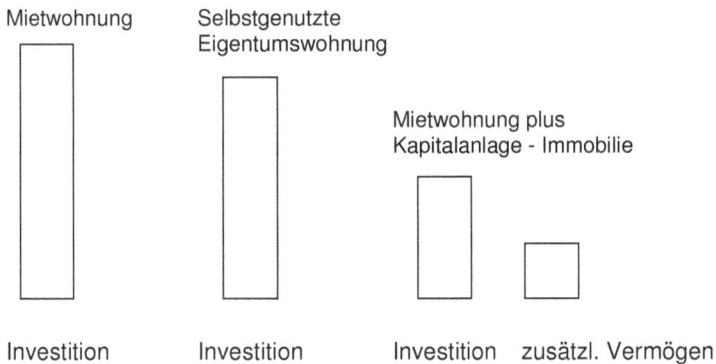

Mietwohnung       Selbstgenutzte
                 Eigentumswohnung

                                   Mietwohnung plus
                                   Kapitalanlage - Immobilie

Investition        Investition        Investition    zusätzl. Vermögen

**Die Vorteile auf einen Blick**

Aufgrund der höheren Steuervorteile und zumeist besseren Mietrendite ist es sinnvoller, eine Kapitalanlage-Immobilie zu kaufen als eine selbstgenutzte. Ein weiterer Vorteil besteht darin, dass das benötigte Eigenkapital geringer ist. Gleichzeitig löst man das Problem der steigenden Mieten, denn jede Mieterhöhung, die man selbst bekommt, gibt man quasi an seinen Mieter weiter! Besonders lukrativ wird das Ganze, wenn man über mehr Immobilienvermögen verfügt, als man selbst bewohnt. Dann erwirtschaftet man sich nämlich eine immer größere Gewinnspanne!

Dies ist der Weg, die Miete in die eigene Tasche zu wirtschaften: *Investieren Sie in Immobilien!*

Wenn Sie sich fragen, wie all das möglich ist: Der Schuldzinsenabzug bei der

137

vermieteten, hoch finanzierten Wohnung arbeitet für Sie. Und während Sie sonst für den Vermieter arbeiten und Ihre Miete zahlen, haben Sie jetzt einen Mieter, der für Sie arbeitet und an Sie Miete zahlt! Auf der anderen Seite wird der Erwerb und Besitz von Immobilien staatlich gefördert.

## Die gesetzliche Förderung für selbstgenutztes Wohneigentum auf einen Blick

Sie erhalten beim Kauf einer selbstgenutzten Immobilie eine stattliche Zulage - und zwar nicht etwa als Steuervorteil, sondern als direkte Auszahlung. Die Voraussetzungen dabei sind, dass Sie den früheren Paragraphen 10e noch nicht in Anspruch genommen haben und nicht mehr als 120.000 Euro (Eheleute 240.000 Euro) verdienen. Die Fördersumme errechnet sich wie folgt:

|  | Neubau | Altbau |
|---|---|---|
| Grundzulage, basierend auf den Gesamtanschaffungskosten | max. 100.000 Euro | max. 100.000 Euro |
| davon erhalten Sie jährlich, und zwar 8 Jahre lang | 5 %, also max. 5.000 Euro | 2,5 % also max. 2.500 Euro |
| Kinderzulage pro Kind jährlich | 750 Euro | 750 Euro |
| Maximale Förderungssumme also | 20.000 Euro plus | 10.000 Mark plus |
|  | 6.000 Euro mal Anzahl der Kinder | 6.000 Euro mal Anzahl der Kinder |

Weiterhin können abgezogen werden:

1. Einmalige Vorkostenpauschale im ersten Jahr des Förderzeitraums
(zum Beispiel für Disagio, Grundschuldbestellung ...)          1.750 Euro

2. Erhaltungsaufwendungen vor Bezug bis höchstens *          11.250 Euro

(* Achtung! Absetzbar sind nur die Kosten, die bis zum Einzug entstanden sind, außer wenn die Wohnung vorher von Ihnen als Mieter genutzt wurde; dann sind die Kosten absetzbar, die bis zum Ende des ersten Jahres nach der Anschaffung angefallen sind.)

Wie Sie sehen können, unterstützt der Staat all diejenigen, die Ihre eigenen vier Wände erstehen. Bei der nicht selbstgenutzten Immobilie allerdings gibt der Staat wesentlich mehr hinzu - nämlich umfangreiche Steuervorteile!

**Die gesetzliche Förderung für vermietetes Wohneigentum**
Hierbei erfolgt die Förderung aufgrund anderer Steuer-Paragraphen. Sowohl die Zahl der geförderten Immobilien wie auch das persönliche Einkommen sind nicht beschränkt. Es muss aber die Absicht vorhanden sein, Gewinn zu erzielen.

Solange die Ausgaben für die Immobilie (die so genannten Werbungskosten) höher als die Einnahmen (Miete inklusive Nebenkosten) sind, ist der Differenzbetrag direkt von der Steuer absetzbar.

Zu den Werbungskosten zählen im Detail:

1.    Finanzierungsaufwendungen (Zinsen, Disagio, Vermittlungsprovision ...)
2.    Kosten für Instandhaltung (Reparaturen, Sanierungen ...)
3.    Zahlungen für laufende Bewirtschaftung (Heizung, Wasser, Grundsteuer, Hausbesitzerverein, Hausverwaltung ...)
4.    Abschreibung für Abnutzung (AfA)

Für Altbauten gilt die *lineare AfA* (gemäß Paragraph 7 Absatz 4 Einkommensteuergesetz):

- Objekte, die vor dem 1. Januar 1925 gebaut wurden, können 40 Jahre lang mit je 2,5 Prozent abgeschrieben werden.
- Häuser, die nach dem 31.12.1924 errichtet wurden, können 50 Jahre lang mit je 2 Prozent abgeschrieben werden.

Bei Neubauten gilt die *degressive AfA* (gemäß Paragraph 7 Absatz 5 Einkommensteuergesetz). Dabei werden abgeschrieben:
-  8 Jahre lang jeweils 5 Prozent
-  6 Jahre lang jeweils 2,5 Prozent
- 36 Jahre lang jeweils 1,25 Prozent

Die prozentuale Abschreibung bezieht sich auf den Wert der Immobilie (ohne Grundstücks- und Kaufnebenkosten). Beispiel: Bei einer Wohnung mit einem Kaufpreis von beispielsweise 110.000 Euro, von denen 10.000 Euro auf den Wert des Grundstücks entfallen, ist die Wohnung selbst aus steuerlicher Sicht 100.000 Euro wert. Wenn es sich dabei um ein Altbau- Objekt aus dem Jahr 1970 handelt (unter Immobilien-Fachleuten wird jedes Objekt ab dem Jahr nach seiner Fertigstellung als Altbau oder Bestandsimmobilie bezeichnet), können Sie als Eigentümer jedes Jahr 2.000 Euro (2 Prozent) von Ihrem Einkommen abschreiben, müssen also 2.000 Euro weniger versteuern. Wie hoch der Steuergewinn ist, hängt von Ihrem Steuersatz ab, der sich wiederum auf die Höhe Ihres Einkommens gründet.

Das waren jetzt vielleicht etwas viele Details auf einmal. Aber so will es der Gesetzgeber nun einmal. Und ganz nebenbei erwähnt: Wenn man sich ein wenig mit der Materie beschäftigt, erscheint es überhaupt nicht kompliziert.

Rechnen Sie einmal selbst nach, wobei Sie die Zahlenwerte auf Ihre persönliche Situation und die aktuellen Zinssätze zuschneiden. Dann werden Sie verstehen, warum man nicht zur Miete wohnen sollte, ohne sich gleichzeitig Immobilieneigentum anzueignen.

Ergo: Entscheiden Sie sich für den richtigen Weg, wenn Sie im Alter mietfrei wohnen wollen.

---

**Kurzübersicht:**

1.  Beim Thema Wohnen stehen Ihnen grundsätzlich drei Varianten zur Verfügung:
    - Ein Leben lang Miete zahlen
    - Investieren in die eigenen vier Wände
    - Mietfrei wohnen durch eine vermietete Eigentumswohnung

2.  Die erste Variante - ein Leben lang Miete zu zahlen - ist die üblichste, interessanterweise aber die teuerste!

3.  Wenn Sie in Ihre eigenen vier Wände als Kapitalanlage investieren, bringt Ihnen das zunächst eine größere Belastung, auf Dauer aber einen Riesenvorteil vor Mietern. Die ideale Alternative allerdings besteht daraus, zur Miete zu wohnen und sich gleichzeitig Kapitalanlage-Immobilien zuzulegen.

## 9. Immobilienkonzept Nr. 7:
## Sachwertunterlegung der Lebensversicherung

Das siebte Konzept ist eng verwandt mit dem ersten. Auch hier findet die Tilgung der Immobilieninvestition über eine Kapital-Lebensversicherung statt. Allerdings gehen wir hier davon aus, dass bereits eine Lebensversicherung abgeschlossen wurde, vielleicht schon lange, bevor überhaupt daran gedacht wurde, in Immobilien zu investieren.

Es mag nun aufgrund der mangelnden Rentabilität einer Lebensversicherung logisch sein, die vorhandene Police zu kündigen und die monatlichen Raten stattdessen in die Tilgung eines Immobilienkredits fließen zu lassen. Dieses Schluss liegt in der Tat sehr nahe, wobei man eine Tatsache nicht vergessen sollte: Die frühzeitige Kündigung einer Kapital-LV ist für den Anleger immer mit Verlust verbunden. Das liegt daran, dass ein großer Teil seiner Zahlungen der ersten Jahre nach Abschluss der Versicherung als Kosten von der Gesellschaft einbehalten wird. Somit ist eine Kündigung keine rentable Lösung.

Der weitaus geschicktere Weg besteht darin, die vorhandene LV als Tilgungswerkzeug für die Immobilie einzusetzen und somit die zu erwartende Summe heute mit Sachwerten zu unterlegen.

Sie erwerben also eine Kapitalanlage-Immobilie, zahlen die Zinsen in monatlichen Raten und tilgen nicht! Dabei entrichten Sie wie bisher die Prämien für Ihre Kapital-Lebensversicherung und tilgen den Immobilien-Kredit mit Ablauf derselben auf einen Schlag.

Dabei müssen einige Regeln berücksichtigt werden, damit die Steuerfreiheit der mit der Lebensversicherung erwirtschafteten Gewinne gewährleistet ist: Die

Kaufnebenkosten wie Notar- und Gerichtskosten, Grunderwerbsteuer und Finanzierungsvermittlungsgebühr dürfen nicht direkt durch die Lebensversicherung getilgt werden. Diese Kosten müssen Sie somit separat finanzieren oder idealerweise direkt beim Kauf aus der eigenen Tasche zahlen.

Der Clou dabei: Indem Sie Ihre Lebensversicherung mit dem Sachwert Immobilie unterlegen, verdoppeln Sie Ihren Ertrag.

Dies rechnet sich in etwa wie folgt: Sie verfügen über eine Kapital-LV mit einer Versicherungssumme von 50.000 Euro, wobei Sie jeden Monat rund 140 Euro einzahlen. Am Ende der Laufzeit von etwa 30 Jahren erhalten Sie die eingezahlten Prämien (insgesamt circa 50.000 Euro) und zusätzlich die Zinsen (wiederum rund 50.000 Euro), insgesamt also etwa 100.000 Euro.

| | |
|---|---|
| Innerhalb von 30 Jahren eingezahlte Prämien | 50.000 Euro |
| Darauf erwirtschaftete Zinsen | 50.000 Euro |
| **Auszahlungssumme nach 30 Jahren** | **100.000 Euro** |

Wenn Sie nun bereits heute eine Immobilie im Wert von 100.000 Euro erwerben, können Sie sie in knapp 30 Jahren durch die dann vorhandene Lebensversicherung tilgen. Berechnen wir, wie sich der Immobilienwert bis dahin aufgrund der Inflation entwickelt hat:

| | |
|---|---|
| Heutiger Wert der Immobilie | 100.000 Euro |
| Wertsteigerung aufgrund der Inflation (2,5 Prozent) | 109.756 Euro |
| **Immobilienwert nach 30 Jahren** | **209.756 Euro** |

Gehen wir von einer geringen Durchschnittsinflation von 2,5 Prozent pro Jahr aus, so kommen wir auf einen exakten Wert von 209.756 Euro! Grob gerechnet haben wir den Ertrag der Lebensversicherung also *verdoppelt*!

Ertrag der Kapitallebensversicherung
mit Sachwertunterlegung 200.000 €

Ertrag der Kapitallebensversicherung
ohne Sachwertunterlegung 100.000 €

Ein lohnendes Konzept also, das Sie nutzen sollten, wenn Sie bereits eine Lebensversicherung
abgeschlossen haben und diese in eine lukrative Anlage verwandeln wollen.

**Kurzübersicht:**

1.  Die frühzeitige Kündigung einer Kapital-LV ist für den Anleger immer mit Verlust verbunden. Das liegt daran, dass ein großer Teil seiner Zahlungen der ersten Jahre nach Abschluss der Versicherung als Provision an den Versicherungsvertreter fließt.

2.  Immobilienkonzept Nummer 7 besteht darin, die vorhandene Kapital-Lebensversicherung mit einer Sachwert-Investition (Immobilie) zu unterlegen und so den Ertrag zu verdoppeln!

3.  Dabei müssen einige Regeln berücksichtigt werden, damit die Steuerfreiheit der mit der Lebensversicherung erwirtschafteten Gewinne gewährleistet ist: Die Kaufnebenkosten wie Notar- und Gerichtskosten, Grunderwerbsteuer und Finanzierungs-Vermittlungsgebühr dürfen nicht direkt durch die Lebensversicherung getilgt werden.

# „Ideale" Kleidung für den Kreditantrag

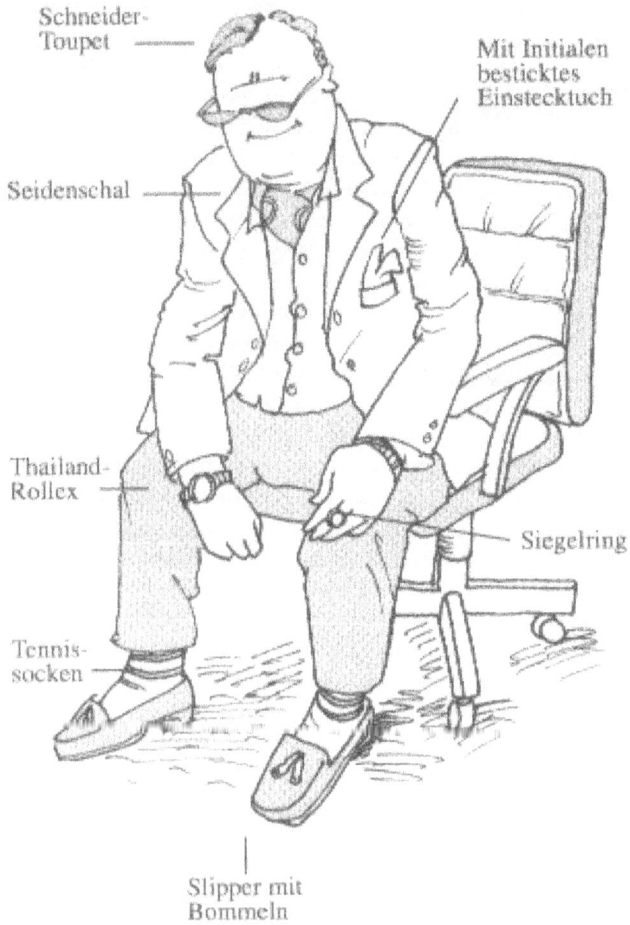

Schneider-Toupet

Mit Initialen besticktes Einstecktuch

Seidenschal

Thailand-Rollex

Siegelring

Tennissocken

Slipper mit Bommeln

## IV. Effektive Vermögensbildung durch lukrativen Einkauf

## 1. Zielgenaue Expansion oder: Schritt für Schritt zum Erfolg

Lassen Sie uns nun, da wir die grundlegenden Konzepte zum Vermögensaufbau mittels Immobilien diskutiert und untersucht haben, zur Praxis schreiten. Beginnen wir dabei mit dem Thema, das den Einstieg ins Immobilien-Business darstellt: dem *Einkauf*!

Bei dem Versuch zu starten, mögen Sie jedoch gleich auf die erste Barriere stoßen, die oft nicht als solche erkannt wird: Ihre *Bonität*!

### Bonität per Plan

Ihre Bonität ist ein wichtiger Faktor beim Vermögensaufbau mit Immobilien. Damit ist die *Kreditwürdigkeit* gemeint, die Sie in den Augen der Banken haben. Sie wird anhand verschiedener Kriterien bewertet, es läuft aber letzten Endes darauf hinaus, dass Sie gut mit Geld und insbesondere Krediten umgehen können müssen.

Wie Sie sicherlich wissen, wird Ihre gesamte Finanzhistorie bei der SCHUFA festgehalten. Während diesbezüglich meistens auf negative Einträge eingegangen wird, sollte ich anmerken, dass auch das positive Kreditverhalten vermerkt wird - einfach dadurch, dass man Kredite aufgenommen und deren Raten pünktlich bezahlt hat. Dabei muss es sich noch nicht einmal um Hypothekenkredite handeln. Ich selbst hatte zu Anfang meiner Karriere drei Kfz-Kredite laufen für Firmenwagen, die ich nicht unbedingt zu finanzieren brauchte, die mir aber Bonität verschafften. Mit den ersten Immobilienprojekten, die sauber abgewickelt wurden, baute ich mir größere Bonität auf. Und heute kann ich bei Bedarf Kredite in zweistelliger Millionenhöhe auf die Beine stellen.

Warum dies funktioniert, ist leicht zu verstehen, wenn man sich in die Position der Banken versetzt. Sie leben davon, Geld zu verleihen und an den Zinsen zu verdienen. Nur müssen sie für den reibungslosen Ablauf dieses Geschäfts sicherstellen, dass sie es jemandem zur Verfügung stellen, der damit umgehen kann und sich an die Vereinbarungen hält. Wird das wohl jemand sein, der noch nie eine müde Mark auf der hohen Kante hatte und niemals in irgendetwas investiert hat? Oder eher jemand, der schon einige erfolgreiche Geldgeschäfte getätigt hat?

Tatsächlich gilt für die Banken: *Wer kontinuierlich gute Geschäfte abgewickelt und deren Volumen erweitert hat, der ist der richtige Geschäftspartner!*

Das hängt mit dem von Banken eingesetzten *Scoring-System* (von englisch *score*, also Punktzahl oder Bewertung) zusammen, nach dem Kreditanträge bewertet werden. Dieses umfasst folgende Kategorien:

1. Werthaltigkeit des Objekts als Beleihungsobjekt.
2. Ertragsfähigkeit des Schuldners bzw. Kreditnehmers, ggf. mit Mietverträgen
3. Wirtschaftliches Rahmenumfeld

Diese Begriffe umfassen weitaus mehr, als auf den ersten Blick scheint. Ich werde sie in einem späteren Kapitel im Detail erklären. Hier nur ein paar Anmerkungen.

## 1. Werthaltigkeit des Objekts als Beleihungsobjekt

Der Banker betrachtet eine Immobilie, für deren Kauf er Geld verleiht, als Pfandobjekt. Dies ist die Sicherheit, die er für den Fall hat, dass der Kreditnehmer die Raten nicht zahlen kann. Dann nämlich kann die Bank das Pfand versteigern oder verkaufen und so die Kreditsumme oder zumindest einen Teil davon zurückbekommen.

## 2. Ertragsfähigkeit des Schuldners bzw. Kreditnehmers

Damit ist die Kapitalertragsfähigkeit gemeint, also die Mietrendite im Verhältnis zum Kaufpreis. Diese muss bei fremdvermieteten Immobilien natürlich aus der Immobilie selbst kommen. Die Zinsen samt Tilgung aus der eigenen Tasche zu zahlen, kommt einem bei kleinen Objekten teuer zu stehen und ist bei größeren schier unmöglich. Daher muss der Mietertrag sichergestellt sein. Handelt es sich um ein selbstgenutztes Objekt, dann muss der Verdienst des Kreditnehmers stimmen, da das die Quelle ist, aus der die Bank Zinszahlungen und Tilgung bekommt.

Wichtig ist dabei auch, dass das Objekt vermietet wird. Dies ist bei Wohnimmobilien in der Regel sicherer als bei gewerblichen Objekten. Kritisch wird es bei Spezialgewerbeimmobilien, die nur für eine bestimmte Firma nutzbar sind. In solch einem Fall muss die Bonität dieser Firma als Bemessungsgrundlage herhalten.

## 3. Wirtschaftliches Rahmenumfeld

Dieser Aspekt behandelt die Fragen nach dem Kreditnehmer, sprich: Wie viel verdient er? Welche Erfahrungen gab es mit seinen früheren Krediten? Wie lange ist er schon in seiner Branche oder seinem Beruf tätig? Wie sehen seine finanziellen Verpflichtungen aus? Hier machen die Banken Abstufungen und werten jeden entsprechend diesen Kriterien ein.

**Immobilien sind eine langfristige Kapitalanlage**

Ein Faktor, den Sie bei Immobilien bedenken sollten, ist, dass es sich bei ihnen um eine langfristige Kapitalanlage handelt. Selbst wenn man beim Wiederverkauf eines Schnäppchens schon nach kurzer Zeit guten Gewinn verbuchen kann - nach zwei Jahren Spekulationsfrist sogar steuerfrei - plant man immer auf lange Sicht. Im Laufe der Jahre gewinnt man durch den Wertzuwachs der Immobilie *immer*!

Dabei gilt es nur einen Faktor unter Kontrolle zu halten: Sie müssen Ihren Ratenzahlungen nachkommen. Sie dürfen nie in eine Situation geraten, wo Sie Kreditraten über längere Zeit nicht zahlen können. Dann besteht die Gefahr, dass Ihre gesamte Vermögensstrategie bröckelt. Die Bank könnte dann die Immobilie aus der Grundschuld vollstrecken, also als Sicherheit heranziehen und zu Geld machen.

Zwar wird sie einen solch drastischen Schritt noch nicht unternehmen, wenn ein oder zwei Monate keine Raten fließen. Auch nach einem halben Jahr in der Regel noch nicht. Aber spätestens nach ein oder zwei Jahren ist es soweit: Der Kreditvertrag wird von der Bank gekündigt. Das ist ihr gutes Recht, denn wenn der Kreditnehmer nicht zahlt, erhält die Bank laut Gesetz ein außerordentliches Kündigungsrecht. Das Schlimme dabei: Neben der nicht getilgten Kreditsumme schuldet der Kreditnehmer noch die Zinsen für die Zeit, in der keine Raten geflossen sind, die unabhängig von der vertraglich festgelegten Zinshöhe bei etwa 15 (!) Prozent liegen, und einmalig auch noch rund 15 Prozent für Nebenleistungen!

Ich habe so etwas schon in der Praxis erlebt, wo bei einem Objekt, das einen ursprünglichen Kaufwert von 1 Million Mark hatte, drei Jahre keine Rate geflossen war. Dafür hatte die Bank dreimal 15 Prozent, also 450.000 Mark, aufgeschlagen. Für die Nebenleistungen kamen noch mal 150.000 Mark hinzu. So wurde aus der Darlehensforderung von 1 Million eine über 1,6 Millionen Mark! Und das Objekt erzielt bei der Versteigerung vielleicht nicht einmal 1 Million Mark! Der Leidtragende ist dann der Eigentümer, der sich verkalkuliert hat und auf dem Restdarlehen sitzen bleibt.

Damit Ihnen eine solche Situation erspart bleibt, sollten Sie kein Risiko eingehen. Gehen Sie beim Einkauf von Immobilien Schritt für Schritt vor. Kaufen Sie Ihre erste Immobilie, sorgen Sie dafür, dass sich die Finanzierung durch die Mieteinnahmen trägt und bauen Sie parallel dazu Geldreserven auf. Investieren Sie erst danach in die zweite Immobilie. Dieses Schema können Sie im Laufe der Jahre mehrfach wiederholen und sich so ein Millionenvermögen aufbauen. Aber: Übertreiben Sie es nicht! Gehen Sie mit einem Tempo voran, bei dem Sie die Kontrolle über Ihre finanzielle Situation behalten können. Dann steuern Sie geradewegs dem Erfolg entgegen.

Worauf Sie darüber hinaus achten müssen, insbesondere was die zwölf wichtigen Kriterien für die Auswahl der richtigen Immobilien angeht, erfahren Sie im nächsten Kapitel.

**Kurzübersicht:**

1. Erarbeiten Sie sich eine gute Bonität, indem Sie die Einstellung der Banken vor Augen haben: Wer kontinuierlich gute Geschäfte abgewickelt und deren Volumen erweitert hat, der ist der richtige Geschäftspartner!

2. Banken bewerten die Rahmenbedingungen für eine Kreditvergabe anhand folgender Aspekte:
   - Werthaltigkeit des Objektes als Beleihungsobjekt
   - Ertragsfähigkeit des Schuldners bzw. Kreditnehmers
   - Wirtschaftliches Rahmenumfeld des Kreditnehmers

3. Der wichtigste Faktor bei der Finanzierung von Immobilien: Sie müssen Ihren Ratenzahlungen nachkommen!

4. Gehen Sie beim Einkauf von Immobilien Schritt für Schritt vor. Kaufen Sie Ihre erste Immobilie, sorgen Sie dafür, dass sich die Finanzierung durch die Mieteinnahmen trägt und bauen Sie parallel dazu Geldreserven auf. Investieren Sie erst dann in die zweite Immobilie.

## 2. Wie Sie Immobilienprofi werden, ohne sich die Finger zu verbrennen

Immobilien zu kaufen, ist nicht besonders schwer. Weitaus weniger einfach aber ist es, *günstig* einzukaufen. Das jedoch ist nötig, wenn Sie Ihren Vermögensaufbau *sicher* und *lukrativ* gestalten wollen.

Um bei der Auswahl der passenden Immobilien für Ihren Vermögensaufbau ins Schwarze zu treffen, müssen Sie ein paar einfache Regeln beherzigen, die ich Ihnen jetzt darlegen möchte.

### 1. Wählen Sie Wohnraum in der passenden Größenordnung aus!

Wie schon früher angeführt, hat sich die Bevölkerungsstruktur der Bundesrepublik in den letzten Jahrzehnten verändert. Derzeit umfassen rund 63 Prozent aller Haushalte ein bis zwei Personen. In Großstädten wie etwa Düsseldorf ist ein extrem hoher Anteil an Single- Haushalten zu verzeichnen. Dieses Wissen können Sie sich zunutze machen, indem Sie nur in *1- bis 3-Zimmer-Wohnungen* investieren.

### 2. Kaufen Sie nur in Ballungsgebieten oder in deren Nähe!

Auf dem Land ist der Anteil derjenigen, die Immobilieneigentum besitzen, relativ hoch. Anders in *Ballungsgebieten*: Dort beträgt der Anteil an Miethaushalten bis zu 80 Prozent.

### 3. Wählen Sie nur einen Standort mit überdurchschnittlicher Kaufkraft aus!

Auch in Sachen *Kaufkraft* sind Ballungsgebiete besonders stark. Sie garantieren somit hohe und sichere Mieteinnahmen. Um einen Überblick über die Kaufkraftverteilung innerhalb der Bundesrepublik zu erhalten, genügt ein Blick auf die nachfolgende Karte:

## 4. Suchen Sie nur nach Schnäppchen!

Wichtig ist, dass Sie nur nach Schnäppchen suchen! Welche Faktoren ein Schnäppchen ausmachen, wird in einem späteren Kapitel noch ausführlich dargelegt. Aber soviel schon jetzt: Der Kaufpreis darf maximal das *20fache der Jahresnettokaltmiete* ausmachen.

## 5. Achten Sie bei Ihren Berechnungen darauf, dass die Mieten realistisch sind!

Sie können bei der Rentabilitätskalkulation einer Immobilie vor allem dann fehlschlagen, wenn Sie die Mieten falsch einschätzen. Makler und Verkäufer werden Ihnen oft überhöhte Mieten nennen, um den Eindruck zu erwecken, dass es sich bei dem zum Verkauf stehenden Objekt um ein Schnäppchen handele. Sie sollten daher überprüfen, zu welchen Mieten *vergleichbare Wohnungen* vermietet sind. Eine weitere Hilfe sind *Mietspiegel*, wie sie von Makler- sowie Haus- und Grundbesitzervereinen veröffentlicht werden.

## 6. Am Objekt dürfen keine größeren Reparaturen nötig sein!

Umfangreiche Reparaturen, die nicht durch bereits vorhandene Instandhaltungsrücklagen gedeckt sind, erhöhen im Grunde den Kaufpreis des Objektes. Da sie auch nicht durch die Finanzierung gedeckt sind, müssen Sie auf der Hut sein. Anosncten entpuppt sich ein scheinbares Schnäppchen schnell als eher mittelmäßige Investition.

## 7. Die Wohnungen müssen immer vermietbar sein!

Da die Miete Ihre Haupteinnahmequelle darstellt, müssen Sie sicherstellen, dass die von Ihnen erstandenen Wohnungen immer vermietbar sind. Das erreichen Sie, indem Sie nur in *bezahlbaren* Wohnraum investieren, also Wohnungen mit *einfacher* und *mittlerer* Ausstattung.

Diese können sich eine große Anzahl von Leuten leisten, eher als Luxusobjekte. Bei Anlageimmobilien zählt nicht so sehr, was Ihnen gefällt, sondern was gebraucht wird.

**8. Gute Lage und Infrastruktur müssen gegeben sein!**

Zu einer guten Lage zählen einerseits *Freizeit-* und *Einkaufsmöglichkeiten*, vor allem aber auch *Arbeitsplätze, Schulen* und nicht zuletzt auch *öffentliche Verkehrsmittel.*

**9. Im Objekt sollte ein Hausmeister sein, der für Sauberkeit und Ordnung sorgt!**

Um kostengünstige Fürsorge zu garantieren, ist es ideal, wenn sich im Objekt ein Hausmeister befindet. Einer der Mieter oder ein Eigentümer, der selbst im Haus wohnt und sich für ein kleines Zusatzeinkommen oder Mietminderung um alles kümmert. Dies könnte beispielsweise ein vitaler Rentner sein, dem eine Nebentätigkeit gelegen kommt.

**10. Die Hausverwaltung muss langjährige Erfahrung haben, damit die Immobilie in gutem Zustand bleibt!**

Kleine Ein-Mann-Hausverwaltungsfirmen verfügen oft nicht über die Erfahrung, die nötig ist, um Häuser *sachgerecht* zu verwalten. Es existiert eine ganze Reihe gesetzlicher Auflagen und Verpflichtungen, denen eine Hausverwaltung nachkommen muss, die aber nicht jedem Newcomer bekannt sind. Bauen Sie daher auf Profis.

**11. Das Objekt darf keine großen Kostenverursacher haben!**

Exklusive Einrichtungen wie ein Schwimmbad oder eine Sauna mögen zwar den Wohnwert eines Hauses steigern, erweisen sich aber in der Praxis als unverhältnismäßig große Kostenverursacher. Verzichten Sie also darauf. Wenn möglich, sollte das Objekt auch keinen Fahrstuhl haben. Teuer in der Instandhaltung - und daher überhaupt nicht anzuraten - sind Betonfassaden.

## 12. Das Preis/Leistungsverhältnis ist wichtiger als die Steuervorteile!

Steuervorteile sind für viele Investoren ein gewichtiges Argument, sich für Immobilienerwerb zu erwärmen. Aber: Was nützen sie Ihnen, wenn sie nicht Ihnen zugute kommen, sondern über einen zu hohen Kaufpreis in die Tasche von anderen fließen?

**Im Einkauf liegt der Gewinn**

Eines der Geheimnisse der Insider des Immobilien-Marktes, die innerhalb weniger Jahre Millionen verdienen, besteht darin, dass sie äußerst günstig einkaufen und teuer verkaufen. Ganz nach der Kaufmannsregel: *Im Einkauf liegt der Gewinn*!

Gut einzukaufen ist in der Tat die Grundvoraussetzung dafür, Erfolg zu haben. Wenn Sie nur bei solchen Angeboten zuschlagen, die die obigen zwölf Kriterien erfüllen und sich (fast) selbst tragen, dann können Sie sich über schnellen aber auch dauerhaften Gewinn freuen. Wenn Sie nicht ganz so günstig einkaufen, braucht die Immobilie etwas länger, um ihren Gewinn zu erwirtschaften und sich selbst zu tragen. Kaufen Sie also gut ein und sichern Sie sich damit den Gewinn!

**Top oder Flop? Big Business auf gebohnertem Parkett!**

Je großer die Projekte werden, an denen man sich beteiligt, desto sorgfältiger müssen sie geplant werden. Vorsicht ist weiterhin deshalb geboten, weil man nicht nur Banken als Partner sowie Mieter und Handwerker als Variablen einzukalkulieren hat, sondern zuweilen auch Geschäftspartner, die gleichberechtigt an einem Objekt beteiligt sind. Und dabei kann man sich ganz schön die Finger verbrennen.

Ich hatte das Glück, einer solch unangenehmen Erfahrung um ein Haar zu entgehen. Bei einer großen Gewerbegalerie in Leipzig hatte ich mit zwei Partnern zusammengearbeitet und ein Immobilienprojekt in zweistelliger Millionenhöhe geplant. Nachdem ich eine Menge Arbeit investiert und Kredite, Baufirmen und anderes organisiert hatte, stieg ich aufgrund eines Zwistes - meine Partner gingen meines Erachtens nicht sorgsam mit dem gemeinsamen Geld um - aus und überließ meinen Partnern das Feld. Ich hatte mehrere Monate umsonst gearbeitet.

Was mir zunächst wie ein Rückschlag vorkam, scheint im Nachhinein aber ein glücklicher Umstand gewesen zu sein. Aufgrund der ungünstigen wirtschaftlichen Entwicklung war die geplante Miete - obwohl wir sie von qualifizierten Instituten hatten schätzen lassen - nicht zu erzielen. In der tat wich sie so stark von den Planungen ab, dass es mich Kopf und Kragen gekostet hätte, wäre ich nicht ausgestiegen. Ich hatte also Glück im Unglück.

Dieses Beispiel führt uns aber gleich einen anderen Faktor vor Augen, den Sie nie unberücksichtigt lassen dürfen: die *Mieteinnahmen*!

**Der beste Garant für ständige Einnahmen: Gute Mieter!**
Einer der wichtigsten Faktoren beim Immobiliengeschäft sind die Mieteinnahmen. Mit ihnen steht und fällt Ihre gesamte Investition. Um also auf Nummer Sicher zu gehen, sollten Sie sich zahlungskräftige und solide Mieter suchen. Und dazu zählen weder Asoziale noch Horizontale. Diese beiden Personengruppen verursachen Vermietern weitaus mehr Ärger als alle anderen zusammen.

Einen guten Hinweis darauf, wie gut ein Mieter sein wird, können Sie erhalten, wenn Sie sehen, wie er lebt. Besuchen Sie ihn in seiner bisherigen Wohnung.

Achten Sie auf die Einrichtung und die Art und Weise, wie mit der Wohnung umgegangen wird. Am wichtigsten ist dabei, dass es sauber ist. Sollte es dennoch einmal vorkommen, dass einer Ihrer Mieter nicht zahlen kann, so gibt es für diese Situation mehrere Vorgehensweisen.

Zunächst einmal können Sie mit ihm reden, die Ursache für die ausbleibenden Mietzahlungen herausfinden und so gemeinsam zu einer Lösung gelangen. Diese könnte im Extremfall daraus bestehen, dass er zum Sozialamt geht und dort Wohngeld beantragt. Führt das nicht zum gewünschten Ergebnis, setzt man Schritt für Schritt härtere Maßnahmen ein - bis zur Kündigung und Räumungsklage. Um für solche Situationen gewappnet zu sein, ist es empfehlenswert, Mitglied beim lokalen *Haus- und Grundbesitzerverein* zu werden. Dort erhalten Sie Beratung, Bücher und was man sonst benötigt, um sich in Rechtsfragen auf dem neuesten Stand zu halten.

**Last but not least: Noch einmal - kaufen Sie nur in oder nahe an Ballungszentren**

So günstig Wohnungen auf dem Land sein mögen: Sie rechnen sich kaum. In den neuen Bundesländern beispielsweise trifft man auf ländliche Regionen, wo mehr Leute wegziehen als dazukommen. Solch eine Gegend müssen Sie meiden wie der Teufel das Weihwasser, denn hier finden Sie möglicherweise gar keinen Mieter.

Ähnliches gilt bei kleinen Dörfern, die von ein oder zwei Firmen abhängig sind. Sollten diese Firmen aus wirtschaftlichen Gründen die Tore schließen, sind die nahe gelegenen Immobilien nicht mehr viel wert.

Halten Sie sich also an die Ballungsgebiete. Dort finden Sie ein reichliches Potential an Immobilien und soliden Mietern vor. Das ist selbst dann noch der richtige Weg, wenn Sie selbst irgendwo auf dem Land leben.

**Kurzübersicht:**

1.  Die zwölf unverzichtbaren Regeln für den Erwerb einer Anlageimmobilie lauten:

   (1) Wählen Sie Wohnraum in der passenden Größenordnung aus!
   (2) Kaufen Sie nur in Ballungsgebieten oder in deren Nähe!
   (3) Wählen Sie nur einen Standort mit überdurchschnittlicher Kaufkraft aus!
   (4) Suchen Sie nur nach Schnäppchen!
   (5) Achten Sie bei Ihren Berechnungen darauf, dass die Mieten realistisch sind!
   (6) Am Objekt dürfen keine größeren Reparaturen nötig sein!
   (7) Die Wohnungen müssen immer vermietbar sein!
   (8) Gute Lage und Infrastruktur müssen gegeben sein!
   (9) Im Objekt sollte ein Hausmeister sein, der für Sauberkeit und Ordnung sorgt!
   (10) Die Hausverwaltung muss langjährige Erfahrung haben, damit die Immobilie in gutem Zustand bleibt!
   (11) Das Objekt darf keine großen Kostenverursacher haben (Schwimmbad, Sauna)!
   (12) Das Preis/Leistungsverhältnis ist wichtiger als die Steuervorteile!

2.  Beherzigen Sie die alte Kaufmannsregel: Im Einkauf liegt der Gewinn!

3.  Je größer die Projekte werden, an denen man sich beteiligt, desto sorgfältiger müssen sie geplant werden. Das gilt für alle Faktoren, insbesondere aber, wenn man sich mit Partnern einlässt.

4.  Der Faktor Nummer 1, der die Zukunft Ihrer Immobilienanlage prägt, sind die Mieteinnahmen. Diese müssen ausreichend hoch und vor allem sicher sein.

## 3. So können Sie Fallgruben beim Einkauf umgehen, denn: Im Einkauf liegt der Gewinn

Lassen Sie mich dieses Kapitel mit einem kleinen Schauermärchen einleiten. Es war einmal ein unbedarfter Immobilienverkäufer, der seinem Initiator voll und ganz vertraute, was die Qualität der angebotenen Objekte betraf. Und der Vater des Verkäufers wiederum vertraute diesem blindlings. Als der Verkäufer seinem Vater dazu riet, in Immobilien zu investieren, stimmte dieser zu und saß nur wenige Tage später beim Notar und unterzeichnete einen Kaufvertrag. Das böse Erwachen kam, als der Mieter ein paar Monate später auszog und der Sohn und Verkäufer - der angeboten hatte, sich um derlei Angelegenheiten zu kümmern - zum ersten Mal die Wohnung betrat. Was er dort sah, verschlug ihm beinahe den Atem und ließ sein Herz stillstehen: Die Wohnung war ein Ruine! Die Holzböden waren teilweise durchgefault, man konnte sogar in die darunter liegenden Stockwerke schauen. Die berechnete (und bezahlte!) Quadratmeterzahl stimmte nicht. Und was andere Dinge wie Heizung, Fenster etc. anbelangt - reden wir nicht darüber. Kurzum: Diese Immobilieninvestition war eine schiere Katastrophe! Ein regelrechtes Investitionsgrab!

Damit Sie nicht in solch eine Lage kommen, habe ich in diesem Kapitel die wichtigsten Fallgruben zusammengefasst, damit Sie beim Kauf Ihrer Immobilie auf Nummer Sicher gehen können.

Fragen wir uns daher: Worauf gilt es zu achten, wenn Sie eine Wohnung käuflich erwerben? Was sind die Fallgruben?

**Gute oder schlechte Mieter?**

Der wichtigste Faktor bei Kapitalanlage-Immobilien ist die *Miete*. Aus ihr heraus finanziert sich ein großer Teil der Kreditraten. Sie ist es auch, die auf Dauer Gewinn erst ermöglicht. *Tatsächlich steht und fällt eine Immobilieninvestition mit*

160

*den Mieteinnahmen!* Entsprechend unangenehm ist es, wenn die Miete nicht fließt. Das führt uns direkt zu einer der wichtigsten Fallgruben: schlechte Mieter! Hierbei handelt es sich um Leute, die entweder gar keine oder nur einen Teil der Miete zahlen. Damit soll nichts über die Persönlichkeit dieser Leute ausgesagt sein. Sie mögen als Menschen vielleicht sogar gute Kumpels sein.

Vom kaufmännischen Gesichtspunkt jedoch sind sie schlechter Umgang. Um herauszufinden, wie es um die Mieterschaft in dem zum Kauf anvisierten Objekt bestellt ist, können Sie das Mietbuch oder die laufenden Überweisungen kontrollieren. Sie sollten überprüfen, ob die Namen auf den Ihnen vorgelegten Mietverträgen auch den Namen der tatsächlichen Mieter entsprechen. Reden Sie mit den Leuten. Finden Sie heraus, ob Mietstreitigkeiten bestehen. Das Ziel all dieser Aktionen besteht darin, dass Sie die Mieteinnahme, über die Sie die Finanzierung des Objektes realisieren, so weit wie möglich absichern.

**Der technische Zustand des Hauses**

Bei der Vielzahl der Objekte, unter denen Sie auswählen müssen, ist es praktisch, möglicherweise interessante Immobilien mittels einer Checkliste zu analysieren. Dadurch können Sie selektieren, ohne zu viel Zeit aufzuwenden (die *Kurze Objektanalyse-Checkliste* finden Sie im Anhang dieses Buches).

Wenn Sie ein Objekt, das in die engere Wahl gekommen ist, vollständig durchchecken wollen, so können Sie dazu die *vollständige Checkliste für den Kauf von Wohnimmobilien* (siehe Anhang; des Weiteren finden Sie dort die *Checkliste für die Objekt-Ankaufsprüfung* und die *Checkliste für die Übernahme eines Objektes*). Sie enthält alle relevanten Fakten, die zu einer Beurteilung nötig sind, und zwar bis ins Detail.

**Wie Sie die Analyse durchführen**

Wenn Sie das Objekt mit Hilfe der oben angeführten Checklisten unter die Lupe nehmen, sollten Sie einige Faktoren berücksichtigen. Einer davon ist, dass Sie nur das glauben sollten, was Sie sehen und was schwarz auf weiß geschrieben steht. Ich habe oft genug die Erfahrung gemacht, dass Hauseigentümer und Makler nicht immer so ehrlich sind, wie sie es sein sollten. Es wird also nicht besonders erwähnt, dass die Quadratmeterzahlen etwas übertrieben sind oder der Keller hinter dem dort gelagerten Gerümpel feucht ist. Oder man legt Ihnen Mietverträge von Personen vor, die schon vor Jahren ausgezogen sind. Teilweise wird hier schlichtweg gelogen!

Mir ist es tatsächlich schon passiert, dass im Notarvertrag festgehaltene Angaben von Verkäufern nicht gestimmt haben. Und so etwas ist sogar vor Gericht schwer anzufechten. Vor allem erfordert es eine Menge Liquidität, da man gemäß Notarvertrag erst zahlen muss, dann klagen kann und in der ersten Instanz seine Entschädigung vielleicht nach zwei bis zweieinhalb Jahren zurückerhält. Kommt der Fall in die zweite Instanz, kann man leicht ein Jahr hinzurechnen.

Ganz schlimm erwischte es vor wenigen Jahren einen Investor aus Hamburg, der nicht aufgepasst hatte. Sein Plan bestand darin, ein 10-Millionen-Objekt zu erstehen und dann aufzuteilen. Dabei wurde ihm vom Makler erzählt, die Mieteinnahmen lägen bei 900.000 Mark per anno. Mit diesen Angaben ging er zur Bank und erhielt eine - wiederum mündliche - Kreditzusage. Anschließend unterzeichnete er den Notarvertrag, im Glauben ein gutes Geschäft gemacht zu haben. Die Kreditsachbearbeiter der Bank aber waren nicht ganz so blauäugig. Und vor der schriftlichen Finanzierungszusage nahmen sie die Mieten unter die Lupe. Es stellte sich heraus, dass sie nur bei 600.000 Mark lagen. Die Folge: Die Bank reduzierte die Kreditsumme, so dass eine Millionenlücke entstand, die die

Finanzierung unmöglich machte. Der Makler - der gleichzeitig Verwalter des Objektes war und die falschen Angaben geliefert hatte - verlangte seine 3,45 Prozent Provision und bekam sie vor Gericht sogar zugesprochen! Das Ende vom Lied: Der Investor war pleite! Und das nur, weil er den Worten des Maklers geglaubt hatte!

Daher lautet mein Tipp: Besichtigen Sie beim Kauf einer Immobilie das gesamte Haus mit den Checklisten in der Hand. Lassen Sie sich die Kellerräume zeigen, drehen Sie das Wasser in den Wohnungen auf, um den Leitungsdruck zu prüfen, öffnen und schließen Sie die Fenster etc. Das verrät Ihnen viel über den Zustand des Objektes.

Zusätzlich sollten Sie darauf achten, dass alle relevanten Aussagen schriftlich untermauert sind. Wenn der Eigentümer also sagt, dass für den Ausbau des Dachgeschosses eine Baugenehmigung vorliege, dann lassen Sie sich diese zeigen. Als besonders wichtig erweist es sich, die Grundbucheintragungen zu prüfen. Hier können Rechte Dritter oder Nutzungsbeschränkungen enthalten sein, die die Rentabilität oder Wiederveräußerbarkeit des Objektes schmälern

**Lichte Maße sind richtige Maße!**
Eine Fallgrube, in die Sie treten können, sind falsch angegebene Wohnflächen. Dies ist in der Tat ein übliches "Vergehen", weil viele Hausbesitzer selbst nicht genau wissen, wie groß ihre Objekte genau sind. Eine der Ursachen dieser Unkenntnis bilden verschiedene anwendbare Normen.

Eine interessante Entscheidung bezüglich der Flächenberechnung von Wohnungen wurde vom Bundesgerichtshof getroffen. Sie bezog sich auf den Kauf einer unausgebauten Dachgeschoßwohnung, die im Notarvertrag mit einer Fläche von 78 Quadratmetern angegeben war. Als der Verkäufer die Wohnung nach Abschluss des Ausbaus ausmessen ließ, stellte er fest, dass sie lediglich 68,5 Quadratmeter maß. Im nachfolgenden Prozess stellte der Bundesgerichtshof fest, dass im Notarvertrag nicht angegeben sei, welche Norm als Grundlage für die Flächenberechnung anzuwenden sei, und bezog sich daher auf die von Maklern üblicherweise verwendete DIN 283, die eigentlich schon längst durch die DIN 277 abgelöst wurde. Da die Maße aber gewöhnlich noch immer gemäß der alten DIN angegeben werden, wurde diese als Berechnungsgrundlage herangezogen. Somit bekam der Käufer Recht. Hätte sich der Bundesgerichtshof auf die DIN 277 berufen, wäre das Urteil zugunsten des Verkäufers ausgefallen. (Bundesgerichtshof, Urteil vom 11.7.1997, Aktenzeichen: V ZR 246/96)

Die reine Angabe der Fläche im Notarvertrag ist - aufgrund dieser verschiedenen Normen - nicht immer eindeutig. Später kann sich der Verkäufer immer noch herausreden und eine Abweichung von 5 oder 10 Prozent entschuldigen. Um ganz sicher zu gehen, sollten Sie die *lichte Fläche* angeben lassen, also die auf Putz gemessene. Dagegen kann man dann nicht argumentieren.

Nachdem Sie sich ein genaues Bild von der Immobilie gemacht haben, können Sie ihren Marktwert - Stichwort: Wiederveräußerbarkeit! - abschätzen und gemäß der im Anhang befindlichen *Objektanalyse-Checkliste* noch einmal überprüfen, ob Sie sie jetzt wirklich kennen. Dann können Sie ziemlich sicher sein, dass Sie Bescheid wissen und keine verborgenen Fallgruben mehr existieren.

Wobei ein Aspekt noch von Interesse sein kann - *Stichwort: Baubiologie!*

**Kurzübersicht:**

1.  Der wichtigste Faktor bei Kapitalanlage-Immobilien ist die Miete. Aus ihr finanziert sich ein großer Teil der Kreditraten. Sie ist es auch, die Gewinn auf Dauer erst ermöglicht.
    Tatsächlich steht und fällt eine Immobilieninvestition mit den Mieteinnahmen! Daher müssen Sie sicherstellen, dass Sie gute Mieter haben.

2.  Zur Objektanalyse stehen Ihnen im Anhang dieses Buches folgende Checklisten zur Verfügung:
    - Kurze Objektanalyse-Checkliste
    - Vollständige Checkliste für den Kauf von Wohnimmobilien
    - Checkliste für die Objekt-Ankaufsprüfung
    - Checkliste für die Übernahme eines Objektes
    - Objektanalyse-Checkliste

3.  Eine der wichtigsten Regeln beim Objekteinkauf lautet: Glauben Sie bezüglich eines Objektes nur, was Sie sehen und was schwarz auf weiß geschrieben steht! Die zweite Regel ist daher: Nehmen Sie alles - das Objekt selbst, die Mieter und sämtliche schriftlichen Unterlagen - unter die Lupe!

4.  Um bezüglich der Wohnfläche auf Nummer Sicher zu gehen, sollten Sie sich im Notarvertrag die lichte Fläche angeben lassen, also die auf Putz gemessene.

## 4. Gefahrenpunkte, die Sie vermeiden können: Brennpunkt Baubiologie

Ein Aspekt, dem Sie bei der Wahl der richtigen Immobilien Aufmerksamkeit schenken sollten, ist die *Baubiologie*. Während es in der Vergangenheit vor allem wichtig war, überhaupt ein Dach über dem Kopf zu haben, sind Hausbewohner heute weitaus wählerischer. Sie verlangen *Wohnqualität*. Diese ergibt sich zum einen aus der *Lage* des Hauses, hängt aber ganz besonders von den verwendeten *Baustoffen* ab.

### Das Umfeld der Immobilie

Stellen Sie sich einmal vor, was für ein Gefühl das ist, wenn Sie morgens noch halb schlaftrunken aus dem Haus kommen und direkt auf eine zweispurige Hauptverkehrsstraße, voll gestopft mit lärmenden Autos, blicken. Ganz ehrlich, mir gefällt diese Vorstellung nicht. Ich ziehe daher ruhige Seitenstraßen vor, die zwar zentral gelegen sein können, aber nicht direkt dem Verkehrslärm der Großstadt ausgesetzt sein dürfen. Besonders unwirtliche Gegenden findet man auch direkt an Bahngleisen oder Autobahnen. Oder etwa in der Nähe von Kraftwerken oder Industriehallen. Solche Lagen sollten Sie meiden. Und das nicht nur im Interesse der Gesundheit der Mieter, sondern um leichte Wiederveräußerbarkeit des Objektes zu garantieren. Denn: Wer mag schon die Abgase des Schornsteins einer Turbine oder starken Elektrosmog?

### Thema Schallschutz

Wichtig ist auch das Thema Schallschutz. Eine ruhige Wohnung trägt enorm zu einer angenehmen Wohnatmosphäre bei. Ein knarrender Holzfußboden, Lärm von der Straße, der durch schlecht isolierte Fenster dringt und hellhörige Wände mindern die Wohnqualität. Wenn Sie erst einmal einige Wohnungen besichtigt haben, werden Ihnen die Unterschiede auffallen, die bezüglich dieses Faktors existieren. Allerdings sollten Sie ihn nicht überbewerten. An einen gewissen Geräuschpegel kann man sich mit der Zeit gewöhnen. Und Fenster können relativ günstig ersetzt werden.

**Baumaterialien im Visier**

Ausschlaggebend sind die verwendeten Baustoffe. Während die meisten relativ unbedenklich sind, hat es in den letzten Jahrzehnten bezüglich einiger Materialien ein böses Erwachen gegeben. Insbesondere Substanzen wie *Asbest*, *Mineralfasern* (ein Dämmstoff), *PCB* (ein Dichtstoff; vor dem Verbot wurden in der Bundesrepublik 20.000 Tonnen verbaut) und Holzschutzmittel wie *PCP* oder *Lindan* (alle diese Stoffe sind in mehr oder weniger hohem Maße gesundheitsschädlich und heute bei Hausbau oder Renovierungen verboten) sind gefährlich. Grundsätzlich muss der Verkäufer die Existenz solch schädlicher Materialien angeben. Wenn er jedoch selbst nicht weiß, dass sich etwa in den Nachtspeicherheizungen Asbest befindet, kann er dafür nicht haftbar gemacht werden. Und selbst wenn er es weiß und verschweigt, muss man ihm erst einmal nachweisen, dass er es gewusst hat. Doch damit bewegen wir uns bereits auf juristischem Parkett.

Grundsätzlich gilt zu beachten, dass es neben der relativen Schädlichkeit eines Baustoffes auch auf seine *Konzentration* ankommt. Daher erweist es sich insbesondere bei den großflächig eingesetzten Baustoffen als wichtig, auf ihre Qualität für die Bewohner zu achten.

Betrachten wir einige der üblicherweise verwendeten Baumaterialien mit ihren jeweiligen Vorzügen und Nachteilen:

*Holz* ist ein natürlicher Baustoff, der - richtig verwendet - Jahrhunderte seinen Dienst erfüllt. Man sieht dies an alten Fachwerkhäusern, die teilweise noch aus dem 15. Jahrhundert stammen. Wichtig ist, dass das Holz Luft hat. Wenn man es isoliert, so dass es nicht mehr "atmen" kann - wie es teilweise schon versucht wurde - fault es innerhalb weniger Jahre weg. Allein eine Verkleidung mit Holz ist für Holzteile möglich, ohne deren Lebensdauer einzuschränken.

Holz ist - verglichen mit anderen Baumaterialien - relativ leicht und elastisch, weist aber dennoch große Festigkeit auf. Die statischen Eigenschaften dieses natürlichen Baustoffs sind so hervorragend, dass es sich für tragende Konstruktionen beinahe so gut eignet wie Stahlträger! Eine Holzdecke, die trocken gehalten und vor Parasiten geschützt wird, erfüllt daher ihre Funktion ebenso gut wie eine aus Beton - wobei Holz baubiologisch betrachtet eindeutig die bessere Alternative darstellt.

Außer dass gut verarbeitetes Holz der gesündeste Baustoff überhaupt ist, weist es auch eine *hohe Wärmeträgheit* auf. Diese resultiert aus seiner großen Wärmespeicherkapazität, verbunden mit einer niedrigen Wärmeleitfähigkeit. Damit unterscheidet sich Holz von Stein, der eine deutlich geringere Wärmeträgheit und höhere Wärmeleitfähigkeit aufweist. Doch damit nicht genug: Holz übt auch eine *klimatisierende Wirkung* auf die Luftfeuchtigkeit aus. Es absorbiert viel Feuchtigkeit, gibt diese aber wieder ab, wenn die Luft zu trocken wird.

In dieser Eigenschaft weist nur *Lehm* eine vergleichbare Wirkung auf. Und tatsächlich entsprechen Häuser aus Lehm in hohem Maße baubiologischen Ansprüchen. In städtischen Gegenden sind sie allerdings kaum anzutreffen.

*Ziegel*, in Form von Ziegelsteinen und so genannten Tonziegelriesen, sind einer der baubiologisch unbedenklichsten Baustoffe dar. Ein Ziegel zeichnet sich durch ausgezeichnete Schalldämmeigenschaften aus und weist - als aus porosiertem

Ton bestehender Hochlochziegel - fünfmal bessere Wärmedämmeigenschaften auf als Beton. Spezialgebrannte Ziegel stellen die *Klinker* dar, die für eine Jahrzehnte überdauernde Schutzhülle des Hauses sorgen.

*Kalksandstein* findet vor allem als tragender Lochstein bei Außenwänden Anwendung, wird darüber hinaus auch für das Verblendmauerwerk verwendet. Er ist billiger als Ziegel, aber fast doppelt so schwer - was zu besserem Schallschutz führt - und wärmedurchlässiger.

Einfach zu verwenden und recht günstig bietet sich *Beton* an. Man kann ihn leicht in jede Form gießen, wobei er durch Stahleinlagen exzellente Festigkeit erreicht. Vor allem für Geschoßdecken und grundwasserfeste Kellerwannen ist er unersetzlich. In leichterer Form ist er als *Gasbeton* erhältlich.

Woraus ein Haus gebaut wurde, ist für Ihre Belange als Immobilienkäufer sekundär, solange es sich um eine *solide* und *baubiologisch unbedenkliche* Konstruktion handelt. Dennoch wollte ich das Thema der verschiedenen häufig verwendeten Baustoffe kurz anschneiden.

**Die Häuser-Generationen dieses Jahrhunderts**
Einen Hinweis auf die baubiologischen Aspekte und die Substanz eines Hauses ist dessen *Baujahr*. In verschiedenen Epochen waren unterschiedliche Bautechnologien aktuell.

Betrachten wir diese im Überblick.

Häuser aus der Zeit um *1900* verfügen über sehr gute, solide Außenwände. Problematisch sind manchmal die Decken, die meistens aus Holz bestehen. Zwar ist Holz - wie bereits angeführt - richtig behandelt baubiologisch unbedenklich, dafür aber anfällig für Feuchtigkeit. Wenn es nicht richtig trocknen kann, beginnt es zu schimmeln und wird morsch. Sobald die tragenden Balken an den Stellen, wo sie im Mauerwerk aufliegen, faulen, sind sie innerhalb kürzester Zeit durch und verlieren an Festigkeit. Die gesamte Konstruktion kann auch durch Schädlinge angegriffen sein. Dies kann man recht einfach testen, indem man auf dem Holzfußboden hochspringt und überprüft, ob er schwingt. Wenn das der Fall ist, hat man schlechte Karten. Um auf Nummer Sicher zu gehen, müsste man den Boden aufreißen. Weiterhin entsprechen Holzdecken nicht den aktuellen Vorschriften über Wärme- und Schalldämmung. Dafür umgibt solch alte Häuser oft ein besonderer Charme, der sie für potentielle Mieter wertvoll macht.

In der Zeit vor dem Krieg, also etwa von *1920 bis 1938*, wurde sehr gut gebaut: mit gebrannten Ziegeln und Betondecken. Hier ist allerdings die Trittschalldämmung ein Manko. Der heute übliche schwimmende Estrich, der nicht fest mit dem betonierten Boden im jeweiligen Raum verbunden ist, war damals eher unbekannt. Ihn nachträglich einzubauen, würde bedeuten, die Böden teilweise herausreißen zu müssen und ist daher mit großem Aufwand und einigen Kosten verbunden. Zudem können Niveauunterschiede auftauchen, beispielsweise von den Wohnungen zum Treppenhaus. Daher muss man die etwas lauteren Böden meistens in Kauf nehmen.

Die Abflussrohre sind bei Häusern dieser Generation in der Regel in Ordnung, wobei die Zuwasserrohre aufgrund des Alters durchgerostet sein können. Ebenso wie bei Häusern, die um 1900 erbaut wurden, müssen die Stromleitungen ausgewechselt werden, sofern das noch nicht erledigt wurde. Hier ist zu beachten, welche Sanierungsarbeiten bereits ausgeführt wurden.

Die Abflussrohre sind bei Häusern dieser Generation in der Regel in Ordnung, wobei die Zuwasserrohre aufgrund des Alters durchgerostet sein können. Ebenso wie bei Häusern, die um 1900 erbaut wurden, müssen die Stromleitungen ausgewechselt werden, sofern das noch nicht erledigt wurde. Hier ist zu beachten, welche Sanierungsarbeiten bereits ausgeführt wurden.

Häuser, die vor dem letzten Krieg gebaut wurden, sind zwar nicht unbedingt modern - insbesondere dann nicht, wenn kaum Sanierungen durchgeführt wurden -, treffen dafür aber den Geschmack sehr vieler Mieter. Sie besitzen - was modernen Gebäuden oft abgeht - in der Regel einen gewissen Charme und Charakter, etwa so wie ein Oldtimer-Automobil. Es ist also auch Geschmackssache, ob Ihren potentiellen Mietern alte oder moderne Gebäude besser gefallen.

Häuser aus der Nachkriegszeit, also von *1948 bis 1955,* sind in der Regel sehr problematisch. Damals behalf man sich meist mit dem Baumaterial, das man hatte, und achtete nicht besonders auf baubiologische oder wohnraumklimatische Faktoren. Man zog also oft Holzdecken ein, verwendete alte Steine etc.

*Ab 1955* etwa wurde wieder solide gebaut, die Bauqualität kontinuierlich verbessert. Zement und

Betondecken waren die Regel. Als Problemfaktor allerdings ist die mangelhafte Wärmedämmung zu nennen. Einfach verglaste Fenster und dünne Wände machen es heutzutage erforderlich, bei diesen Häusern umfangreiche Restaurierungsmaßnahmen zu unternehmen. Dabei reicht es nicht aus, einfach neue Isolierfenster gemäß der aktuellen Wärmeschutzverordnung einzubauen. In diesem Fall würde sich nämlich der so genannte Taupunkt verlagern: Die kondensierende Feuchtigkeit im Innern der Wohnung würde sich nicht mehr an den Fenstern sammeln, sondern an den Wänden. Das kann zu erheblichen Feuchtigkeitsschäden führen. Somit müssten in einem solchen Fall neben den Fenstern die gesamten Außenwände zusätzlich gedämmt werden.

Ab den *70er Jahren* wird Asbest zu einem Problem. Hier gilt es drauf zu achten, ob Werkstoffe verwendet wurden, die diesen Baustoff enthalten. Das sind in der Regel feuerbeständige Pressplatten, wie sie in abgehängten Decken, im Dachgeschoß, in der Balkonbrüstung, der Außenfassade etc. eingesetzt wurden. Auch alte Nachtspeicherheizungen können Asbest enthalten.

Wenn Sie unvorsichtigerweise ein asbestverseuchtes Haus erwerben, müssen Sie heute einen ganzen Haufen von Auflagen beachten. Ausbauen dürfen Sie diese Platten nämlich nicht ohne weiteres, da das Asbest freisetzen würde.

Glücklicherweise hat man in der Technologie zur Handhabung von Asbest einige neue Lösungen entwickelt: Bestimmte Firmen bieten Lacke und Kunststoffe an, die man auf das asbesthaltige Material aufziehen und dieses somit versiegeln kann. Auf diese Weise kann man selbst eine drohende Investitionsruine, wie ein baubiologisch bedenkliches Haus, noch retten. Der beste Schutz ist natürlich, vorher abzuklären, ob asbesthaltige oder anderweitig schädliche Baustoffe verwendet wurden. Die Herstellerfirmen der verschiedenen Pressplatten und anderer Stoffe können Ihnen Auskunft darüber geben, welche ihrer Materialien zu welcher Zeit mit baubiologisch bedenklichen Materialien durchsetzt waren. Eine Haftung für Schäden besteht allerdings nicht mehr, da alle Gewährleistungsfristen längst abgelaufen sind.

**Welches ist der beste Baustoff?**

Sie sind kein Bauingenieur und genauso wenig Chemiker. Dennoch mögen Sie sich fragen, welches der beste Baustoff ist. Dies ist eine Frage, die nicht leicht zu beantworten ist, da eine Aussage darüber, welche Materialien verwendet wurden, nicht auch über ihre *Verarbeitung* Auskunft gibt. Wir wollen, da wir an Renditen und Vermögensaufbau interessiert sind, nur darauf achten, dass die Bausubstanz in Ordnung ist. Es dürfen also keine baubiologisch bedenklichen Materialien verwendet worden und keine sichtbaren Schäden wie Mauerrisse vorhanden sein. Alles Weitere ist für uns weniger interessant.

Von größtem Interesse ist nun die Schnäppchen-Frage: Handelt es sich bei einem angebotenen Objekt um eine lahme Ente oder ein vorzügliches Schnäppchen? Das finden wir im nächsten Kapitel heraus.

**Kurzübersicht:**

1. Die Wohnqualität eines Hauses hängt von folgenden Faktoren ab:
   - Umfeld
   - Schallschutz
   - Verwendete Baumaterialien

2. Zu den giftigen Baustoffen zählen unter anderem:
   - Asbest          - PCB
   - Mineralfasern    - PCP
   - Lindan

3. Als Baustoffe sind üblich und akzeptabel:
   - Holz            - Beton
   - Lehm            - Kalksandstein
   - Ziegel

4. Folgende Häusergenerationen sollten Sie kennen:
   Um 1900: Solide Konstruktionen mit massiven Wänden. Den Holzbauteilen sollte Aufmerksamkeit geschenkt werden. Rohrleitungen und Elektroinstallation müssen überprüft und gegebenenfalls erneuert werden, ebenso Fenster.

   Vorkriegszeit (etwa 1920 bis 1938): Gut gebaute Häuser, auch mit Betondecken. Fehlende Trittschalldämmung Rohrleitungen und Elektroinstallation müssen überprüft und gegebenenfalls erneuert werden, ebenso Fenster.

   Nachkriegszeit (1948 bis etwa 1955): Schlechte Bausubstanz. Nicht zu empfehlen.

   Von 1955 bis in die 70er Jahre: Zunehmend gute Bausubstanz. Mit voranschreitender Verbesserung des Wärmeschutzes ist weniger Arbeit an der Isolierung (Fenster, eventuell Wände) nötig.

   Ab den 70er Jahren: Solide Bausubstanz. Böden in der Regel aus Beton. Unbedingt auf gesundheitsschädliche Baustoffe wie Asbest achten!

## 5. Insider-Know-how: Woran Sie ein Schnäppchen erkennen

Einer der Kernpunkte im erfolgreichen Immobilienbusiness besteht darin, nicht einfach Immobilien zu kaufen, sondern *nur* in solche Objekte zu investieren, die sich rechnen. Anders ausgedrückt: Man muss aus der Vielzahl der Angebote die Schnäppchen heraussuchen und die lahmen Enten links liegenlassen.

Doch wie erkennt man, ob es sich bei einem angebotenen Objekt um ein Schnäppchen handelt? Kann man das schon anhand einer Annonce beurteilen? Oder muss man gründliche Analysen der physikalischen Struktur der verwendeten Baustoffe durchführen? Mit anderen Worten: Was ist richtig, was ist wichtig?

Betrachten wir die Faktoren, die uns Auskunft darüber geben, ob wir es mit einem Schnäppchen zu tun haben.

### Warum Besitzer ihre Immobilien verkaufen

Ein interessanter Hinweis, der zum Erwerb eines Schnäppchens führen kann, ist der Grund, aus dem ein Objekt verkauft wird, der *Verkaufsgrund*. Dieser kann vielfältig sein. Oft braucht der Besitzer ein wenig Liquidität. Scheidung ist auch ein Grund. Ebenso eine Erbschaft, wenn sich die Erbparteien nicht darauf einigen können, das Objekt zu halten. Ich hatte sogar schon einen Kunden, der sein Haus verkaufen wollte, weil er es leid war, sich darum zu kümmern, und sich statt dessen eine Jacht angelacht hatte, mit der er im Mittelmeer herumsegeln wollte. Der Verkaufsgrund gibt einem Aufschluss darüber, mit wem man es zu tun hat und wie ehrlich er es meint. Oft wird versucht, über die Wahrheit hinwegzutäuschen und mit gutem Schnitt zu verkaufen - obwohl man unter Druck steht. Die Angebote derjenigen Verkäufer, die nicht unter Druck stehen und nur antesten wollen, Wie viel Geld sie für ihr Objekt erhalten, kann man in der Regel vergessen. Diese Leute verlangen gewöhnlich einen Phantasiepreis. Wenn Sie den zahlen, sind Sie schlecht bedient.

Was für den Verkäufer ungünstig ist - ein Grund, schnell verkaufen zu müssen - ist für den Käufer günstig. Das ist die Grundregel. Des einen Freud, des anderen Leid. Das ist zwar nicht unbedingt schön, kann aber durchaus lukrativ sein.

**Schnäppchen über Schnäppchen!**
Lassen Sie mich Ihnen anhand einiger Beispiele aufführen, was Schnäppchen sind und wie man sie ergattern kann.

1996 wurde mir von der Wohnungsbaugesellschaft einer kleinen Stadt im Sauerland eine Wohnsiedlung mit 24 Einfamilienhäusern angeboten. Die Stadt selbst hatte die Häuser zwar von der Gesellschaft gemietet, wollte sie aber nicht kaufen. Das Besondere an diesem Angebot war aber nun, dass die gesamten Objekte für nicht mehr als 400.000 Mark den Besitzer wechselten und nach Notarabschluß mir gehörten. Es handelte sich zwar nicht um besondere Objekte und einem Dr. Jürgen Schneider hätten sie - mit ihren 70 bis 80 Quadratmetern Wohnfläche - bestimmt nicht gefallen. Dennoch erwirtschafteten sie eine Jahresmiete von sage und schreibe 80.000 Mark! Hinzu kamen ein paar tausend Mark, die ich dadurch erzielte, dass ich einen Teil des Grundstücks, für den bisher nie Miete erhoben worden war, jetzt vermietete. Ich hatte also ein echtes Schnäppchen erstanden. Eine komplette Siedlung, die sich bereits nach fünf Jahren vollständig entschuldet haben wird, sichere Einnahmen durch den besten Mieter, den man sich wünschen kann - eine Stadt -, und die Möglichkeit, die Mieten um 30 Prozent zu erhöhen, da der Mietzins weit unter dem ortsüblichen Spiegel lag! Ich glaube, es bedarf keiner weiteren Erläuterungen, warum das ein Schnäppchen war.

Ein anderes Schnäppchen hat einmal meine Frau ersteigert. Ein komplettes Mehrfamilienhaus in Düsseldorf, das 1,7 Millionen Mark kostete und jetzt jedes Jahr 250.000 Mark an Mieteinnahmen abwirft. Auch hier ist die Stadt als Mieter ein sehr zuverlässiger und zahlungsfähiger Kunde, ein Faktor, der sich äußerst positiv auf die Mietrendite auswirkt.

Um noch eins draufzusetzen: Für eine Papierfabrik in Solingen musste ich etwas tiefer in die Tasche greifen und 2,3 Millionen Mark berappen. Dafür erziele ich im Jahr eine Mietrendite von fast 500.000 Mark! Nun gut, hier fällt einiges an Verwaltungskosten an. Dafür besitze ich aber auch ein Grundstück in der Stadtmitte, das über mehrere Straßenfronten verfügt! Ein riesiges Areal in guter Lage!

Ich könnte Ihnen seitenweise Beispiele für Schnäppchen anführen. Natürlich nur deshalb, weil
ich weiß, was ein Schnäppchen ist und wie ich vorgehen muss, um eines zu erwerben. Wenn Sie jetzt das Verhältnis von Kaufpreis und Mieteinnahmen nachrechnen, wird es Ihnen vielleicht unmöglich erscheinen, so etwas zu erwerben. Zugegebenermaßen wurden diese Mieten erst durch - zum Teil lang andauernde - Verhandlungen und kleinere Investitionen in Höhe von circa 10 Prozent des Kaufpreises erzielt. Dennoch ist die Bezeichnung *Schnäppchen* richtig gewählt, da dieses wirklich positive Verhältnis von Kaufpreis und Mieteinnahmen schon beim Kauf sichtbar beziehungsweise erahnbar war!

**Professionelle Recherche ist alles**
Sie sollten wissen, dass auch mir die guten Angebote nicht in den Schoß fallen. Es gibt genügend Leute, die mir lahme Enten, echte Investitionsgräber anbieten. Tatsächlich kaufe ich von 100 unter die Lupe genommenen Objekten nur etwa zwei! Ich lese beispielsweise jedes Wochenende die *Rheinische Post*, das

Hauptmedium für Immobilien im Raum Düsseldorf. Zusätzlich mache ich mich über Versteigerungen und andere Angebote schlau. Ich wende eine Menge Zeit auf, um am Markt präsent zu sein. Recherche ist in diesem Metier alles. Erfolg erzielen Sie nur, wenn Sie professionell recherchieren - noch und nöcher!

**Wo stehen Sie?**

Nun mögen nicht alle die Objekte aus den obigen Beispielen für Sie persönlich interessant sein. Wenn Sie nicht über entsprechende Liquidität verfügen, wird Ihnen keine Bank mal eben 2 Millionen Mark in die Hand drücken und sagen: "Prima, mein Freund, hier hast du das Geld, damit du die Fabrik kaufen kannst!" Ganz so läuft das nicht. Man muss schauen, wo man steht, und sich von kleineren Objekten zu größeren hocharbeiten. Selbst wenn man über umfangreiche Liquidität verfügt, sollte man es nicht übertreiben, sondern erst einmal Erfahrungen sammeln. Hier spielen wieder die schon erwähnten Strategien hinein. Abhängig von Alter, Einkommen und Besitzstand muss man den für sich selbst besten Weg wählen.

**Wie Sie Renditen und Werte berechnen**

Greifen wir nun einige Faktoren auf, die wir einfach mit dem Taschenrechner berechnen können. Je höher die Miete in Verhältnis zum Kaufpreis, umso größer die Rendite. Je höher der Kaufpreis im Verhältnis zu den Mieteinnahmen, umso geringer die Rendite. Anhand der folgenden Formeln können Sie die jährliche Immobilienrendite berechnen, einmal *netto* (ohne Kaufnebenkosten) und einmal *brutto* (inklusive Kaufnebenkosten).

$$\text{Mietrendite (brutto)} = \frac{\text{Jahresnettokaltmiete x 100}}{\text{Kaufpreis ohne Nebenkosten}}$$

$$\text{Mietrendite (netto)} = \frac{\text{Jahresnettokaltmiete x 100}}{\text{Kaufpreis inkl. Nebenkosten}}$$

Lassen Sie uns dies als Beispiel für eine Immobilie ausrechnen, die 200.000 Euro kostet und
12.000 Euro Kaltmiete im Jahr abwirft:

$$\text{Mietrendite (brutto)} = \frac{\text{12.000 Euro x 100}}{\text{200.000 Euro}}$$

Mietrendite (brutto) = 6 %

Mit dieser einfachen Berechnung können Sie die Renditen verschiedener Immobilien errechnen und vergleichend gegenüberstellen. *Ein Schnäppchen ist jede solide Immobilie, die den zwölf Regeln für den Erwerb einer Anlageimmobilie (siehe Kapitel IV.2.) entspricht und eine über dem Marktdurchschnitt liegende Rendite erwirtschaftet.* Wichtig ist weiterhin das Verhältnis von Mietrendite zum Zinssatz Ihres Hypothekenkredits. Wenn diese gleich sind, trägt sich der Kredit von selbst, und Sie müssen nur noch für die Tilgung sorgen!

## Rendite kontra Ästhetik

Bei der Auswahl eines Kaufobjektes ist, wie bereits beschrieben, eine Vielzahl von Faktoren zu beachten. Dabei macht man oft den Fehler, den Anstrich, also das Aussehen der Immobilie zu wichtig zu nehmen. Das ist in gewisser Weise verständlich, da man als Mensch ein gewisses Verlangen nach Schönheit und Ästhetik kultiviert. Dennoch ist dies beim Immobilienkauf der untergeordnete Gesichtspunkt.

Der erste und wichtigste Faktor, nach dem Sie ein Objekt bewerten sollten, ist die *Rentabilität.* Anders ausgedrückt: Wie hoch ist die Rendite? Und weiter: Mit welchem Aufwand können Sie sie steigern? Und natürlich muss es für Sie möglich sein, das Objekt zu finanzieren, sonst sind alle weiteren Betrachtungen eh sinnlos.

Faktor zwei ist die *Lage.* Zu diesem Thema wurden bereits Bände geschrieben, und Profis der Branche heben sie als wichtigsten Aspekt hervor. Das ist auch richtig, solange Rentabilität und Finanzierbarkeit gegeben sind. Die Lage sollte natürlich so beschaffen sein, dass auf lange Sicht zahlungsfähige Mieter für das Objekt interessiert werden können.

Erst an dritter Stelle kann man sich die Frage erlauben, ob einem das Objekt rein äußerlich gefällt. Dieser Faktor ist nicht unwichtig, da Mieter - die uns schließlich unser Vermögen finanzieren - gerne in schmucken Häusern wohnen. Und wenn sie die Wahl zwischen zwei Objekten gleicher Rentabilität und Lage haben, sollten Sie sich natürlich für das schönere entscheiden.

**Eine Faustregel zur Lage**

Eine Grundregel, mit der ich gute Erfahrungen mache, lautet: *Kaufen Sie das schlechteste Haus in der besten Straße.* Damit kommen Sie günstig an Immobilieneigentum in guter Lage. Als erster zu sanieren, wenn in einer schlechten Straße noch kein Haus saniert ist, ist zwar schön - es bleibt aber eine schlechte Straße. Wenn die Straße aber schon gut ist, mit nur einem oder wenigen verkommenen Häusern, dann ist es leicht, das Haus aufzuwerten und somit ein Haus in einer Top-Straße zu besitzen!

Sie können nun beurteilen, welches der Ihnen angebotenen Objekte ein Schnäppchen ist. Jetzt stellt sich nur noch die Frage, woher Sie Ihre Angebote beziehen können.

**Kurzübersicht:**

1.  Ein Hinweis darauf, ob es sich bei einer Immobilie um ein Schnäppchen handelt, ist der Verkaufsgrund. Vor allem wenn der Verkäufer unter Druck steht, lässt sich günstig einkaufen.

2.  Recherche ist beim Immobilienkauf alles. Erfolg erzielen Sie nur, wenn Sie professionell recherchieren!

3.  Ein Schnäppchen ist jede solide Immobilie, die den zwölf Kriterien für den Erwerb einer Anlageimmobilie entspricht und eine über dem Marktdurchschnitt liegende Rendite erwirtschaftet.

4.  Die drei Faktoren, nach denen Sie Immobilien bewerten sollten, lauten - und zwar in dieser Rangfolge:

    - Finanzierbarkeit/Rendite
    - Lage
    - Aussehen/Ausstattung

## 6. Quellen für Ihren Immobilienkauf

Angenommen, Sie sind jetzt ganz wild darauf, eine Immobilie zu erwerben - was ich Ihnen nicht verdenken kann. Dann stellt sich als nächstes die Frage: Wo und wie finden Sie Ihr persönliches Schnäppchen?

Tatsächlich stehen Ihnen mehrere mögliche Quellen zur Verfügung. Sie alle besitzen ihre Daseinsberechtigung und können zu gleichermaßen lukrativen Angeboten führen. Betrachten wir sie also im Überblick.

### Der Immobilienmarkt in der Zeitung

Eine der besten Quellen, um sich über das Marktgeschehen auf dem Laufenden zu halten, sind Zeitungsannoncen. Hier findet man eine große Zahl von Objekten, die zum Kauf angeboten werden. Zusätzlich erhält man Informationen über die marktüblichen Preise - oder zumindest die Preise, die Verkäufer erzielen wollen. Die tatsächlichen Verkaufspreise liegen in der Regel ein paar Prozent darunter.

Wichtig ist zunächst, die richtige Zeitung heranzuziehen. In den verschiedenen Gebieten Deutschlands gibt es Blätter, in denen sich der Großteil der Annoncen für die Region finden lässt. In meiner Heimatstadt Düsseldorf beispielsweise ist dies die *Rheinische Post*. Während man hier auch in anderen Zeitungen Immobilienannoncen findet, ist diese Zeitung doch jene, die den Markt repräsentiert, einfach weil sie über das größte Angebot verfügt. Bei welcher Zeitung das für Ihre Region zutrifft, finden Sie am besten durch eigene Recherche heraus. Dabei sei darauf hingewiesen, dass es auch zwei oder mehr Zeitungen sein können, die für Sie von Interesse sind. Weiterhin ist es so, dass Sie nicht jede Tagesausgabe durchstöbern müssen. In der Regel sind es die Mittwochs- und ganz besonders die Samstagsausgaben, die die meisten Immobilienanzeigen enthalten.

Wenn Sie es professionell angehen wollen, können Sie die Anzeigendaten als Quelle für eine selbst angelegte, computerisierte Datenbank verwenden und sich so Schritt für Schritt eine komplette Marktübersicht erarbeiten. Sie sind dann in der Lage, den durchschnittlichen Quadratmeterpreis eines Stadtteils genauso berechnen lassen wie die Preisentwicklung. Auch können Sie die "Ladenhüter" ausfindig machen: diejenigen Objekte, die über lange Zeit angeboten werden und bei denen man einen günstigeren Preis erwirken kann.

Der große Nachteil von Zeitungsannoncen besteht darin, dass sie nur grobe Informationen liefern. Daher sollten Sie all jene Objekte, die Ihrer Vorstellung entsprechen könnten, markieren und die Verkäufer telefonisch um ein Exposé bitten. Das ist zwar nicht so gut wie eine tatsächliche Besichtigung, doch können Sie dadurch weiter "aussieben" und nur bei den Objekten, die wirklich interessant sein könnten, Besichtigungstermine vereinbaren.

**Makler können günstig sein...**

Vielleicht gehören Sie zu der Kategorie Menschen, die die Zusammenarbeit mit Maklern lieber umgehen. In Anbetracht der Courtage, die abhängig von den lokalen Gegebenheiten ist und in der Anzeige beziehungsweise im Expose erwähnt sein muss, mag dies nicht grundlos sein. Schließlich wollen Sie möglichst günstig einkaufen. Und wenn dann bei einem Objekt im Wert von nur 100.000 Euro noch mal knapp 3.500 Euro an den Makler zu zahlen sind, ist das kein Pappenstiel. Außerdem bringt das Geschäft über einen Makler einen weiteren Nachteil: Da er abhängig vom Kaufpreis bezahlt wird, hat er sicherlich kein Interesse daran, dass Sie versuchen, den Preis zu drücken.

Andererseits ist es nicht ungünstig, mit einem Makler zusammenzuarbeiten, der sein Geschäft versteht. Er kann Sie bei der anfallenden Verwaltungsarbeit, dem Zusammenstellen der Unterlagen für den Kauf etc. tatkräftig unterstützen.

**Schnäppchen mit kalkulierbarem Risiko: Versteigerungsobjekte!**
Eine Möglichkeit, günstig an Schnäppchen zu gelangen, stellt die Zwangsversteigerung dar. Dies ist jedoch ein Bereich, für den Sie gewappnet sein sollten. Wenn Sie einfach so, ohne Vorkenntnisse, zu einer Versteigerung gehen und gleich versuchen, eine Immobilie zu ergattern, kann das leicht ins Auge gehen.

Ich empfehle daher, dass Sie zunächst einige Versteigerungen "blanko" mitmachen, sozusagen als Trockenschwimmer. Da es sich um öffentliche Veranstaltungen handelt, die in Amtsblättern und Tageszeitungen angekündigt werden, können Sie sich einfach ein paar Termine vormerken und diese wahrnehmen. Und dann bleiben Sie still im Publikum sitzen und folgen dem Geschehen. Dabei kann man schon eine ganze Menge über den Ablauf, Versteigerungstaktiken und dergleichen lernen. Zudem sollten Sie sich Fachliteratur über dieses Thema besorgen. Zwar erklärt der Versteigerungsbeamte eine ganze Menge über den Ablauf, doch gibt es einiges an Know-how, das Sie selbst in Erfahrung bringen müssen. Insbesondere die angeführten Paragraphen und verwendeten Rechtsbegriffe sind nicht immer verständlich. Das Wesentliche will ich Ihnen aber schon an dieser Stelle mitteilen. Zunächst gilt, dass es nur dann zu einer Zwangsversteigerung kommt, wenn der Eigentümer einer Immobilie seinen finanziellen Verpflichtungen der einen oder anderen Art nicht nachgekommen ist. In der Regel sind es Banken, die als Gläubiger darauf hoffen, bei einer Versteigerung zumindest einen Teil der aufgelaufenen Schuld zurückzuerhalten. Daher spekulieren sie natürlich darauf, das Objekt so teuer wie möglich zu versteigern. Tatsächlich *müssen* sie sogar den *Zuschlag* erteilen, dass heißt, das letzte (und somit auch höchste) Gebot *akzeptieren*. Falls Sie also die Immobilie innerhalb der *Bietstunde* - grundsätzlich hat man eine Stunde Zeit Angebote abzugeben - ersteigert haben, ist es immer noch den Gläubigern vorbehalten, Ihr Gebot und somit Sie als Käufer zu akzeptieren.

Beim ersten Versteigerungstermin muss die Summe mindestens 70 Prozent des Verkehrswerts betragen, sonst kann der Eigentümer sein Vetorecht geltend machen. Beim zweiten Versteigerungstermin müssen es nur noch 50 Prozent sein.

Der Versteigerungstermin selbst beginnt damit, dass der zuständige Beamte die Rahmendaten des Objektes anführt, aufzeigt, in welcher Höhe es bei wem belastet ist und ein paar Erklärungen zum Ablauf der Versteigerung abgibt. Anschließend wird ein Mindestgebot genannt und die Bietstunde eingeläutet. Das bedeutet, dass von dieser Minute an eine halbe Stunde lang die Möglichkeit besteht, zu bieten.

Jeder der Anwesenden kann nun ein Gebot abgeben - einfach indem er eine Summe nennt. Damit es gültig ist, muss es über dem letzten Gebot liegen. Der betreibende Gläubiger kann Sicherheitsleistungen verlangen, dann sollten Sie 10% des Verkehrswertes in bar oder als Bankscheck zur Hand haben, damit Ihr Gebot Gültigkeit hat.

Das Ziel der Versteigerer - nicht Ihr Ziel natürlich - ist, dass die Gebote sich gegenseitig hochschaukeln, damit das Objekt einen guten Preis erzielt. Tatsächlich funktioniert das oft so gut, dass mehr als der reale Verkehrswert geboten wird.

Damit Sie selbst nicht in die Falle geraten, zuviel zu bieten, sollten Sie von vornherein festlegen, bis zu welchem Betrag Sie mitsteigern - und sich daran halten.

Zum Thema Versteigerungsobjekte gibt es weitere Details, die Sie wissen sollten. Noch vor einigen Jahren war es so, dass der Verkehrswert des Objektes anhand der Belastung oder nach den Wünschen der Eigentümer festgelegt wurde. Dieser Tage existiert glücklicherweise zu jedem Versteigerungsobjekt ein Wertgutachten, für das der Gutachter sogar haftbar gemacht werden kann. Es versteht sich von selbst, dass sie dieses Gutachten gründlich lesen, bevor Sie ein Objekt ersteigern.

Und wenn ich *gründlich* schreibe, dann meine ich das auch. Teilweise sind die Formulierungen nämlich recht wässrig. Es heißt dann beispielsweise: "Der angenommene Mietwert liegt bei 6 Euro je Quadratmeter Wohnfläche." Diese Aussage lässt offen, ob der Gutachter die wirklichen Mieten überprüft hat und wie hoch diese sind. Vielleicht liegen sie nur bei 4 Euro. Und bei einer sozialen Bindung der Mieten mag es schwierig sein, sie zu erhöhen. Manchmal stößt man auch auf Aussagen wie "Aufgrund der Abwesenheit des Mieters konnte die Wohnung nicht von innen besichtigt werden." Das weist natürlich darauf hin, dass der Gutachter die Wohnung nie gesehen hat! In solchen Gutachten liegt also ein gewisses Risiko verborgen.

**Versteigerungs-Checkliste**

Damit Sie nichts vergessen, möchte ich Ihnen an dieser Stelle eine kurze Checkliste für Zwangsversteigerungen mit auf den Weg geben.

1. Informieren Sie sich über die Versteigerungsobjekte (Exposé, Besichtigung)
2. Klären Sie die Finanzierung.
3. Erscheinen Sie zum Versteigerungstermin mit gültigem Personalausweis und 10 Prozent des Verkehrswertes.
4. Ersteigern Sie das Objekt.
5. Wenn bezüglich der Finanzierung noch etwas offen ist, regeln Sie es innerhalb kürzester Zeit, nachdem Sie den Zuschlag bekommen haben.
6. Bezahlen Sie die Immobilie zum Erlösversteigerungstermin (er findet rund vier bis acht Wochen nach dem Versteigerungstermin statt).

Alles in allem bieten Versteigerungen die Möglichkeit, günstig an Immobilienbesitz zu gelangen. Doch sind Ihre Einkaufsquellen damit noch nicht ausgeschöpft.

**Die Aktiv-Methoden**

Selbstverständlich brauchen Sie sich nicht vom vorhandenen Angebot abhängig machen. Auch wenn die obigen drei Quellen weit verbreitet und gemeinhin in Verwendung sind, können Sie aktiv an die Beschaffung von Objekten herangehen. Eine simple Möglichkeit besteht darin, Anzeigen zu schalten. Damit bewegen Sie Immobilienbesitzer und Makler dazu, Sie zu kontaktieren. Wenn Sie noch einen Schritt weiter gehen wollen, empfehle ich Ihnen Mailings. Sie können aus den Gelben Seiten und anderen Quellen die Adressen von Wohnungsbaugesellschaften und Hausverwaltungen heraussuchen und diese mit einem gut formulierten Brief anschreiben.

Wichtig ist vor allen, dass Sie sich in den Markt "einklinken", sich als potentieller Kunde bekannt machen und die Augen aufhalten. Sie können sich sogar in Ihrem Bekanntenkreis umhören. Es mag ein oder zwei Monate dauern, bis Sie das richtige Objekt gefunden haben. Aber auf dem Weg dahin sammeln Sie wertvolle Erfahrung, erkennen das Preis/Leistungsniveau des Marktes und können sich dann sicher sein, dass Sie ein Schnäppchen auf 10 Meilen Entfernung erkennen.

Grundsätzlich gilt: Wenn man kaufen will und der Preis stimmt, dann sollte man zuschlagen. Dabei ist es wichtig, dass man gegenüber dem Verkäufer nicht mit der Tür ins Haus fällt, sondern Zurückhaltung zeigt. Etwa so, wie es der alte jüdische Händlerspruch aussagt: "Wer beim Preis als erster den Mund aufmacht, der hat verloren." Sie können also über alles reden - nur stellen Sie den Faktor Preis zurück, bis der Verkäufer von sich aus darauf kommt. Dieser kleine Trick beschert Ihnen einen klaren Verhandlungsvorteil.

Und - wo wir schon bei den Insider-Tricks rund ums Verhandeln sind: Führen Sie wichtige Gespräche nach Möglichkeit immer zu zweit. Lassen Sie Ihren Lebenspartner oder einen guten Berater an den Verhandlungen teilnehmen. Dann kann einer die Unterhaltung führen und der andere die Unterlagen prüfen. Sonst besteht die Möglichkeit, dass Ihnen etwas entgeht. Man kann sich nicht in ein Gespräch verwickeln lassen und gleichzeitig die Kontrolle über die Papiere und Verträge behalten. Diese Regel gilt unabhängig davon, mit wie vielen Personen die andere Partei vertreten ist.

Doch nehmen wir an, dass Sie Ihre Traumimmobilie ausgewählt und einen guten Preis ausgehandelt haben. Dann stellt sich die nächste Frage: Wie bekommen Sie die Finanzierung über die Bühne?

**Kurzübersicht:**

1.  Die wichtigsten Quellen für den Immobilieneinkauf sind:

    - Zeitungsannoncen

    - Immobilienmakler

    - Zwangsversteigerungen

    - Hausverwaltungen

    - Wohnungsbaugesellschaften

    - Internet - Immobilienbörsen

2.  Eine der besten Quellen, um sich über das Marktgeschehen auf dem Laufenden zu halten, sind Zeitungsannoncen. Hier findet man eine große Zahl von Objekten, die zum Kauf angeboten werden; in den meisten Fällen ist in den einschlägigen Zeitungen der gesamte lokale Markt vertreten. Da Anzeigen aber nur grobe Informationen liefern, sollten Sie die Inserenten anrufen und sich Exposés zuschicken lassen.

3.  Wenn Sie weder auf den Vorteil der Zusammenarbeit mit einem Makler noch auf die Möglichkeit, den Preis drücken zu können, verzichten wollen, dann empfehle ich folgenden Schachzug: Sie bieten dem Makler eine Extraprovision, die er dann erhält, wenn er den Verkäufer dazu bringt, mit dem Kaufpreis auf eine bestimmte Summe herunterzugehen.

4.  Um aktiv Angebote einzuholen, können Sie Mailings versenden oder selbst Anzeigen aufgeben.

## 7. Immobilienfinanzierung klipp und klar

Ein äußerst wichtiges Thema finden wir in der Immobilienfinanzierung. Kaum ein Investor verfügt nämlich über das Kapital, um Immobilien beim Kauf vollständig zu bezahlen. Und selbst wenn er es aufgrund seiner Finanzstärke könnte, wäre es - zumindest aus steuerlicher Sicht - nicht sinnvoll.

**Ich will keine Schulden machen!**
Eine Barriere geistiger Art, auf die man beim Immobiliengeschäft stoßen kann, ist die Tatsache, dass man für den Objekteinkauf einen Kredit aufnehmen muss. Dies geht mit der Idee Hand in Hand, dass man sich damit gleichsam verschuldet.

Im Gegensatz zu herkömmlichen Krediten, etwa für eine Urlaubsreise oder ein Auto, ist das geliehene Geld aber durch einen wertvollen Sachwert gedeckt. Man hat sich somit zwar verschuldet, gleichzeitig aber ein Vermögensobjekt angeschafft. Und eine Immobilie ist nicht so flüchtig wie ein Urlaub und verliert nicht an Wert, wie es bei einem Auto der Fall ist. Daher handelt es sich hierbei um eine sichere "Verschuldung". Man kann dies sogar daran erkennen, dass Banken Hypothekenkredite - also solche, die für den Kauf von Immobilien, Grundstücken etc. gewährt werden - weitaus günstiger anbieten als andere Privatkredite. Und Banken haben in Sachen Vermögensaufbau beträchtliche Erfahrung. Sie wissen nur zu gut, welche Investitionen sicher sind.

Worauf Sie bei Ihrer Immobilienfinanzierung achten müssen, ist, dass Sie die Kaufnebenkosten von rund 10 Prozent tragen können und dass die Kreditraten regelmäßig fließen. Dann läuft eigentlich alles von selbst.

Wenn wir von Finanzierung reden, dann kommen wir natürlich auf Banken zu sprechen. Auch wenn diese Institute vielleicht nicht so gut sind wie ihr Ruf - Sie erinnern sich an die ersten Kapitel dieses Buches -, gehören sie einfach dazu. Sie sind ein wichtiger Partner auf dem Weg zu Immobilienvermögen. Alternativen wären Eigenkapital oder ein privater Kredit. Aber das ist nicht die Regel. Je nachdem, wo Sie arbeiten, könnten Sie auch einen betrieblichen Kredit in Anspruch nehmen. Die grundlegenden Faktoren sind dabei aber ähnlich wie bei einer Bank. Betrachten wir daher die verschiedenen Komponenten der Finanzierung über ein Kreditinstitut.

**Aller guten Dinge sind drei**

Tatsächlich fließen in die Immobilienfinanzierung drei Komponenten ein. Dies ist zunächst das Objekt, also die *Immobilie*. Dann natürlich Sie als *Kreditnehmer* und verantwortlich dafür, die Kreditraten zu zahlen. Zu guter Letzt wäre noch die *Bank* zu nennen, die den Kredit zur Verfügung stellt. Diese drei Komponenten müssen zueinander passen, damit die Finanzierung reibungslos zustande kommt.

**Die Beleihungsprüfung**

Bevor ein Kreditinstitut eine Immobilie beleiht, also einen Kredit für ihren Kauf genehmigt, prüft es ihre Rentabilität. Das bedeutet, dass das Objekt auf Herz und Nieren überprüft wird. Fragen wie Baujahr, Zustand, Lage, Mietertrag, Kaufpreis etc. sind zu klären. Zu diesem Zweck benötigt die Bank Beleihungsunterlagen. Die nötigen Informationen, Dokumente und Bescheinigungen erhalten Sie vom Architekten, Bauträger, Grundbuchamt, Notar, Verkäufer, der Versicherungsgesellschaft etc. Es handelt sich dabei um die folgenden:

- Notarieller Kaufvertrag
- Grundbuchauszug
- Auszug aus dem Liegenschaftsbuch
- Abzeichnung der Flurkarte
- Grenzbescheinigung
- Bauzeichnungen
- Wohnflächenberechnung
- Kubusberechnung (Kubikmeter umbauten Raumes)
- Feuerversicherungspolice
- Einheitswert
- Fotos des Objektes
- Erschließungskostenbescheinigung

Neben der Tatsache, dass diese Unterlagen auch für Sie selbst wichtige Informationen enthalten, benötigt die Bank sie, um sicherzustellen, dass der Kaufpreis nicht überzogen ist und sie bei der Kreditvergabe kein Risiko eingeht.

**Die Bonitätsprüfung**

Natürlich will die Bank auch wissen, wem sie einen Kredit gewährt. Dies bezieht sich auf Ihre persönliche finanzielle Situation und Ihre Gewohnheiten im Umgang mit Geld. Wenn Sie regelmäßig gut verdienen, über einen sicheren Arbeitsplatz verfügen, sich Rücklagen gebildet haben, nicht übermäßig verschuldet sind und Ihren Zahlungsverpflichtungen stets nachgekommen sind, dann sammeln Sie bei der Bonitätsprüfung kräftig Punkte. Falls Sie über keine so gute Bonität verfügen, empfehle ich Ihnen, sie zu verbessern, und zwar anhand der früher in diesem Buch erwähnten Verfahrensweisen. Eventuell besteht die Bank auch auf einem Bürgen, der seinerseits über gute Bonität verfügt.

Für die Bonitätsprüfung benötigt der Sachbearbeiter der Bank folgende Unterlagen:

- Selbstauskunft
- Vollmacht zur Finanzierung
- Gehaltsbescheinigungen der letzten drei Monate
- Falls vorhanden: Kopie des Ratenkreditvertrags mit aktuellem Darlehensstand
- Falls vorhanden: aktuelle Grundbuchauszüge von Immobilien, Mietertragslisten
- Lebensversicherungsantrag
- Lebensversicherungspolice und gegebenenfalls letzte Rückkaufbestätigung
- Kopien von aufgeführten Vermögenswerten (Sparbuch, Aktien, Fonds ...)
- Falls vorhanden: Kopie des Mietvertrags der eigengenutzten Immobilie/Wohnung
- Ehevertrag bei Gütertrennung. Falls vorhanden: Scheidungsurteil mit Unterhaltsnachweis
- Kopie des Personalausweises
- Einkommensteuerbescheide/-erklärungen der letzten drei Jahre

*Alternativ bei Selbständigen:*

- Jahresabschlüsse (Bilanzen) oder testierte Einnahme/ Überschussrechnungen der letzten drei Jahre
- Aktuelle BWA des laufenden Jahres

**Die Bank an Ihrer Seite**

Während die Immobilie und Ihre Person von der Bank geprüft werden, obliegt es Ihnen, die Bank durchzuchecken. Dabei geht es vor allem darum, das Institut mit günstigsten Konditionen auszuwählen.

Prinzipiell können Sie bei mehreren Instituten vorstellig werden und ihre Angebote erfragen. Das lohnt sich, denn Unterschiede von einem halben Prozentpunkt Zinsen - die sich auf lange Sicht zu enormen Beträgen summieren - sind keine Seltenheit. Informieren Sie sich also gründlich.

## Die Finanzierungszusage

All das Obige läuft auf die Finanzierungszusage hinaus. Sie ist bei Immobiliengeschäften so wichtig wie das Jawort vor dem Traualtar. Hat man erst einmal das passende Objekt gefunden und alle nötigen Unterlagen vorgelegt, so fehlt nur noch die Zusage der Bank, dass der Kredit bewilligt ist. Dann kann man zuschlagen und sich die Renditeimmobilie sichern!

Dies hört sich einfach an, kann es auch sein, muss es aber nicht. In der Praxis wird ein Punkt oft übersehen oder leichtfertig übergangen: Vermittler, die an dem Kauf ihre Provision verdienen, werden Ihnen sehr leicht vorgaukeln, dass das mit der Finanzierung schon klargehen werde. Und Banker geben mündlich gern pflaumenweiche Zusagen. Aber auch nur mündlich. Wenn Sie aber eine Zusage schriftlich bestätigen sollen, werden sie plötzlich ganz genau, rechnen wie verrückt am Objekt und Ihrer Bonität herum, vergleichen die Ergebnisse mit ihren Wertetabellen ... kurz gesagt: Wenn es um eine feste Zusage geht, sichern sich diese Herren doppelt und dreifach (und langwierig) ab.

Natürlich könnten Sie in den Notarvertrag eine Klausel aufnehmen, die besagt, dass der Vertrag ungültig wird, falls die Finanzierung nicht zustande kommt. Das wäre für Sie tatsächlich sehr sicher. Jedoch gibt es hierbei zwei Haken: Zum einen müssen Sie die Notarkosten so oder so tragen - ob der Grundstückshandel zustande kommt oder nicht. Zum anderen werden die meisten Verkäufer gegen eine solche Klausel sein. Schließlich wollen Sie größtmögliche Sicherheit haben, dass sie ihr Geld erhalten.

Um auf der sicheren Seite zu stehen, sollten Sie auf jeden Fall dafür sorgen, dass die Finanzierung steht, bevor Sie den Notarvertrag unterschreiben. Das bedeutet, dass Sie vom zuständigen Kreditsachbearbeiter Ihrer Bank eine schriftliche - nicht mündliche (!) - Zusage erhalten. Oftmals wird sie nur unter Vorbehalt ausgestellt, was bedeutet, dass der Bankenvorstand noch über die endgültige Genehmigung entscheidet. Solch eine Zusage ist aber schon relativ verbindlich. Sie können dann auch erfahren, wann die Vorstandssitzung stattfindet und so entsprechend planen. Absolut verbindlich ist die Finanzierungszusage aber immer erst dann, wenn die Kreditverträge unterschrieben sind.

**Mit Zeitplanung zum Erfolg**

Die zeitliche Reihenfolge beim Immobilienkauf ist wie ein Grundgesetz. Nachdem man vom Kreditsachbearbeiter eine schriftliche Zusage erhalten hat, weiß man, dass die Kreditverträge vorbereitet werden. Wenn dann klar ist, wann die Bank die Kreditverträge vorlegt, kann man so planen, dass man den Notarvertrag ab diesem Tag unterschreibt. Sie müssen also den Notartermin vom Unterzeichnungstermin der Kreditverträge abhängig machen. Sie können das Ganze auch andersherum aufziehen und dem Banker sagen, wann Sie den Notartermin haben, und ihm klarmachen, dass Sie bis dahin die Zusage benötigen.

**Finanzierung von Versteigerungsobjekten**

Bei Zwangsversteigerungen ist die Bankfinanzierung nicht immer ganz so genau zu planen. Oft ist nicht einmal sicher, ob das Objekt überhaupt zur Versteigerung kommt. Oder man erhält die Kreditzusage der Bank nicht rechzeitig. Dann hängt man schon mal im luftleeren Raum. Der Vorteil hierbei ist, dass man bei der Ersteigerung zwar schon einen gedeckten Scheck über 10 Prozent der

Ersteigerungssumme vorlegen muss, den Restbetrag aber erst ein bis zwei Monate später, wenn das Geld an die Gläubiger verteilt wird, zahlen muss. Hier bleibt also eine gewisse Spanne, in der man die Finanzierung eventuell noch regeln kann. Aber: Unterschätzen Sie nicht die Zeit, die nötig ist, um eine Finanzierung auf die Beine zu stellen. Sie fahren auf jeden Fall besser, wenn Sie alles vor dem Versteigerungstermin geklärt haben. Ansonsten ist der Kauf immer mit einem Risiko verbunden. Ein Faktor, der nahezu immer in die Finanzierungsberechnung von Immobilien einfließt, sind die für Kauf und Besitz vom Staat gewährten Steuervorteile. Mehr dazu im nächsten Kapitel.

**Kurzübersicht:**

1. Achten Sie darauf, dass Sie die Kaufnebenkosten von rund 10 Prozent tragen können und dass Ihre Kreditraten regelmäßig fließen. Dann läuft alles wie am Schnürchen.

2. In die Immobilienfinanzierung fließen drei Komponenten ein. Da ist zunächst das Objekt, also die Immobilie (Beleihungsprüfung). Dann natürlich Sie als Kreditnehmer und verantwortlich dafür, die Kreditraten zu zahlen (Bonitätsprüfung). Zu guter Letzt ist noch die Bank zu nennen, die den Kredit zur Verfügung stellt.

3. Wichtige Regel: Um auf der sicheren Seite zu stehen, sollten Sie auf jeden Fall dafür sorgen, dass die Finanzierung komplett steht, bevor Sie den Notarvertrag unterschreiben.

## 8. Was Sie über Steuervorteile wissen müssen

Ein guter Grund, sich Immobilien zuzulegen, sind die damit verbundenen Steuervorteile. Auch wenn man in Sachwerte nicht nur investieren sollte, um Steuern zu sparen, ist es doch recht angenehm, von Vater Staat gefördert zu werden.

In der Vergangenheit ist es oft vorgekommen, dass Initiatoren und Immobilienverkäufer mit dem Argument "Steuervorteile" überteuerte Objekte verkauften, die über keine wirkliche Substanz verfügten. Der Gewinn aus Steuervorteilen, der dabei vordergründig vorhanden war, wurde durch weit über dem Marktniveau liegende Preise wieder zunichte gemacht. Für den Anleger bedeutete dies im Endeffekt nur eines: Das, was er vom Finanzamt zurückerhalten hatte, musste er dem Anlageberater oder Initiator zahlen. Ergo: Viel Arbeit und kein Gewinn! Konzentrieren Sie sich daher darauf, in rentable Immobilien zu investieren, und sehen Sie die Steuervorteile als zusätzlichen Bonus.

### Die Steuervorteile auf einen Blick

Wie bereits gesagt existieren sowohl für selbstgenutzte wie auch vermietete Immobilien diverse Förderungsmöglichkeiten. Ich will an dieser Stelle noch einmal genauer auf die letztgenannte Immobilienvariante eingehen, die nicht umsonst als *Kapitalanlageimmobilie* bezeichnet wird. Sie weist weitaus höhere Steuersparmöglichkeiten auf als die eigenen vier Wände, die man selbst bewohnt.

Steuerlich absetzbar sind bei vermieteten Immobilien die Werbungskosten, die sich auf vier Kategorien aufteilen:

1. Finanzierungsaufwendungen (Zinsen, Disagio, Vermittlungsprovision ...)
2. Kosten für Instandhaltung (Reparaturen, Sanierungen ...)
3. Zahlungen für laufende Bewirtschaftung (Heizung, Wasser, Grundsteuer, Hausbesitzerverein, Hausverwaltung ...)
4. Abschreibung für Abnutzung (AfA)

Für Altbauten gilt die *lineare AfA* (gemäß Paragraph 7 Absatz 4 Einkommensteuergesetz):
- Objekte, die vor dem 1. Januar 1925 gebaut wurden, können 40 Jahre lang mit je 2,5 Prozent abgeschrieben werden.
- Häuser, die nach dem 31.12.1924 errichtet wurden, können 50 Jahre lang mit je 2 Prozent abgeschrieben werden.

Lassen Sie uns nun einmal die Kosten und Steuervorteile einer Immobilie berechnen. Auch wenn wir hierbei teilweise mit Näherungswerten arbeiten, werden Sie eine gute Vorstellung davon erhalten, was an Ausgaben auf Sie zukommt und was diesen für Einnahmen und Zuschüsse gegenüberstehen.

**Berechnung der Nebenkosten**
Gehen wir davon aus, dass Sie sich als Kapitalanlageimmobilie eine Wohnung mit einem Kaufpreis von 100.000 Euro zulegen wollen. Nehmen wir weiterhin an, dass Sie etwas Geld gespart haben, das Sie für die Nebenkosten aufwenden möchten. Das ist nicht unbedingt nötig, aber eine mögliche Variante, die die regelmäßigen Aufwendungen reduziert. Die Nebenkosten setzen sich aus rund 2 Prozent Notarkosten, 3,5 Prozent Grunderwerbsteuer, 1 Prozent Gebühren für die Grundbucheintragung und 1 Prozent Finanzierungsvermittlungsgebühr

zusammen. Hat Ihnen ein Makler das Objekt vermittelt, müssten noch mal rund 3,5 Prozent aufgeschlagen werden. Wenn wir davon ausgehen, dass am Kauf unserer Berechnungsimmobilie kein Makler beteiligt war, so ergibt sich folgendes Bild:

| | |
|---|---|
| Nettokaufpreis der Immobilie | 100.000 Euro |
| Notarkosten | 300 Euro |
| Grundbucheintragung | 200 Euro |
| Finanzierungsvermittlungsgebühr | 1.000 Euro |
| **Gesamtkaufnebenkosten** | **1.500 Euro** |

Die in den Kaufnebenkosten enthaltenen Aufwendungen für die Finanzierung sind sofort als Werbekosten absetzbar. Der Rest muss mit dem Gebäude abgeschrieben werden. Dabei ist es von Ihrem persönlichen Einkommensteuersatz abhängig, Wie viel Geld Sie vom Finanzamt im Folgejahr zurückerhalten. Angenommen, Sie sind verheiratet und kommen zusammen auf ein zu versteuerndes Einkommen von 90.000 Euro. Dann würde Ihr Spitzensteuersatz bei rund 30 Prozent liegen. Somit sparen Sie:

1.500 Mark x 30 Prozent = **450 Euro**

Der einmalige Steuervorteil, der aufgrund der Kaufnebenkosten anfällt, beträgt also 450 Euro. Betrachten wir nun, was Ihnen an regelmäßigen Kosten auf Sie zukommt.

**Ermittlung der monatlichen Aufwendungen**
Der Hauptfaktor, der für die monatlichen Aufwendungen ausschlaggebend ist, ist der Zinssatz. Das sind die Gebühren, die Sie für Ihren Immobilienkredit an die Bank zahlen. Um Ihre jährliche Belastung zu errechnen, multiplizieren Sie die

gesamte Finanzierungssumme mit dem *Nominalzinssatz*, der beispielsweise bei 5 Prozent liegt:

100.000 Euro x 5 % = 5.000 Euro

Da dies die Zinsen für ein volles Jahr sind, teilen Sie den Wert durch 12 und erhalten so die monatlich fälligen Zinsen:

5.000 Euro / 12 Monate = **415 Euro**

Pro Monat müssen Sie also 415 Euro an Kreditkosten: sprich Zinsen, zahlen. Gehen wir weiterhin davon aus, dass Sie mit anfangs 1 Prozent pro Jahr tilgen.

100.000 Euro x 1 % = 1.000 Euro
1.000 Euro : 12 Monate = **84 Euro**

Der Betrag, der monatlich für die Tilgung aufgewendet werden muss, beträgt also 84 Euro. Einen weiteren Kostenfaktor stellt das *Wohngeld* dar, die Gebühr für die Verwaltung der Wohnung, die gemäß dem Wohnungseigentumsgesetz gewährleistet sein muss.

Dazu gesellen sich noch *Instandhaltungskosten*. Diese beiden Kostenfaktoren hängen von der Substanz des Objektes ab. Wir nehmen als groben Richtwert 1,5 Prozent des Nettokaufpreises an:

100.000 Euro x 1,5 % = 1.500 Euro
1.500 Euro : 12 Monate = **125 Euro**

Rechnen wir die gesamten anfallenden Kosten zusammen, so sieht das folgendermaßen aus:

| | |
|---|---|
| Monatliche Zinsbelastung | 415 Euro |
| Monatliche Tilgung | 84 Euro |
| Monatliche Nebenkosten | 125 Euro |
| **Monatliche Gesamtkosten** | **624 Euro** |

Sie müssen also pro Monat 624 Euro zahlen, um die Gesamtkosten der Wohnung zu decken.

Glücklicherweise stehen diesen Kosten Einnahmen gegenüber, da sich der Aufwand sonst nicht lohnen würde. Überschlagen wir in diesem Zusammenhang auch, was Sie an Steuerersparnissen in die Finanzierung einfließen lassen können.

**Ermittlung der monatlichen Einnahmen**
Die Haupteinnahme durch die Immobilie ist deren Nettokaltmiete. Nehmen wir sie mit 450 Euro im Monat als gegeben an:

| | |
|---|---|
| Monatliche Nettokaltmiete | **450 Euro** |

Wenden wir uns als nächstes den Steuervorteilen zu. Wenn wir annehmen, dass unser Beispiel-Objekt 1960 erbaut wurde, so wird darauf die lineare AfA angewendet. Da der Gesetzgeber davon ausgeht, dass sich nur das Gebäude abnutzt, nicht aber das Grundstück, kann nur das Gebäude abgeschrieben werden.

Daher müssen wir die Kosten für das Grundstück - die wir hier mit 10.000 Euro veranschlagen wollen - vom Nettokaufpreis abziehen. Somit kann die jährliche Steuerersparnis von 2 Prozent nur auf 90.000 Euro angerechnet werden:

90.000 Euro x 2 % = 1.800 Euro
1.800 Euro : 12 Monate = 150 Euro

Entsprechend Ihrem Spitzensteuersatz beträgt der monatliche Steuergewinn 30 Prozent davon:

150 Euro x 30 % = **45 Euro**

Die Einnahmen betragen bisher also:
Monatliche Nettokaltmiete 450 Euro
Steuergewinn durch lineare AfA 45 Euro
**Insgesamt 495 Euro**

Wenn wir diese Summe von den Gesamtkosten von 624 Euro abziehen, bleibt eine Differenz
von 129 Euro:

624 Euro - 495 Euro = 129 Euro

Glücklicherweise können Sie auch diesen Betrag (da es sich aus Sicht des Finanzamts um einen Verlust handelt) von der Steuer absetzen, entsprechend dem vorher schon angenommenen Steuersatz zu 30 Prozent:

129 Euro x 30 % = 39 Euro

Diese 39 Euro sind von den 129 Euro "Verlust" abzuziehen, um die tatsächlichen monatlichen Kosten zu berechnen:

129 Euro - 39 Euro = **90 Euro**

Sie müssen also monatlich effektiv nicht mehr als 90 Euro aufwenden und sind dann nach etwa 30 Jahren stolzer Besitzer einer Eigentumswohnung, die bis dahin erwartungsgemäß 200.000 Euro wert ist! Voraussichtlich werden Sie dann auch mindestens 900 Euro monatliche Miete kassieren könne.

Dabei ist anzumerken, dass Sie die Steuervorteile, die wir in die obige Rechnung einbezogen

haben, immer mit einem Jahr Verzögerung erhalten, da Sie sie erst mit der Steuererklärung geltend machen können. Weiterhin ist zu bedenken, dass Sie die Miete von Zeit zu Zeit erhöhen können, so dass sich die Wohnung nach wenigen Jahren selbst trägt und noch später sogar Gewinn abwirft. Man könnte daher sogar so weit gehen, zu sagen, dass Sie sie kostenlos erwerben!

Wichtig ist dabei, dass das Verhältnis der verschiedenen Zahlenwerte stimmt, dass also beispielsweise die Miete, die als Berechnungsgrundlage angenommen wird, in der Praxis tatsächlich und auf Dauer erzielt werden kann.

Um dies sicherzustellen, lassen wir bei der Kempe Grundbesitz & Anlagen AG für unsere Kunden Wirtschaftsprüfungstestate erstellen. Dabei wird durch einen unabhängigen Wirtschaftprüfer sichergestellt, dass die einzelnen Werte stimmen.

Soviel zu den Themen Finanzierung und Steuerersparnis. Betrachten wir im nächsten Kapitel einen Faktor genauer, dem Sie auf jeden Fall Ihre Aufmerksamkeit schenken sollten: den Notarvertrag!

**Kurzübersicht:**

1. Man sollte nicht allein aufgrund der Steuervorteile in Immobilien investieren. Wichtig ist, dass die Objekte an sich werthaltig sind. Die vom Fiskus erstatteten Steuern stellen einen zusätzlichen Bonus dar.

2. Als einmalig zu entrichtende Kaufnebenkosten, die steuerlich absetzbar sind, fallen an:
   - Notarkosten (rund 2 Prozent des Kaufpreises)
   - Grunderwerbsteuer (3,5 Prozent)
   - Gebühren für Grundbucheintragung (1 Prozent)
   - Eventuell Finanzierungsvermittlungsgebühr (rund 1 Prozent)
   - Eventuell Maklercourtage (rund 3,5 Prozent)

3. Die regelmäßigen Kosten einer finanzierten Immobilie setzen sich aus folgenden Posten zusammen:
   - Zinsen
   - Tilgung
   - Wohngeld (Verwaltungskosten)
   - Instandhaltungskosten

4. An regelmäßigen Einnahmen aus der Immobilie erhält man als Eigentümer:
   - Nettokaltmiete
   - Steuervorteil durch AfA
   - Steuervorteil aufgrund der Differenz zwischen Ausgaben und Einnahmen (Verlust)

## 9. Was Ihnen der Notar gern verschweigt

Das zentrale Dokument, das den Handel zwischen Immobilienverkäufer und Käufer regelt, ist der *Notarvertrag*. Er wird - wie der Name schon sagt - im Beisein eines Notars unterzeichnet. Dieses Stück Papier, das Sie vom Notar auf edlem Papier mit Siegel erhalten, ist so wichtig, dass ich ihm ein eigenes Kapitel widmen möchte. Dabei will ich vor allem auf diejenigen Aspekte eingehen, die sonst eher untergehen, selbst wenn der Notar verpflichtet ist, die einzelnen Paragraphen des Vertrags für alle anwesenden Parteien verständlich zu erklären.

### Die gefährlichste Klippe im Notarvertrag

So schön es ist, einen Notarvertrag unter Dach und Fach zu bringen, so umsichtig sollte man einen prüfen. Ein paar Fehler, und schon lacht sich der Verkäufer ins Fäustchen und Sie - als Käufer - bluten.

Besondere Beachtung verdient die Klausel: "*Der Käufer unterwirft sich der sofortigen Zwangsvollstreckung in sein gesamtes Vermögen.*"

Diese Klausel ist üblicher Bestandteil jedes Vertrags und das zu Recht. Nur so kann der Verkäufer auf Nummer Sicher gehen. Auf der anderen Seite bedeutet dieser Paragraph natürlich eine potentielle Gefahr für den Käufer. Wenn nämlich die Finanzierung platzt, wird es knochenernst. Der Verkäufer kann - sobald der Kaufpreis fällig wird - alle Konten des Käufers sperren und sein Vermögen pfänden. Dazu muss er nicht einmal eine gerichtliche Verfügung erwirken. Er kann sich den Vertrag vom Notar als vollstreckbare Ausfertigung beglaubigen lassen und damit direkt zum Gerichtsvollzieher gehen, der die Pfändung einleitet! So weit dürfen Sie es niemals kommen lassen! Ich persönlich bin diesen Schritt bei Kunden, deren Finanzierung geplatzt war, noch nie gegangen. Schließlich ist es keine Lösung, da die Kunden selten über so viel Geld verfügen, wie nötig ist, um den vollen Kaufpreis zu begleichen. Außerdem behandelt man so keine Kunden. Aber Sie können nicht davon ausgehen, dass der Eigentümer, von dem Sie kaufen, genauso mild mit seiner rechtlichen Vollmacht umgeht. Er kann von Ihnen theoretisch die Zinsen für die Wartezeit auf die Kaufsumme einfordern, während er gleichzeitig noch die Miete des Objektes kassiert! Und das kann Sie teuer zu stehen kommen!

Mein Tipp daher: Unterzeichnen Sie den Kaufvertrag nur, wenn Sie von der finanzierenden Bank die schriftliche Beleihungszusage erhalten haben!

### Je mehr, desto besser!

Grundsätzlich gilt, dass je mehr Sie sich als Käufer im Notarvertrag zusagen lassen, es desto besser für Sie ist. Wenn Sie also die Quadratmeter festschreiben lassen, sich die Höhe der Mieteinnahmen vom Verkäufer bestätigen lassen etc., dann bringt Ihnen dies Vorteile. Sie können dann nach Vertragsabschluß gegebenenfalls eine so genannte *Mängelrunde* machen - die innerhalb eines Jahres nach Vertragsunterzeichnung stattfinden muss - und im Fall tatsächlich vorhandener Mängel einen Abschlag auf den Kaufpreis aushandeln oder klagen. Das erfordert natürlich ein gewisses Kapitalpolster, denn bis Sie vor Gericht gewinnen, müssen Sie Ihren Anwalt selbst zahlen.

Machen Sie aber nicht den Fehler, Ihren Vertragspartner durch einen vermeintlich geschickten Notarvertrag übers Ohr hauen zu wollen. Das mag zunächst funktionieren, ist aber wenig ehrbar. Ich erinnere mich diesbezüglich an den Fall eines Juristen, nennen wir ihn Richard Recht. Herr Recht war zunächst als Rechtsanwalt beim Düsseldorfer Mieterverein tätig und hat sich in dieser Funktion sehr für Mieter eingesetzt. Mit Eigentümern ging er weniger sanft um. Später hat er sich dann als Teiler selbständig gemacht und die Mieter tyrannisiert - schließlich war er rechtlich beschlagen genug, um das zu tun. Die Eigentümer, von denen er Objekte kaufte, zog er reihenweise über den Tisch. In einem Fall hatte er für 280.000 Euro ein Haus gekauft. Dessen Fläche hatte er vorher nachgemessen und dann im Notarvertrag vom Eigentümer falsch zu hoch festschreiben lassen. Anschließend hat er alle möglichen juristischen Tricks angewandt, um zu erreichen, dass er den Kaufpreis nicht zahlen musste, und dem Eigentümer so sehr zugesetzt, dass der mit einem Kaufpreis von 230.000 Euro einverstanden war. Tatsächlich war diese Summe genau die Grenze, bis zu der Herr Rechts Bank ohne Eigenkapital finanzieren wollte. Er hatte also von Anfang an darauf spekuliert und somit die Finanzierung "hingebogen".

Ich sollte vielleicht hinzufügen, dass ich in diesem Fall zusammen mit einem Mitarbeiter, Makler war. Als wir allerdings beim Notarvertragsentwurf nach vollen zwei Stunden Prüfung feststellten, welche Klauseln Herr Recht in den Vertrag einflechten wollte, um sich vor der Zwangsvoll- Streckung zu schützen und andere Vorteile herauszuschinden, sind wir von dem Auftrag als Makler zurückgetreten und haben den Raum verlassen. Der Eigentümer ist - zu seinem Schaden - geblieben. Richard Recht hatte also gegen den Eigentümer gewonnen. Wie das Schicksal spielte, ging er trotzdem Pleite. Es hat noch Jahre gedauert, und mir ist nicht bekannt, wie viele legale Übervorteilungen er noch durchgezogen hat. Aber er endete frei nach dem Motto: Wer anderen eine Grube gräbt, fällt selbst hinein!

**Weniger ist mehr**

Ganz anders sieht es bei den Klauseln aus, die Ihrem Vertragspartner Vorteile bringen. Diese sollten vor allem übersichtlich und verständlich gehalten sein. Achten Sie darauf, dass Ihnen klar ist, was jeder Paragraph (!) des Vertrags bedeutet. Der Notar ist dazu verpflichtet, Ihnen die gestelzte Sprache zu erklären und Fragen zu beantworten. Nutzen Sie diesen Service. Immerhin entscheiden Sie beim Notartermin innerhalb von Minuten oder Stunden für Jahrzehnte. Da können Sie sich ruhig ein wenig mehr Zeit gönnen. Mehr bezahlen müssen Sie deshalb nicht, da das Honorar des Notars von der Kaufsumme abhängt, nicht von seiner Qualität als Berater oder der Zeit, die er dafür aufwendet, die einzelnen Klauseln zu erklären. In der Regel erhalten Sie den Vertragstext schon vor dem Notartermin, so dass Sie sich mit einem Rechtsbeistand oder erfahrenen Bekannten beraten können. Das ist vor allem in der Anfangsphase Ihrer Immobilienkarriere anzuraten. Um sich schon mal mit der Sprache und dem Umfang eines Notarvertrags vertraut zu machen, finden Sie im Anhang ein Beispiel für einen Notarvertrag.

---

**Kurzübersicht:**

1.  Der Notarvertrag ist das zentrale Dokument, das den Handel zwischen Immobilienverkäufer und -käufer regelt.

2.  Der Notar, der als unparteiische Person die Vertragsgestaltung und -unterzeichnung überwacht, ist verpflichtet, die beteiligten Parteien über die Bedeutung der einzelnen Paragraphen aufzuklären.

3.  Unterzeichnen Sie den Kaufvertrag nur, wenn Sie von der finanzierenden Bank die schriftliche Beleihungszusage erhalten haben!

## 10. Geheimnis enthüllt:
## Wie das Immobiliengeschäft wirklich funktioniert

Vielleicht wird es Sie überraschen, dass es im Grunde recht einfache Voraussetzungen sind, auf denen sich ein Millionenvermögen aufbauen lässt. Aber lesen Sie selbst.

### Der Wille, es zu tun

Der erste und wichtigste Erfolgsfaktor ist *der Wille, es zu tun*! Damit meine ich, dass Sie bereit sind, sich für Ihr Vermögensziel *einzusetzen*. Sie müssen genug *Motivation* mitbringen, um die kleinen und großen Hindernisse, auf die Sie unweigerlich stoßen werden, zu überwinden. Immobilien sind keine Sparbücher. Weder in Sachen Rendite noch in Sachen Pflege. Sie müssen sich um Ihren Besitz kümmern, Eigentümerversammlungen besuchen, mit Mietern sprechen, Handwerker für Reparaturen anrufen etc. Vielleicht werden Sie auch mal ein paar Monate Mietausfall hinnehmen müssen. Solange Sie aber Ihren Willen aufrechterhalten, kommen Sie Ihrem Ziel näher.

Wegen einer feuchten Hauswand die Flinte ins Korn zu werfen und das Objekt unter Preis zu verkaufen, ist so ziemlich das dümmste, was man tun kann. Fehler solcher Art aber sind es, die all jene begehen, die es nicht schaffen. Sie erwarten, dass ihnen die gebratenen Tauben ins Maul fliegen, ohne dass sie einen Handschlag tun müssen. Es tut mir leid, aber ganz so einfach ist es nicht. Daher lautet der Titel dieses Buches auch *"Wie Sie sich mit Immobilien ein Vermögen verdienen"* und nicht *"Wie Sie sich ein Immobilienvermögen schenken lassen, ohne sich die Finger schmutzig zu machen"*.

**Die goldene Mitte**

Ein wichtiger Faktor beim Vermögensaufbau mit Immobilien ist die Geisteshaltung, mit der man an dieses Geschäft herangeht. Diese sollte recht *ausgeglichen* sein. Ein wenig *Wagemut*, eine Prise *Konservatismus* und natürlich auch *Fleiß* und *Geduld*. Wovor man sich *hüten* sollte, ist *Geldgier*. Das ist bei den Summen, die man mit Immobilien verdienen kann, äußerst wichtig. Die Immobilie als Investitionswerkzeug ist vergleichbar mit einem schönen, schmackhaften Kuchen. Ein oder zwei Stücke kann man essen, dann muss man erst einmal eine Verdauungspause einlegen. Wenn man zuviel auf einmal isst, wird einem schlecht. Das liegt aber dann nicht am Kuchen, sondern an der eigenen Gier.

**Falsche Erwartungshaltung und unrealistische Vorstellungen**

Ein Manko unerfahrener Immobilienkäufer ist ihre Unwissenheit. Für mich ist es manchmal schwer vorstellbar, dass man beispielsweise Immobilien nach einem Prospekt oder Katalog kauft, ohne sie zu besichtigen. Wobei ich manchmal nur den Kopf schütteln kann, sind Versteigerungen, insbesondere, wenn dort zu Preisen ersteigert wird, die *weit* über dem eigentlichen Verkehrswert liegen. Wenn man dann noch erlebt, wie verrückt manche Käufer drauflos kaufen, ohne auf die Qualität der Immobilien zu achten, dann weiß man, dass sich in diesem Markt viele Leute tummeln, die von Tuten und Blasen keine Ahnung haben. Mein Rat lautet daher: *Seinen Sie ein kluger Käufer. Setzen Sie sich mit dem Markt auseinander, bis Sie eine realistische Vorstellung davon haben, wie das Geschäft läuft!*

**Nehmen Sie gleich das erste Objekt!?**

Wenn ich Ihnen einen *schlechten* Rat geben sollte, dann lautet dieser: *Suchen Sie nicht lange herum, sondern kaufen Sie das erstbeste Objekt!* Das ist so ziemlich das Dümmste, was man tun kann. Meiner Erfahrung nach kann es leicht 20 bis 30 Arbeitsstunden dauern, bis man eine gute, werthaltige Immobilie gefunden hat, die den von mir gesetzten Maßstäben entspricht. Ich rede also von ein paar Wochen, bis Sie das richtige Objekt finden. Dann folgen ein paar weitere Wochen, um die Finanzierung unter Dach und Fach zu bekommen. Ein wichtiger Faktor ist daher, wie schon angeführt, Geduld!

Um Zeit zu sparen, ist es sinnvoll, sich ein klares Ziel zu setzen, was man haben will, sprich: was für eine Immobilie zu welchem Preis und in welcher Lage. Ohne so eine Zielvorgabe dauert die Suche erfahrungsgemäß länger.

**Schön oder lieber leistungsstark?**

Man darf nicht den Fehler begehen, nur auf die schönen Fassaden der besichtigten Objekte zu schauen. Wichtig ist, dass die Ertragsgesichtspunkte stimmen. Die Wahrheit ist nämlich: Es gibt sie, die Kapitalanlageimmobilien, bei denen man nichts oder höchstens 100 oder 200 Euro im Monat drauflegen muss, um sie zu besitzen! Und für die paar Mark erwirbt man ein Immobilienvermögen in sechsstelliger Höhe! Dabei muss man nicht einmal 20 oder 30 Jahre warten, um aus der Immobilie Gewinn zu ziehen. Wenn man die Mieten langsam anhebt, trägt

sich das Objekt bald selbst und wirft später sogar Gewinn ab:

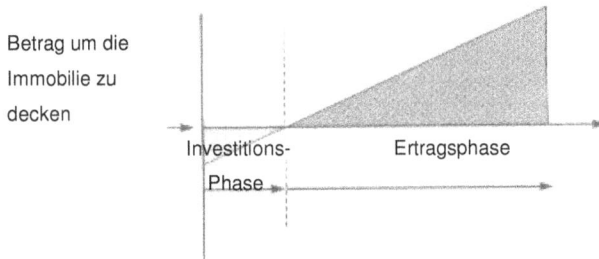

Betrag um die Immobilie zu decken

Investitions- Phase | Ertragsphase

213

Und diesen Gewinn kann man dann natürlich in den Kauf einer weiteren Immobilie investieren! Das ist die Art und Weise, wie das Immobiliengeschäft wirklich funktioniert! Sehr simpel, aber äußerst effektiv!

**Alt- und Neubauten im Vergleich**

Einige Verkäufer werden Ihnen zu Recht erzählen, dass Neubauten höhere Steuerabschreibungen erlauben. Dieses Argument benutzen sie, um Altbauten auszubooten. Dabei gilt aber folgendes zu bedenken: Ein Neubau muss zum aktuellen Baupreis erstellt werden. Er ist also in der Anschaffung ausgesprochen teuer. Tatsächlich unterscheidet er sich im Preis von einer älteren Immobilie so sehr, dass sich seine Anschaffung nur selten lohnt. Die Investitionsphase ist bei einem Neubau weitaus länger als bei einem Altbau, die Ertragsphase entsprechend kürzer. Und das vermindert die Geschwindigkeit, mit der Sie den Ertrag in die Anschaffung und Finanzierung neuer Objekte investieren können. Ergo verlangsamt sich Ihr Vermögensaufbau.

Ein weiteres Argument spricht gegen Neubauten: Die hohen Steuerabschreibungen erhält nur der Ersterwerber. Danach gelten sie steuerlich betrachtet als Altbauten. Es verhält sich insgesamt in etwa so wie bei Autos: Hat man einen Neuwagen erst einmal gefahren, ist er gleich ein paar tausend Mark weniger wert. Kluge Autokäufer schaffen sich daher lieber einen Jahreswagen an und sparen so eine Menge Geld.

**Geldreserven für harte Zeiten**

Um nicht in einen Engpass zu geraten, weil Mieteinnahmen nicht fließen, sollte man in der Lage sein, mindestens sechs Monate ohne irgendeine Mietzahlung auszukommen. Damit geht man auf Nummer Sicher und kann auch dann noch einen kühlen Kopf bewahren, wenn einmal eine Schwierigkeit mit einem Mieter auftritt. Sollte es in der Praxis tatsächlich einmal vorkommen, dass man Mietausfall hat, so bekommt man von Vater Staat immerhin ein kleines Trostpflaster: Dieser Verlust ist von der Steuer absetzbar

Wenn Sie die Grundregeln aus diesem und den vorangegangenen Kapiteln beherzigen, werden Sie beim Immobilienkauf auf das richtige Pferd setzen und höchstmöglichen Gewinn gekoppelt mit optimaler Investitionssicherheit erzielen. Nehmen wir nun den Schritt unter die Lupe, der dem Einkauf folgt: die Eigentumsphase!

**Kurzübersicht:**

1.  Der erste und wichtigste Erfolgsfaktor im Immobilienbusiness ist der Wille, es zu tun! Was Sie weiterhin benötigen, ist ein wenig Wagemut, eine Prise Konservatismus und natürlich auch Fleiß und Geduld. Wovor man sich hüten sollte, ist Geldgier.

2.  Setzen Sie sich mit dem Markt auseinander, bis Sie eine realistische Vorstellung davon haben, wie das Geschäft läuft!

3.  Um Zeit zu sparen, ist es wichtig, sich ein klares Ziel zu setzen, was man haben will, sprich: was für eine Immobilie zu welchem Preis und in welcher Lage.

4.  Die Investitionsphase ist bei einem Neubau weitaus länger als bei einem Altbau, die Ertragsphase entsprechend kürzer. Das vermindert die Geschwindigkeit, mit der Sie den Ertrag in die Anschaffung und Finanzierung neuer Objekte investieren können.

5.  Um nicht in einen Engpass zu geraten, weil Mieteinnahmen nicht fließen, sollte man in der Lage sein, mindestens sechs Monate ohne irgendeine Mietzahlung auszukommen.

## V. Die Eigentumsphase: Immobilien halten und aufwerten

## 1. Wann lohnt es sich, eine Immobilie zu halten?

Grundsätzlich kann man sagen, dass man Immobilien so einkaufen sollte, dass man *5 Prozent Immobilienrendite* (über die Mieteinnahmen), *2,5 Prozent Steuervorteile* und *2,5 Prozent Inflationsgewinn* herausbekommt, insgesamt also einen Gewinn von 10 Prozent. Dann muss man nur noch dafür sorgen, dass man die Finanzierung am Kapitalmarkt unter 10 Prozent einkauft, um zu verdienen. Dies ist eine der grundlegenden aber tatsächlich elementaren Berechnungen, die Sie anstellen sollten.

Damit ist im Grunde auch schon die Frage beantwortet, ob es sich lohnt, eine Immobilie zu halten: Wenn Sie preislich unterhalb dieses Niveaus liegt, lohnt es sich auf lange Sicht immer! Jedoch sollten wir noch ein wenig tiefer in diese Materie einsteigen.

**Das Wertsteigerungsprinzip**

Grundsätzlich gewinnen Immobilien allein durch die Inflation an Wert. Dazu ist es nur nötig, das Objekt in Schuss zu halten. Zusätzlich können Sie aber Aktionen unternehmen, um den Wert Ihres Grundbesitzes zu steigern. Eine verstärkte Wärmeisolierung von Fenstern und Wänden hilft dem Mieter, Heizkosten zu sparen, und kann für Sie über eine Mietsteigerung zu mittelfristigem Gewinn führen. Ein neues Bad, ein guter Bodenbelag, frischer Putz im Treppenhaus und viele weitere Verbesserungsmaßnahmen stellen möglicherweise Investitionen dar, die den Mietwert Ihres Eigentums erhöhen. Dies ist ein Vorgang, der sich über Jahre abspielt und Ihnen aufgrund der Wertermittlung Ihrer Objekte Vorteile bringt. Wie schon erwähnt, ist die Jahresnettokaltmiete beziehungsweise deren Vielfaches für die Wertschätzung ausschlaggebend. Dieser Wert ist recht variabel und hängt vom Zustand, vor allem aber von der Lage des Objektes ab (bei Eigentumswohnungen ist der Wert grundsätzlich etwas höher als bei Mehrfamilienhäusern, da eine breitere Käuferschicht vorhanden ist). Bei einem Mehrfamilienhaus in schlechter Lage nahe dem Industriegebiet von Duisburg mag man das Zehnfache als Berechnungswert ansetzen. Bei Top-Lagen in München oder auf der Düsseldorfer Königsallee rechnet man mit dem Dreißigfachen. Diese Werte entstehen aufgrund von Angebot und Nachfrage und sind aus verschiedenen Publikationen zu entnehmen. Wichtig ist für Sie, dass Sie wissen, welcher Faktor in dem Gebiet, in dem Sie kaufen wollen oder gekauft haben, anzusetzen ist. Dann können Sie mit seiner Hilfe an der Wertsteigerung Ihres Eigentums arbeiten.

Gehen wir davon aus, dass Sie ein wenig gepflegtes Mehrfamilienhaus mit 300 Quadratmetern Wohnfläche erwerben, wobei der Mietzins je Quadratmeter bei 5 Euro liegt. Die Jahresnettokaltmiete würde somit 300 Quadratmeter x 5 Euro x 12 Monate = 18.000 Euro betragen. Wenn wir davon ausgehen, dass für das Haus das Fünfzehnfache anzusetzen ist, wären 270.000 Euro der Verkehrswert und auch der Preis, zu dem Sie das Objekt erworben hätten.

Nun bauen Sie für 10.000 Euro neue Fenster ein und erhöhen die Miete pro Quadratmeter um 25 Cent. Das hört sich nicht nach viel an, steigert aber die Jahresnettokaltmiete auf 300 x 5,25 € x 12 = 18.900 Euro. Multipliziert mit dem Faktor 15 ergibt das einen Immobilienwert von 283.500 Euro. Sie haben also durch eine Investition von 10.000 Euro eine Wertsteigerung von 13.500 Euro erzielt! Dies ist nur ein einfaches Beispiel. In der Praxis erreicht der Gewinn ganz andere Dimensionen. Wenn Sie beispielsweise einen Teil des Dachs als Aufstellplatz für einen Funktelefonnetzbetreiber vermieten, bringt Ihnen das 500 Euro zusätzliche Miete im Monat, 6.000 Euro Zusatzmiete im Jahr und somit eine Wertsteigerung von 90.000 Euro!

Zwar ist das Vielfache der Jahresnettokaltmiete nicht der einzige Faktor, um den Wert eines Objektes zu bestimmen - schließlich spielen Alter, Zustand, Lage, Vermietbarkeit und andere Faktoren mit hinein. Er ist aber aus wirtschaftlicher Sicht der am einfachsten zu beurteilende Hinweis auf den Wert und auch derjenige Faktor, dem Beachtung geschenkt wird.

Natürlich müssen Sie sich dabei innerhalb der gängigen Mietspiegel bewegen. Der Versuch, ein einfaches Mehrfamilienhaus in eine Luxus-Immobilie mit Sauna, Schwimmbad, Solarium etc. zu verwandeln, wäre überzogen. Sie müssen sich auf Wertsteigerungsmaßnahmen beschränken, die für Mieter bezahlbar sind. Und zwar für die große Masse der Mieter, die ein mittelmäßiges bis gutes Einkommen verdienen.

Wenn Sie einmal über eine große Zahl von Häusern verfügen, können Sie dieses Prinzip auch ohne großen finanziellen Aufwand einsetzen. Etwa so wie der bekannte Immobilieninvestor

Georg Kaussen. Er hat sanierungsbedürftige Wohnungen erstanden und zwecks Restaurierung Handwerker engagiert, die er mit - man staune! - Wohnungen bezahlt hat! Ein recht einfaches Tauschprinzip - Arbeit gegen Immobilien -, das ihm gute Dienste leistete und auch bei den Handwerkern beliebt war. Er selbst verlor damit zwar ein paar Wohneinheiten, hatte aber durch die Restaurationsarbeiten und damit einhergehenden Mietsteigerungen bei den verbleibenden Wohnungen einen derart hohen Wertzuwachs, dass er ein gutes Geschäft machte. (Es sei angemerkt, dass der hier erwähnte Investor trotz dieser findigen Idee Mitte der 80er Jahre in Konkurs ging. Dieser lag aber nicht in der oben beschriebenen Bezahlungsform begründet.)

**Der Faktor Geduld**

Die Grundvoraussetzung dafür, eine Immobilie zu halten, ist neben finanziellen Aspekten *Geduld*. Sie müssen weiterhin in der Lage sein, mit möglichem Ärger klarzukommen, und willens sein, sich ständig um das Objekt zu kümmern. Sicher, es ist auch erforderlich einiges an Arbeit zu investieren. Aber wegen ein paar kleiner Reparaturen, die nur wenige hundert Mark kosten, und des damit vielleicht verbundenen Ärgers die Flinte ins Korn zu werfen - das wäre nicht richtig. Sie müssen abschätzen, was wirklich wichtig ist und was nicht. Sich wegen geringfügiger Probleme, mit denen man nicht umgehen kann, über die eigene Immobilie zu ärgern und sich deshalb von ihr trennen zu wollen, ist nicht der richtige Weg. Idealerweise verfügt man über eine Hausverwaltung, die auf Zack ist und einem diese Last abnimmt.

Wenn dem nicht so ist, muss man selbst damit klarkommen. Wichtig ist dabei, dass Sie den Ärger nicht persönlich nehmen. Behandeln Sie ihn sachlich, und bringen Sie die vorliegende Situation in Ordnung. Das ist der richtige Weg zur Handhabung.

**Kurzübersicht:**

1.  Grundsätzlich kann man sagen, dass man Immobilien so einkaufen sollte, dass man 5 Prozent Immobilienrendite (über die Mieteinnahmen), 2,5 Prozent Steuervorteile und 2,5 Prozent Inflationsgewinn herausbekommt, insgesamt also einen Gewinn von 10 Prozent.

    Dann muss man nur noch dafür sorgen, dass man die Finanzierung am Kapitalmarkt unter 10 Prozent einkauft, um zu verdienen.

2.  Aufgrund des Vielfachen der Jahresnettokaltmiete (in Insider-Kreisen auch einfach als "das Vielfache" bezeichnet) können Sie berechnen, welche Investitionen den Wert Ihres Wohneigentums um wie viel steigern, und somit abschätzen, ob sie gewinnbringend sind oder nicht.

3.  Die Grundvoraussetzung dafür, eine Immobilie zu halten, ist neben finanziellen Aspekten *Geduld*. Sie müssen weiterhin in der Lage sein, mit möglichem Ärger klarzukommen, und willens sein, sich ständig um das Objekt zu kümmern.

## 2. Nebenkosten sind keine Nebensache

Ein Faktor, der bei Mietwohnungen oft übersehen wird, sind die Nebenkosten. Man rechnet fröhlich mit dem Vielfachen der Jahresnettokaltmiete und denkt, dass es sich bei einer Immobilie um eine Goldgrube handele - bis man die Nebenkostenabrechnung erhält.

Nun ist es nicht so, dass man als Eigentümer die Nebenkosten selbst tragen muss. Den größten Teil davon - wie etwa Allgemeinstrom, Wasser, Müllabfuhr- und Straßenreinigungsgebühren - kann man auf den oder die Mieter umlegen.

Dennoch sind hohe Nebenkosten aus zwei Gründen kritisch. Nummer eins wird dann akut, wenn das Objekt leersteht. Dann muss der Eigentümer - zusätzlich dazu, dass er keine Mieteinnahmen erhält - auch noch für die Nebenkosten aufkommen. Ein doppelter Nachteil also.

Weitaus gewichtiger aber ist der zweite Grund: Hohe Nebenkosten schränken die Höhe der Miete ein! Angenommen, der Mieter zahlt für eine 50 Quadratmeter große Wohnung eine Warmmiete von 500 Euro. Dann können Sie die Miete nicht ohne weiteres erhöhen, weil die Wohnung sonst für den Mieter (oder eventuelle Nachfolger) unattraktiv werden würde.

Wenn nun aber 40 Prozent der Miete für Nebenkosten draufgingen, blieben Ihnen nur noch 300 Euro. Eine Warmmiete von 10 Euro je Quadratmeter - und eine Kaltmiete von nur 6 Euro. Das steht in keinem Verhältnis. Und natürlich ist es die Kaltmiete, über die Sie Ihre Rendite erwirtschaften. An den Nebenkosten verdienen die Stadt, das Gaswerk und andere Institutionen - aber nicht Sie!

Leider sind die Nebenkosten in den letzten Jahren enorm angestiegen, schneller sogar noch als die Mieten. Kein Wunder, dass man angesichts dieser Tatsachen die Nebenkosten als *zweite Miete* bezeichnet.

Mir selbst wurde einmal ein Objekt angeboten, das auf den ersten Blick ein Schnäppchen zu sein schien: ein kompletter Hochhauskomplex in Mülheim/Ruhr, bestehend aus insgesamt 250 Wohnungen. 50 davon standen zur Versteigerung, und ich war - aufgrund des günstigen Kaufpreises - interessiert. Ich stellte also Recherchen an und kannte zufällig einen der Mieter. Er gab mir ein paar wichtige Insider-Informationen.

Folgendes fand ich heraus: Der Eigentümer, dessen Wohnungen zum Verkauf anstanden, hatte schon seit längerem kein Wohngeld - also die Nebenkosten - mehr abgeführt. Da die gesamten 250 Wohnungen aus einem Topf bewirtschaftet wurden, mussten die Eigentümer der übrigen 200 Wohnungen dafür tiefer in die Tasche greifen. So tief, dass ein weiterer Eigentümer, dem 70 Einheiten gehörten, seinerseits vor dem Konkurs stand. Die gesamten Reparaturrücklagen waren längst aufgebraucht, da aufgrund von Vandalismus ständig neu investiert werden musste. Allein die Restaurierung der Fassade - die dringend nötig war - hätte eine gute Million gekostet! Und an eine Mieterhöhung war nicht zu denken, da diese bereits aufgrund extrem hoher Nebenkosten von 5 Euro pro Quadratmeter an der Höchstgrenze lag!

Auf einen Nenner gebracht: Es handelte sich bei diesem Objekt um ein Fass ohne Boden. Ich hätte erst mehrere Millionen investieren müssen, und ob das Objekt dann noch rentabel gewesen wäre...?

Sie sehen also, dass man den Faktor Nebenkosten ins Kalkül ziehen muss. Doch wenden wir uns einem weiteren Thema von Interesse zu: Marketing- und Verkaufsstrategien!

---

**Kurzübersicht:**

1. Glücklicherweise müssen Sie als Immobilieneigentümer nicht alle Nebenkosten selbst tragen. Der Großteil davon kann auf die Mieter umgelegt werden.

2. Nebenkosten sind aus zwei Gründen unangenehm: Nummer eins wird dann akut, wenn das Objekt leersteht. Dann muss der Eigentümer selbst für die Nebenkosten aufkommen. Grund Nummer zwei ist, dass hohe Nebenkosten die Höhe der Miete einschränken.

---

## VI. Strategien

## 1. Enorme Möglichkeiten durch richtigen Verkauf

Da Immobilien im Laufe der Zeit erfahrungsgemäß an Wert gewinnen, müsste man prinzipiell nur warten und könnte sie dann mit Gewinn verkaufen. Ein zusätzliches Bonbon dabei ist die Tatsache, dass die Gewinne steuerfrei sind, sofern sich das Objekt mehr als zwei Jahre (Spekulationsfrist) in Ihrem Besitz befunden hat.

Dennoch kann man bei ein und demselben Objekt mehr oder weniger Gewinn erzielen. Betrachten wir dieses Thema im Sinne *überdurchschnittlichen* Profits genauer.

### Angebot und Nachfrage

In der freien Marktwirtschaft regulieren zwei entgegengesetzt wirkende Kräfte den Preis: *Angebot* und *Nachfrage*. Ein großes Angebot treibt die Preise nach unten, eine große Nachfrage nach oben. Dieses Grundgesetz, das man schon in der Schule lernt, gilt sowohl für Autos, Kleidung und Schuhe wie auch für Immobilien. Und genau da wird die Sache für uns interessant.

Angenommen, wir hätten ein Überangebot an Wohnungen. Dann wäre der Preis sehr gering. Jeder könnte sich eine 100 Quadratmeter große Wohnung leisten, ohne dafür zu tief in die Tasche greifen zu müssen. Ganz anders bei einem Mangel an Wohnraum: Da gibt man sich schon mit 20 oder 30 Quadratmetern pro Person zufrieden.

Das Verhältnis von Angebot und Nachfrage kann in Form einer Grafik ausgedrückt werden:

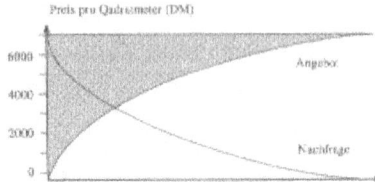

Preis pro Quadratmeter [DM]

6000

4000

2000

0

Angebot

Nachfrage

Bei einem hohen Preis gibt es gemäß der Grafik ein großes Angebot (wer will nicht teuer verkaufen?), aber nur eine kleine Nachfrage. Zu einem niedrigen Preis wird man kaum Angebote finden, dafür aber eine hohe Nachfrage. Dort wo sich die beiden Kurven kreuzen (oder darunter) liegt der Preis, der beim Verkauf leicht zu erzielen ist. Dabei ist die Kurve von den lokalen Verhältnissen des Standorts abhängig. In München beispielsweise werden Sie auf ein anderes Verhältnis stoßen als in Hintertupfingen. Wenn Sie die zwölf Faktoren für den Kauf von Immobilien (gute Lage, Preis/Leistungsverhältnis etc.) berücksichtigen, haben Sie beim Verkauf gute Argumente für einen ordentlichen Preis. Weiterhin können Sie den Schnittpunkt durch gute Einrichtung (Parkettboden, gute Tapeten, modernes Bad etc.) in Richtung eines höheren Preisniveaus verschieben. Auch das im Sinne eines besseren Verkaufserlöses.

Dieses grundlegende Gesetz von Angebot und Nachfrage allein ist aber nicht für den Gewinn, den Sie beim Verkauf eines Objektes erzielen können, entscheidend. Es spielen dort einige Faktoren mit hinein, die ich Ihnen in den nächsten Kapiteln näher bringen möchte. Vorher möchte ich Ihnen aber noch etwas über die Konjunkturzyklen auf dem Immobilienmarkt näher bringen, einen Faktor, der die zukünftige Preisentwicklung Ihrer Immobilie kalkulierbar macht!

**Der Trend am Immobilienmarkt**

Interessanterweise steigt der Wert von Immobilien nicht linear, also jedes Jahr regelmäßig um den gleichen Faktor. Während die Preise auf längere Sicht immer steigen - nicht zuletzt dank der Inflation -, ist doch ein gewisses Auf und Ab am Markt festzustellen. Dies wird deutlich, wenn man die allgemeine Wirtschaftskonjunktur im Verhältnis zur Konjunktur der Baubranche betrachtet.

Die tatsächliche Konjunktur am Immobilienmarkt allerdings entwickelt sich wie eine ungleichmäßige Kurve. Sie steigt und fällt! Interessant ist dabei vor allem die Tatsache, dass die Immobilienpreise immer dann fallen, wenn die allgemeine Konjunktur nachlässt, und steigen, wenn sich die Konjunktur in einem Aufwärtstrend befindet. Dabei verlaufen die Kurven um ein bis zwei Jahre versetzt. Von diesem Wissen um die Marktentwicklung können Sie sehr leicht profitieren: Sie kaufen grundsätzlich dann, wenn der Markt im Keller ist, und verkaufen, wenn die Preise am höchsten sind!

Dieses *antizyklische Verhalten*, wie man es nennt, ist von anderen Märkten, wie etwa der Aktienbörse, bekannt. Im Immobilienbereich allerdings wird es eher stiefmütterlich behandelt. Dabei kann man, basierend auf diesem Prinzip, seinen Gewinn enorm steigern! Wichtig ist dabei - und das ist das Schwierige -, sich entgegen der Masse der Investoren zu verhalten. Wenn alle schreien, dass Immobilien nichts mehr wert sind, die Zeitungen darüber schreiben, wie schlecht es dem Immobilienmarkt geht, dann sollte man kaufen! Wenn überall zu lesen ist, dass die Immobilienpreise wieder stabilisiert sind und ansteigen, ist es oft schon zu spät.

Mit diesem Wissen können Sie weitaus besser planen und in etwa abschätzen, wie lange Sie ein Objekt behalten müssen, um beim Verkauf den bestmöglichen Profit einzustreichen. Dabei gilt aber auch zu bedenken, dass sich die obige Grafik auf den Trend des *Gesamtmarktes* bezieht. Sie müssen daher nicht immer sieben, acht oder neun Jahre warten, um zu verkaufen. Wenn Sie günstig eingekauft haben und einen Käufer finden, der unabhängig von der Konjunktur bereit ist, einen guten Preis zu zahlen, sollten Sie natürlich einschlagen.

Weiterhin hängt es auch von Ihrem Geist des Verkaufens ab, wie gut Sie Ihre Objekte an den Mann (oder die Frau) bringen können.

**Kurzübersicht:**

1. In der freien Marktwirtschaft regulieren zwei entgegengesetzt wirkende Kräfte den Preis: Angebot und Nachfrage. Ein großes Angebot treibt die Preise nach unten, eine große Nachfrage nach oben.

2. Wenn Sie die zwölf Faktoren für den Kauf von Immobilien (gute Lage, Preis/Leistungsverhältnis etc.) berücksichtigen, haben Sie beim Verkauf gute Argumente für einen ordentlichen Preis. Weiterhin können Sie den Schnittpunkt von Nachfrage- und Angebotskurve durch gute Einrichtung (Parkettboden, gute Tapeten, modernes Bad etc.) in Richtung eines höheren Preisniveaus verschieben.

3. Berücksichtigen Sie, dass die Immobilienpreise immer dann fallen, wenn die allgemeine Konjunktur nachlässt, und steigen, wenn sich die Konjunktur in einem Aufwärtstrend befindet. Dabei verlaufen die Kurven um ein bis zwei Jahre versetzt! Von diesem Wissen um die Marktentwicklung können Sie sehr leicht profitieren: Sie kaufen grundsätzlich dann, wenn der Markt im Keller ist, und verkaufen, wenn die Preise am höchsten sind!

## 2. Der Geist * des Spiels

(* Der Begriff Geist wird hier in der Bedeutung von Gesinnung, Einstellung, Haltung oder Esprit verwendet.)

Wissen Sie noch wie Sie als Junge oder Mädchen etwas gewünscht haben und es so sehr wollten bis Sie es endlich bekommen haben. Es kann auch sein das Ihr Ziel vereitelt wurde, wenn Sie hier im Immobilienbereich etwas erreichen wollen, brauchen Sie Geduld und einen starken Wunsch im Hinblick auf Ihre Ziele. Schauen Sie sich mal die vielen Häuser die es gibt in Ihrer Straße oder in Ihrer Stadt an, warum gehört keines Ihnen?

Also legen Sie für sich die richtigen Ziele fest. Hier ein Vorschlag der für viele meiner Kunden nachvollziehbar und realistisch schien:

- für Starter erstes Ziel:    Mietfrei wohnen - gefällt Ihnen das?

wenn das erste Ziel erreicht ist, ab gleich zum nächsten,

- zweites Ziel :    Aufbau eines 2. zusätzlichen Einkommen aus Mieten.

Egal wie viel Sie heute verdienen, es ist möglich nochmals die gleiche Summe aus vermieteten Immobilien zu erreichen.

Übrigens bei beiden Zielen ist es erst so, dass Sie die Entscheidung treffen, dann die Immobile beschaffen und dann auch noch die Entschuldung vornehmen müssen und das kann durchaus auch Jahre dauern, aber Sie sind auf dem Weg und werden das Ziel erreichen. Wenn Sie nichts tun, läuft Ihnen die Zeit und die Inflation davon und Sie stehen dann mit leeren Händen da.

* Drittes Ziel:        Aufbau eines Immobilien - Vermögens
* Viertes Ziel:        Aufbau eines großen Immobilien - Vermögens und des dazu notwendigen Managements.

Es hört sich jetzt eventuell unrealistisch an, aber ich kann Ihnen versichern: Wo ein Wille ist, ist auch ein Weg. Wenn Sie nochmals zur Seite 67 / 68 zurückgehen und Ihren heutigen Status genau eintragen, dann sind Sie auch in der Lage sich ein Ziel zu setzen.

**Die Geisteshaltung zählt!**

Einem Verkäufer passiert es in seiner Karriere oft, dass er durch all die Absagen von Kunden so frustriert ist, dass er sich *gegen* potentielle Käufer richtet: Er wird arrogant, spöttisch und macht unfeine Bemerkungen. Ganz egal, ob er meint, mit dieser Einstellung im Recht zu sein, sein Verkaufserfolg wird dadurch im höchsten Maße in Frage gestellt. Denn: Wer würde bei einem solch unangenehmen Typen kaufen? Eben!

Nun können auch Sie in eine Situation geraten, wo scheinbar alles schiefläuft. Sie führen eine Besichtigung nach der anderen durch und erhalten nur Absagen. Kein Wunder, dass Sie sich anschließend echt mies fühlen. Schließlich hatten Sie damit gerechnet, einen kaufwilligen Interessenten zu finden.

Die gute Nachricht aber ist: Es gibt kaum eine Aktivität, bei der man so schnell alles ändern kann, wie beim Verkauf! Die einzige Voraussetzung, die dabei gegeben sein muss, ist die *Bereitschaft*, nachzudenken, an sich zu arbeiten und etwas zu verändern.

Es kann leicht passieren, dass man mit heruntergezogenen Mundwinkeln auf eine Sache zugeht und schon damit den Erfolg in Frage stellt. Daher sollte man immer an sich selbst arbeiten, damit man gut drauf ist.

Mir fällt in diesem Zusammenhang mein erster Maklerauftrag ein. Es war ein verregneter Novemberdonnerstag, an dem ich schon seit geraumer Zeit auf einen Kunden wartete, der sich verspätet hatte. Während meine Ungeduld den Höhepunkt zu erreichen drohte, erhielt ich einen Anruf von einer Person, die einen Nachmieter suchte - sprich: einen neuen Auftrag. Es lag in diesem Augenblick bei mir, eine Entscheidung zu treffen: Sollte ich noch länger warten in der Hoffnung, dass der verspätete Kunde doch noch auftauchen würde, oder lieber die Gelegenheit beim Schopfe packen und die Gunst der Stunde nutzen?

Ich entschied mich für die zweite Alternative und machte mich auf dem Weg zu der Wohnung, die es zu vermieten galt. Neben der Tatsache, dass ich die richtige Straße erst nicht fand, wurde ich bis auf die Knochen nass. Kein Zustand, der meiner Stimmung förderlich war.

Als ich das Haus schließlich fand, stand mir eine weitere Enttäuschung bevor: Es handelte sich um eine Souterrainwohnung! Sie wissen, diese in Deutschland eher seltenen Wohnungen, bei denen sich die Fenster etwa in der Höhe des Bordsteins befinden und man die Beine jedes Passanten zu Gesicht bekommt. Das mag ja reizvoll sein, wenn man an warme Sommertage und schöne weibliche Fußgängerinnen denkt. An jenem kalten Novembertag aber sah es trostlos aus.

Ich wollte fast schon kehrtmachen, aber dann hielt ich inne. Ich sagte mir: "Jetzt bist du hier, also mach das Beste daraus!" Und schon ging es mir wieder besser.

Im Gespräch mit den Eigentümern stellte sich bald heraus, dass sie sich des Problems bewusst waren und die bereits kontaktierten Makler unmittelbar abgewunken hatten. Ich änderte meine Einstellung, betrachtete die Situation ganz ohne Vorbehalte und sagte zu mir, dass die Wohnung gar nicht so ungünstig sei und die Konditionen annehmbar waren. Also entschloss ich mich, den Auftrag zu übernehmen.

Nachdem ich ein wenig über die Wohnung nachgedacht hatte, gab es neben dem Souterrain- Manko durchaus positive Aspekte. Mit diesen im Kopf und der Idee, dass ich die Eigentümer dazu bringen musste, die Fenster mit einer undurchsichtigen Gardine zu "tarnen", bot ich die Wohnung einigen Kunden an. Ich nutzte die Vorteile, um das Objekt schmackhaft zu machen, und trug dann, wenn die Bereitschaft zu Besichtigung gegeben war, den Faktor "Souterrainwohnung" vor. Die meisten Kunden wollten die Wohnung dann trotzdem sehen, und ich konnte in annehmbarer Zeit einen Mietvertrag unter Dach und Fach bringen. Und all das nur, weil ich eine *positive Geisteshaltung* eingenommen hatte!

### Eine "Gedenkminute" als zusätzlichen Erfolgsfaktor

Ein Faktor, der Ihren Erfolg in der Immobilienbranche erst sicherstellt, ist die Einstellung, dass Sie sich nicht von irgendwelchen Kleinigkeiten unterkriegen lassen. Das gilt beim Einkauf, in der Vermietungsphase wie auch beim Verkauf. Wenn Sie mit der Einstellung an die Sache herangehen, dass alle Personen, mit denen Sie zu tun haben, nur Ihr Bestes wollen und immer lieb, nett und ehrlich sind, dann werden Sie wahrscheinlich fehlschlagen. *Wenn Sie Ihren Vermögensaufbau mit Hilfe von Immobilien aber mit einer realistischen wie auch positiven Einstellung angehen, werden Ihre Anstrengungen von Erfolg gekrönt sein!*

Dabei sollte ich die interessante Tatsache erwähnen, dass man auch aus den Schattenseiten des Lebens Lehren ziehen kann. Frei nach dem Motto: *Aus Fehlern wird man klug*! Als ich noch ein junger Verkäufer war und Kunden besuchte, ging es mir manchmal gut, manchmal aber auch schlecht. Die Beobachtung dieses eher alltäglichen Umstands zeigte mir auf, wie es im besten Fall laufen kann, führte mir sozusagen den idealen Zustand vor Augen.

Und daraus entwickelte ich meine "Gedenkminute". Das war die greifbare Vorstellung, die ich mir jedes Mal vor meinem geistigen Auge anschaute, wenn ein Kundentermin bevorstand. Ich fasste einfach alles zusammen, was schon gut lief, und stellte mir vor, wie das Gespräch verlaufen würde und welches Ziel ich anstrebte.

Diese "Gedenkminute" half mir auch in schlechten Zeiten und war ein Erfolgsfaktor für eine bessere Verkaufsquote. Das Ergebnis war, dass immer mehr Termine zu guten Terminen wurden und die schwierigen Zeiten immer seltener auftraten.

**Gute Freunde als wichtige Stütze**

Eine weitere Methode, um düstere Wolken am Gemütshimmel zum Verschwinden zu bringen, sind *gute Freunde*. Personen, mit denen man reden kann, und zwar über alles. Ungeschminkt. Wenn mir trotz der Gedenkminute der Kragen zu platzen drohte oder ich mich hundeelend fühlte, sprach ich einfach mit einem Freund oder meiner Frau. Dabei gab ich mir nicht die Mühe, alles schönzureden. Ich ließ einfach mal richtig Dampf ab. Man kann von Glück reden, wenn man über Freunde oder einen Partner verfügt, mit denen man über alles sprechen kann - auch über Dinge, die einen belasten. Und wenn auch noch wirkliches Verstehen damit verbunden ist, hat man es mit einem echten Glücksfall zu tun!

**Noch eine Abhilfe bei schlechter Laune**

Wenn einem aber gar nicht danach zumute ist, mit jemandem zu reden, dann hilft oft ein *Spaziergang*. Sie wollen sich mit Immobilien befassen, also schauen Sie sich doch einfach die Häuser die die da so rum stehen an. Finden Sie 10 Sachen die Ihnen nicht gefallen und dann 10 Sachen die Ihnen gefallen und dann 10 Sachen wegen denen Sie ( wenn Sie Lust hätten )

in Begeisterung geraten könnten. Dann weiter: Man nimmt sich einfach die Zeit, in der Stadt herumzugehen ( Park fällt weg ), sich umzuschauen und einen Moment lang abzuschalten. dass mich meine Frau dabei oft begleitete und ich erst nach einer halben Stunde das Schweigen brach, muss nicht für jeden als Maßstab gelten, ist aber eine für mich interessante Erfahrung. Bei uns ging das soweit, dass wir täglich etwas Zeit für einen Spaziergang reservierten, wobei wir dann das eine oder andere Problem besprachen.

**Last but not least ...**

Last but not least sollten Sie darauf achten, dass der Alltag für Sie nicht zum Trott wird. Planen Sie Zeit ein, um sich zu entspannen und neue Kräfte zu schöpfen. Ob die Freizeit besser daraus bestehen sollte, ins Theater, Musical oder Kino zu gehen oder sich im Bodybuilding-Center zu stählen, hängt von Ihren persönlichen Vorlieben ab. Für erfolgreiche Verkäufe ist es förderlich, wenn Ihr Alltag abwechslungsreich, kommunikativ und interessant ist. Interessenten merken das und sind dadurch eher zum Kauf bereit.

Damit genug zum *Geist des Verkaufens* und den verschiedenen Methoden, wie Sie bessere Verkaufsergebnisse erzielen können. Eine weitere, äußerst praxisbezogene Philosophie finden wir in der *Erfolgsampel*. Doch lesen Sie selbst.

**Kurzübersicht:**

1. Die Träume des potentiellen Käufers stellen für Sie Verkaufsargumente dar, die Sie zusätzlich zu den rein physikalischen Fakten der Immobilie einsetzen können.

2. Es ist wichtig, dass Sie eine positive Geisteshaltung einnehmen. Denn: Gut gelaunt verkauft es sich besser!

3. Wenn Sie Ihren Vermögensaufbau mit Hilfe von Immobilien mit einer realistischen wie auch positiven Einstellung angehen, werden Ihre Anstrengungen von Erfolg gekrönt sein!

4. Es kann leicht passieren, dass man mit heruntergezogenen Mundwinkeln auf eine Sache zugeht und schon damit den Erfolg in Frage stellt. Daher sollte man sich immer dazu motivieren, gut drauf zu sein.

5. Um gut drauf zu sein, können folgende Methoden nützlich sein:
   - Die "Gedenkminute"
   - Gespräche mit guten Freunden
   - Ein Spaziergang

## 3. Internet

In den letzten Jahren hat ein neues Medium Furore gemacht, das die Kommunikationsmöglichkeiten der Menschen drastisch verändern soll - und dies auch schon getan hat. Die Rede ist vom *Internet*, dem internationalen Netzwerk von Computern, an das inzwischen Millionen überall auf dem Globus angeschlossen sind. Während es ursprünglich für militärische Zwecke konzipiert wurde, wird es derzeit hauptsächlich von Privatpersonen und immer mehr auch kommerziell genutzt.

Ich will nicht zu sehr in die Materie einsteigen, da das Internet eine Welt für sich ist. Thema soll für uns an dieser Stelle sein, inwieweit wir dieses Medium für den Kauf und Verkauf von Immobilien nutzen können.

### Finden und gefunden werden

Einer der propagierten Vorteile des Internets ist sein schier unendliches Informationsangebot. Dieser Faktor wird dann zum Nachteil, wenn man diejenigen Informationen, die man sucht, nicht leicht finden kann. Um diesem Manko beizukommen, existieren so genannte *Suchmaschinen*. Das sind - in der Regel von kommerziellen Anbietern zur Verfügung gestellte - Datenbanken, die auf Stichwort das suchen, was man wissen will. Eine dieser Suchmaschinen ist beispielsweise *Google*.

Wenn man sich mit seinem Computer ins Internet begibt und *http://www.google.de* eingibt, kann man direkt auf diese Suchmaschine zugreifen.

Dann besteht beispielsweise die Möglichkeit, unter dem Begriff *Immobilien* nach möglicherweise interessanten Immobilienangeboten zu suchen.

Google™
Deutschland

**Web**  Bilder  Groups  Verzeichnis  News  Froogle  **Mehr »**

Erweiterte Suche
| Google-Suche | Auf gut Glück! |
Einstellungen
Sprachtools

Suche: ◉ Das Web ○ Seiten auf Deutsch ○ Seiten aus Deutschland

Im oben abgebildeten Beispiel wurden unter dem Begriff *Immobilien* Millionen von Einträgen gefunden. Das bedeutet nun aber nicht, dass es sich dabei um für uns interessante Informationen handelt. Schließlich sind wir daran interessiert, Immobilienangebote zu finden. Und das erfordert weitere Auswahl und Suche.

Für unsere Belange ist die Tatsache interessant, dass inzwischen viele große Zeitungen dazu übergegangen sind, ihre Anzeigen im Internet zu veröffentlichen. Die Internetseite der *Rheinischen Post* weist viele interessante Artikel sowie Anzeigen auf. Es gibt dort die Möglichkeit Immobilien zu suchen oder selbst eine Anzeige zu gestalten. Die Immobiliensuche bringt den Vorteil mit sich, dass man sich Immobilien nach Standort und anderen Kriterien sortiert ausgeben lassen kann. Die diesbezügliche Verwendung des Internets ist dann besonders praktisch, wenn man sich über die lokalen Märkte verschiedener Regionen informieren möchte.

Weiterhin existieren "Pinwände", wo man seine eigenen Anzeigen aufgeben kann, größtenteils sogar kostenlos. Damit verfügt man neben den Zeitungsannoncen und Mailings über ein weiteres Medium, das die eigenen Verkaufsaktivitäten unterstützt.

**Die eigene Internet-Seite**

Eine Möglichkeit, seine Immobilienangebote bekannt zu machen, besteht darin, eine eigene *Homepage* anzulegen. Diese kann man nach eigenem Ermessen gestalten, und auf sie kann von jedem anderen Internet-Teilnehmer zugegriffen werden. Dabei ist es natürlich wichtig, dass die möglichen Käufer überhaupt erst zu dieser Seite finden. Dies kann man zum einen über Werbung erreichen - was vor allem für Firmen interessant ist -, zum anderen aber auch dadurch, dass man in Suchmaschinen eingetragen ist. Ist dies der Fall, wird die eigene Seite als ein Eintrag bei verschiedenen Stichwörtern angezeigt.

Um Ihnen eine Vorstellung davon zu geben, wie eine solche "Visitenkarte" im Internet aussehen kann, hier die Homepage der Kempe Grundbesitz & Anlagen AG, auf die über *http://www.immobilienboerse.com* zugegriffen werden kann.

Von dieser Hauptseite aus gelangen Sie durch einfaches Anklicken mit der Maus auf 3 Kategorien, als da wären:

KEMPE Grundbesitz &
Anlagen Aktiengesellschaft

Immobilienbörse seit dem 1.8.1968

Aktuelles Angebot

KEMPE AG
Service

Aktuelle Nachfrage

Ich möchte Sie hiermit herzlich dazu einladen, mich auf dieser Homepage zu besuchen und sich selbst ein Bild davon zu machen, wie vielschichtig das Informationsangebot ist.

**Die Zukunft des Internets**

Ich muss ehrlicherweise anführen, dass das Internet, was den Handel mit Immobilien betrifft, derzeit noch ein Schattendasein führt. Das Gros der Käufer und Verkäufer verlässt sich nach wie vor auf die bekannten Medien. Doch kann sich das in der Zukunft sehr schnell ändern. Daher empfehle ich Ihnen, sich mit diesem neuen Medium auseinanderzusetzen.

## 4. Immobilienkaufmann / Immobilienkauffrau

**Ausbildungsdauer:** 3 Jahre

**Arbeitsgebiet:**

Immobilienkaufleute sind in allen Geschäftsbereichen der Immobilienwirtschaft tätig. Sie arbeiten in Wohnungsunternehmen, bei Bauträgern, Immobilien- und Projektentwicklern, bei Grundstücks-, Vermögens- und Wohnungseigentumsverwaltungen, bei Immobilienmaklern oder in Immobilienabteilungen von Banken, Bausparkassen, Versicherungen, Industrie- und Handelsunternehmen.

**Berufliche Qualifikationen:**

- Vermieten und Bewirtschaften Immobilien

- Erwerben, Veräußern und Vermitteln Immobilien

- Begründen und Verwalten Wohnungs- und Teileigentum

- Entwickeln immobilienbezogene Dienstleistungen

- Betreuen Neubau, Modernisierung und Sanierung von Immobilien

- Entwickeln unternehmens- und kundenbezogene Finanzkonzepte

- Beraten Kunden

- analysieren den Immobilienmarkt und setzten Marketingkonzepte um

- Organisieren und Steuern

**Kurzübersicht:**

1. Das Internet ist als ein zusätzliches Medium für den Kauf und Verkauf von Immobilien interessant.

2. Um aus dem unüberschaubaren Informationsangebot des Internet das herauszuholen, was man wissen will, existieren Suchmaschinen. Sie erleichtern Ihre Arbeit im Internet und geben Ihnen die Möglichkeit, sich zurechtzufinden.

3. Für uns ist von Interesse, das im Internet "Pinwände" existieren, wo man seine eigenen Anzeigen aufgeben kann, größtenteils sogar kostenlos. Damit verfügt man neben der Zeitungsannoncen und Mailings über ein weiteres Medium, das die eigenen Verkaufsaktivitäten unterstützt.

# VII. Was noch zu sagen bliebe

## 1. Über Künstler und Kaufleute

Wenn man die großen Künstler unserer Zeit oder auch vergangener Jahrhunderte unter die Lupe nimmt, fällt zum einen auf, dass es sich bei Ihnen im Grunde um relativ normale Menschen handelt beziehungsweise handelte. Auch sie müssen (mussten) lernen, essen, trinken, brauchen (brauchten) ein Dach über dem Kopf etc. Wenn man jedoch in ihre Welt eintritt - die Welt ihrer Schöpfungen und Werke - findet man dort eine ganz außergewöhnliche Qualität, etwas ganz besonderes vor. Abgesehen davon, dass sie den handwerklichen Teil ihres Genres beherrschen, verfügen sie über den gewissen Funken Kreativität, der ihren Werken Leben einhaucht.

Mir fällt dazu die wunderbare Klaviermusik von *Sergej Rachmaninow* ein. Oder auch die begeisternden Bilder von *Marc Chagall*, *Pablo Picasso* und anderen. Ganz abgesehen von solchen Größen wie *Wolfgang Amadeus Mozart* oder *Leonardo da Vinci*. Hier erkennt man ganz klar, dass diese Menschen Meisterwerke geschaffen haben. Bei lebenden Künstlern hingegen erkennt man nicht unbedingt sofort, welches Potential in ihnen steckt. Auch zeigt die Geschichte, dass die meisten wirklich überragenden Künstler erst nach ihrem Tod den großen Durchbruch hatten und die Anerkennung ernteten, die ihnen zustand.

Sie mögen sich nun fragen, was dies mit Immobilien, deren Handel und Ihnen zu tun hat, der Sie mit Hilfe dieses Buches in gewissem Rahmen gelernt haben, wie ein *Kaufmann* zu denken und zu handeln. Nun, betrachten Sie es einmal so: Die Tatsache, dass *Ludwig van Beethovens* Musik noch Jahrhunderte nach seinem Tod Kaufleuten Geld einbringt, für Arbeitskräfte sorgt und Menschen erfreut, ist doch einfach genial! Stellen Sie sich einmal vor, wie es wäre, wenn Sie etwas

Ähnliches schaffen würden! Nur: Welcher Kaufmann wird schon von der Muse geküsst oder erwartet das überhaupt?

Es ist verzwickt: Einerseits drängt es uns, etwas zu kreieren, Vermögen aufzubauen, andererseits existiert da das Gefühl, dass wir es nicht schaffen können. Wir schränken uns selbst ein, und zwar durch die eigenen geistigen Barrieren, die wir uns setzen! Was aber wäre, wenn wir uns die *Kreativität* und *Schaffenskraft* eines Künstlers zu eigen machen und in ganz anderen Dimensionen denken würden? Anders ausgedrückt: Was wäre, wenn wir als Kaufleute genauso kreativ wären wie ein so genannter Künstler?

Verstehen Sie mich nicht falsch. Ich möchte nicht, dass Sie diese Kreativität auf unethische Tricks oder etwa das frisieren von Bilanzen beziehen. Nein, ich meine, dass Sie so kreativ sein sollten, sich Erleichterungen und Verbesserungen zu überlegen, zu prüfen und durchzusetzen. Und natürlich auch, dass Sie sich aus den Grenzen lösen, die Sie bisher für sich gesetzt haben!

Ein weiterer Aspekt, der damit einhergeht, ist die Fähigkeit, aus nichts etwas zu machen. Wie ein Komponist oder Schriftsteller, der vor einem weißen Blatt Papier sitzt und es zu füllen hat. Genauso gehen Sie vor, um aus keinem Vermögen eines aufzubauen. Es ist dies eine der höchsten Fähigkeiten des Lebens an sich, dass man Dinge erschafft, die vorher noch nicht da sind. Im Bereich der Kunst ist dies gang und gäbe, aber im kaufmännischen Bereich hat man dem nicht die gleiche Bedeutung beigemessen. Dabei ist es auch hier wichtig, etwas zu erschaffen.

Ich möchte Sie daher einladen beides zu sein, Künstler und Kaufmann. Hören Sie nie damit auf, etwas zu kreieren, zu verbessern, neuer, einfacher und schöner zu machen, und halten Sie dabei auch die kaufmännische Seite im

Auge. So werden Sie vermögend werden und ein erfülltes Leben genießen. Und das ist es schließlich, worauf es ankommt!

---

**Kurzübersicht:**

1. Kreativität bedeutet für Sie als Kaufmann, dass Sie sich aus den Grenzen lösen, die Sie bisher für sich gesetzt haben! Nur so können Sie neue Horizonte erreichen!

2. Sie müssen, um sich ein Vermögen aufzubauen, fähig sein, aus nichts etwas zu machen.

3. Hören Sie nie damit auf, etwas zu kreieren, zu verbessern, neuer, einfacher und schöner zu machen, und halten Sie dabei auch die kaufmännische Seite im Auge. So werden Sie Ihre Ziele realisieren.

## 2. Feuer und Eis

Wenn ich ein wenig in mich kehre, mir meine Lebensphilosophie vergegenwärtige, stellen sich mir Reime im Gedächtnis ein. Diese will ich - um die verbleibenden Seiten mit ein wenig Lyrik zu füllen - hier zum Besten geben.

Was ist zu tun, um das Leben lebenswert zu machen? Der eine sorgt sich um den Alltag, der andere kann den Überfluss nicht ertragen. Spannung kann nur aus Dingen entstehen, die uns wirklich gefangen halten. Und oft im Leben geben wir auf, weil wir nicht glauben, den Dingen gewachsen zu sein. Schade, denn das Spiel, die Herausforderung hätte uns vielleicht doch Erfüllung gebracht.

Feuer und Eis, zu kalt, zu heiß - beides kann uns verzehren. Und doch besteht die Chance, uns am Feuer zu wärmen und am Eis zu erfrischen. Kommt jedoch das Eis aufs Feuer wird`s kräftig zischen.

Der Alltag, die kleinen Probleme und der tägliche Stress, sie lenken und begleiten uns, sind uns ach so vertraut. Doch wer ist aus diesem Alltag gebaut? Man stelle sich nur vor, der Trott bestimmte unser Leben. Ein Tor ist, der das nicht glaubt. Denn der Alltag kommt auf leisen Sohlen - er ist da, und oft merken wir nicht, wie er zu uns spricht.

Doch wenn`s zu spät ist - so kommt`s wie die Rache - vergeht wohl jedem die fröhliche Lache. Dann bereuen wir, unseren Zielen nicht treu geblieben zu sein. Doch: Noch können wir`s ändern, können etwas tun, es wäre dumm, gleich jetzt zu ruhen. Darum lasst uns starten und nicht länger warten!

Es gibt wohl Tausende von Sachen, mit denen man vermag, das Leben besser zu machen. Eines, das ich kenne, ist *Interesse*! Man kann es gebrauchen, und es muss nicht mal schlauchen. Wirkliches Interesse an Menschen, die Immobilien kaufen, die irgendwo laufen, die findet man immer, die vergessen wir nimmer. Darum lasst sie uns suchen, auch wenn wir von Zeit zu Zeit mal derb fluchen.

Oft habe ich Menschen gesehen, die konnten nichts finden, nicht sehen. Die warteten auf die Chancen und blieben daneben stehen. Ja, ich habe sie wirklich oft gesehen. Wenn Goethe sich dieses Themas annahm, schrieb er: "Gott gibt uns die Nüsse, doch er knackt sie nicht!" Wie könnte man es besser formulieren. Für uns bedeutet das: Wir müssen den Immobilienmarkt studieren!

Interesse an Menschen, Interesse am Geschehen - das ist besser, als weise und nass im Regen zu stehen. Eine Wahrheit sollte man wirklich nicht missen: Wer nicht hinschaut, der kann auch nichts wissen! Oft liegt da der Hund begraben: Nichts sehen und trotzdem glauben, alles zu wissen.

Zum Schluss Ihr Freunde und Kollegen - verzeiht mir das Ende dieser Zeilen - doch das Ende hat seinen Zweck - Ihr sollt nicht länger hier verweilen. Ich wollte Euch nur schütteln, einmal richtig aufrütteln. Erfolg ist ein guter Teig, ein leichtes Brot, und wenn wir den Mut und die Kraft zum Interesse verspüren, dann werden wir ihn richtig anrühren!

### 3. Ein Blick in die Zukunft

Es ist immer ein waghalsiges Unterfangen, Prognosen für die Zukunft aufzustellen, ganz besonders, wenn sich Wirtschaft und Politik so sehr im Umbruch befinden, wie es derzeit der Fall ist. Die Deutsche Mark ist gegangen, der Euro ist gekommen und aus Deutschland wird ein Teilstück von Europa. Das bedeutet für uns neue Gesetze, einen noch größeren Verwaltungsapparat (den der Europäischen Union) und eine neue Dimension der Völkerwanderung.

Berücksichtigt man noch die Entwicklung der Derivatblase und deren Auswirkung auf das internationale Finanzgeschehen, kann man für die Zukunft mit einigen grundlegenden Veränderungen rechnen.

Ich gehe davon aus, dass sich die finanziellen Probleme nur über Inflation lösen lassen werden, und zwar gesteigerte Inflation. Wie hoch diese genau sein wird, werden wir in ein paar Jahren wissen, aber ich denke, dass wir Deutschen in Zukunft dem Faktor Inflation weitaus mehr Aufmerksamkeit schenken müssen, als bisher.

Da das vom Staat überwachte soziale Netz immer mehr bröckelt - einfach, weil es bald nicht mehr bezahlbar ist - tritt wieder die private Vorsorge in den Vordergrund.

Wie auch immer die Zukunft für Sie persönlich aussehen mag, wichtig ist, dass Sie vorausplanen und sich selbst überlegen, was Sie in den nächsten Jahren und Jahrzehnten erreichen möchten. Denn schließlich sind Sie Ihr wichtigster Ratgeber.

### 4. Und jetzt?

Herzlich willkommen am Ende dieses sicherlich nicht ganz gewöhnlichen Buches. Sie verfügen nun über das Know-how, das nötig ist, um sich *mit Hilfe von Immobilien ein Vermögen zu verdienen*! Sehr gut!

Sie wissen, dass sich Immobilien deutlich von Geldwerten unterscheiden, die in der Druckerpresse vermehrt werden. Gebäude kann man nicht einfach nachdrucken. Es erfordert Arbeit und Grundstücke, sie zu bauen. Und daher stellen sie echte, reale Werte dar, die man für seinen Vermögensaufbau nutzen kann und die Sie zu diesem Zweck nutzen sollten.

Was nach der umfangreichen Theorie und dem Fachwissen ansteht, ist die *Planung* und *Durchführung* der exakten Schritte, die Sie in Richtung *Vermögensaufbau* voranbringen werden. Das bedeutet, dass Sie sich mit den Informationen aus diesem Buch auseinandersetzen, sie mit der Praxis in Beziehung setzen, Daten über den Markt sammeln, planen und letztendlich Immobilien kaufen, renovieren, vermieten, verkaufen, usw. Es erfordert von Ihrer Seite ein wenig Hingabe, den in diesem Buch beschriebenen Weg zu gehen. Sie müssen damit beginnen, sich für Immobilien zu interessieren. Zeitungsannoncen lesen, Objekte besichtigen, Rentabilitätsberechnungen durchführen, Finanzierungskonditionen in Erfahrung bringen und sich mit dem Markt vertraut machen. Schließlich müssen Sie daran gehen, Ihre erste (oder nächste) Immobilie zu kaufen.

Damit Sie selbst eine Vorstellung davon erhalten, wie Sie vorgehen sollten, ist es praktisch, einen Plan zu erstellen. Dieser sollte sowohl die ins Auge gefassten Aktionen wie auch deren Zeitangabe umfassen. Beispielsweise könnten Sie damit beginnen, sich sofort über den Markt zu informieren und in drei Monaten Ihre erste Kapitalanlageimmobilie zu erwerben. Die nächste drei oder vier Jahre später. In acht Jahren verkaufen Sie die beiden Objekte und investieren den Gewinn in ein Mehrfamilienhaus oder auch in Ihr persönliches Traumhaus.

Wie Ihr persönlicher Plan aussieht, müssen Sie selbst entscheiden. Schließlich ist es Ihr Leben. Und es sind Ihre Ziele, denen Sie treu bleiben sollten. Werfen Sie also noch einmal einen Blick auf die Ausarbeitung, die Sie im Kapitel *Der Weg zum Erfolg: Ihre ganz persönliche Vermögensstrategie* erstellt haben. Nehmen Sie diese und die erworbenen Kenntnisse als Grundlage, um Ihren individuellen Immobilien-Vermögensplan aufzustellen.

Viel Erfolg dabei!

**Mein persönlicher Immobilien-Vermögensplan**

**Zeit**       **Aktionen**

___

**Workshop - Seminar**

**mit dem Autor Klaus Kempe**

Im kleinen Teilnehmerkreis werden die Themen des Buches marktgerecht und praxisbezogen aufgearbeitet, so dass Sie egal wo Sie im deutschsprachigen Raum leben eine direkte individuelle Anleitung dazu erhalten, wie Sie mit Immobilien ein Vermögen verdienen können.

Themen:

**1. zur Lage der Nation**
   - oder warum Immobilien

**2. persönliche Zielsetzung**
   - realistisch, praxisnah, individuell abgestimmt

**3. Marktbeobachtung - Marktanalyse**
   - wie Sie den Durchblick bekommen und behalten

**4. Besichtigung**
   - Analyse, Kontrolle, Abschluss

**5. Bewirtschaftung**
   einfacher und sicherer Immobilien - Umgang

Dieses erfolgreiche Tagesseminar beginnt um 10.00 Uhr bis 13.00 Uhr und von 14.00 Uhr bis 17.00 Uhr. Die Kosten betragen 198,- €, bei der Unterbringung zum Vorzugspreis sind wir Ihnen gern behilflich. Bei Interesse bitten wir um kostenlose unverbindliche Reservierungsvormerkung. Sie erhalten dann die nächst möglichen Termine.

☐    Ja ich bitte um eine kostenlose unverbindliche Reservierung

Name:  _____

Anschrift:  _____

**An KEMPE Grundbesitz & Anlagen AG    Fax. 0211 - 914 666 105**

# Anhang

## I. Checklisten, Regeln, Tabellen, Tipps und Tricks rund um den Vermögensaufbau mit Immobilien

Auf den folgenden Seiten finden Sie all die Checklisten, eine Aufstellung nützlicher Regeln,

Tabellen und vieles mehr, das Sie im Praxisalltag des Immobilien-Business nutzbringend

einsetzen können. Nutzen Sie sie also und bauen Sie sich ein Millionenvermögen auf.

# 1. Kurze Objektanalyse-Checkliste

Objekt

_____

Wohnfläche_____Baujahr_____Kaufpreis/Courtage_____

Preis pro m² _____
Verkaufsgrund_____

Vielfaches der Jahresnettokaltmiete _____
Rendite in % _____


## Negativ

☐ Lage
☐ Schönheitsreparatur erforderlich
☐ Einfache Bauweise
☐ Kein Balkon
☐ Einfache Ausstattung Grundriss
☐ Öffentliche Mittel
☐ Wenig freie Wohnungen
☐ Schlechte Einrichtung
☐ Unaufgeräumt
☐ Ungepflegter Garten
☐ Schlechte Bausubstanz
☐ Reparatur erforderlich
☐ Schlecht gefliese Bäder

## Positiv

☐ Lage
☐ Steuerersparnis
☐ Gute Ausstattung
☐ Gute Vermietbarkeit
☐ Interessant geschnittener
☐ Hoher Wiederverkaufswert
☐ Eigenkapital aus Steuern
☐ Althypothek zu übernehmen
☐ Moderne Inneneinrichtung (Bad, ...)


Sonstiges

_____

_____

_____

_____

## 2. Vollständige Checkliste für den Kauf von Wohnimmobilien

*Umfeld*

Qualität der Lage

---

(Z.B. ruhig, verkehrsreich, lärmbelastet durch Gewerbe)

Bebauung des Gebietes/der Straße

---

(Z.B. Hochhäuser, Einfamilienhäuser, dicht oder weiträumig)

Verkehrserschließung

---

(S-/U-Bahn oder Bushaltestelle vorhanden; Durchgangs-/Anliegerstraße)

Zustand der Nachbarobjekte

---

(Z.B. neu, renoviert, alt, vernachlässigt)

Einkaufsmöglichkeiten

---

(Gleich nebenan, zu Fuß erreichbar, mit Auto oder öffentlichen Verkehrsmitteln)

Schulen/Arbeitsplätze

---

(In der Nähe oder entfernt in Geh- bzw. Fahrminuten)

Entwicklung

---

(Ist die Gegend "in" oder "out"? Ist Wertzuwachs möglich?)

Bewohner

_____

(Ausgewogener "Mix", bestimmte Berufs- oder Altersgruppen vorherrschend?)


*Grundstück*

Parkmöglichkeiten

_____

(Wie viele Stellplätze, Garagen?)

Zugang

_____

(Gehweg, Treppen, breit und gepflastert, ausreichende Garagenzufahrt)


Anlage_____
(Rasen ringsherum, Bäume, eingezäunt, frei zugänglich)


Besonderheiten

_____

(Z.B. Hanglage, Hochwassergefahr in Flußnähe)


Grundstücksausrichtung

_____

(Idealerweise Südwestlage)


Helligkeit

_____

(Schatten durch Nachbargebäude oder Bäume)

Abstand

(Dicht, weitläufig, angrenzende Nachbargebäude)

Zustand

(Wege, Treppen, Grünanlage in Ordnung oder vernachlässigt)

Bemerkung

(Schuttablagerungen, Geruchs- und Lärmbelästigungen, Müllentsorgung problemlos)

*Objekt-Außenbesichtigung*

Bauweise

(Massivbau, Fertigbauweise, Fachwerk)

Fassade

(Verputzt, verkleidet, gestrichen)

Fassadengestaltung

(Modern, klassisch, repräsentativ, primitiv)

Höhe

(Anzahl der Geschosse bzw. Lage der Eigentumswohnung)

Dachform

_____

(Flachdach, Satteldach, Pultdach)

Technik

_____

(Dachrinnen komplett, Türen und Fenster in Ordnung/defekt)

Zustand

_____

(Einwandfrei, vernachlässigt, reparaturbedürftig)

Besonderheiten

_____

(Risse in der Fassade, unpassender Farbanstrich, ...)


*Objekt-Innenbesichtigung - Flurbereich*

Eingang

_____

(Moderne Türschließ-/Gegensprechanlage, Klingelschilder beachten wegen Mieter-Struktur)

Briefkästen

_____

(Namensschilder, überquellender Inhalt wegen Vermietungsstand beachten, vollständig, defekt)

Treppe/Aufzug

---

(Ausreichend dimensioniert, defekt/gepflegt)

Wände

---

(Anstrich hell und gepflegt/renovierungsbedürftig)

Besonderheiten

---

(Abgestellte Gegenstände, Beleuchtungs-Zeitschalter funktioniert)

*Objekt-Innenbesichtigung - Kellerbereich*

Aufteilung

---

(Voll-/teilunterkellert, Kellerräume abschließbar, separater Trocken- und Waschmaschinenraum)

Wände,Boden,Decke

---

(Verputzt, gestrichen und ausreichende Höhe)

Feuchtigkeit

---

(Nasse Stellen oder Schimmel, auf Geruch achten)

Belüftung,Beleuchtung

---

(Fenster, Schächte ausreichend/beschädigt)

Zustand

---

(Reparaturrückstau, Grundmauern solide)

Heizung

---

(Öl, Gas, Fernwärme, Elektroheizung)

Heizungsanlage

---

(Moderner/alter Brenner, Pumpen, genügend dimensioniert)

Öltank

---

(Dicht, zugänglich, Bodenabdichtung okay)

Heizraumtür

---

(Brandschutztür vorhanden)

Wasser-/Abwasseranschluss

---

(Ver- und Entsorgungsanschlüsse ausreichend, Leitungen dicht, Wasseruhr zugänglich, Rückstauventil vorhanden)

Leitungszustand

---

(Genügend Wasserdruck, Vorsicht bei Rost im Wasser)

*Objekt-Innenbesichtigung - Elektroinstallation*

Sicherungskasten

---

(Zugänglich, übersichtliche Installation, auf VDE-Zeichen achten)

Leitungen

---

(Unter/über Putz, brüchig/flexibel)

Steckdosen/Lichtschalter

---

(Ausreichende Anzahl, neuere/ältere Modelle)

Stromzähler

---

(Verplombt, eindeutig zu Wohnungen zuzuordnen)

Kabel-/Antennen-undTelefonanschluß

---

(Vorhanden in allen Wohnungen/zum Teil)

*Objekt-Innenbesichtigung - Wohnungen*

Gesamtzahl

---

(Mietparteien bei Mehrfamilienhäusern, Einheiten bei Eigentumswohnanlagen)

Aufteilung

---

(1-Zimmer-Appartements, 2- und Mehrzimmerwohnungen)

Wohnungsgröße

---

(Von ... m2 bis ... m2)

Zimmergrößen_____
(Ausreichend, übergroße Räume, keiner unter 10 m2)

Balkon/Terrasse

---

(Vorhanden/zum Teil, an Süd- oder Südwestseite)

Zimmerhöhe

---

(Ausreichend etwa 2,50 m)

Wände

---

(Schallisoliert/hellhörig, Schrägen mindern m2-Flächen)

Türen/Fenster

---

(In Schuss/renovierungsbedürftig, schließen und abschließbar)

Rollläden

---

(Überall vorhanden/teilweise, funktionsfähig)

Heizung

---

(In jedem Raum ausreichend dimensionierte Heizkörper mit Thermostatventilen)

Böden

---

(Teppichboden, Kacheln, stark verwohnt/neuwertig)

Warmwasser

---

(Ausreichende Menge, Anschlüsse in Küche und Bad vorhanden)

Bad

---

(Moderne/antiquierte Sanitäreinrichtung, sanierungsbedürftig, Anschlüsse defekt, Feuchtigkeitsschäden sichtbar)

Küche

---

(Platz ausreichend für Einbauküche, mitvermietet/Mietereigentum)

Helligkeit

---

(Ausreichendes Tageslicht)

Isolierung

---

(Wärmedämmung auf neuestem Stand/Nachholbedarf)

Besonderheiten

---

(Hohle Wände - ruhig klopfen - oder andere Schäden bemerkt)

*Dachgeschoß*

Isolierung

---

(Dicht/feuchte Stellen, Wärmedämmung erkennbar)

Zustand

---

(Reparaturbedürftig, in den letzten Jahren Reparatur durchgeführt - besonders bei Flachdächern)

Aufteilung

---

(Dachwohnung, Trockenraum oder noch ausbaufähig, evtl. Baugenehmigung erfragen)

*Garagen/Stellplätze*

Anzahl_____

(Ausreichend pro Mietpartei; Extraeinnahmen)

Tiefgarage

_____

(Betonschäden - meist durch Frost, Lärmbelästigung im Parterre, Belüftung und Beleuchtung okay?)

Stellplätze

_____

(Nur für Mieter reserviert oder auch Ärger mit Fremdparkern?)


*Service-Bereich*

Freizeitmöglichkeiten

_____

(Sauna, Schwimmbad, Tennisplatz, Bowlingbahn - besonders bei großen Wohnanlagen außerhalb)

Gemeinschaftsräume

_____

(Partykeller, Fahrradabstellplatz, Glas-/Papiersammelstellen)

Gartenbenutzung

---

(Allen zugänglich, Betreuung gewährleistet)

Kosten

---

(In Nebenkosten abgerechnet, akzeptabel zur Ausnutzung)

*Verwaltung/Bewirtschaftung*

Verwalter

---

(Wer verwaltet zurzeit das Objekt/Kosten)

Hausmeister

---

(Ist einer angestellt, Teilzeit-Basis)

Mietverträge

---

(Standardvordrucke - einsehen! - Miethöhen, gezahlte Kautionen prüfen)

Mietbuch

---

(Gibt es Zahlungsrückstände/meist Daueraufträge eingerichtet?)

Nebenkosten

---

(Abrechnungsstau aus Vorjahren/genügend Deckung durch Vorauszahlungen)


Betriebskosten_____
(Überhöht/wirtschaftlich - Aufstellung einsehehen)


Abrechnungsunterlagen

---

(Alle einsehen, geordnet/unübersichtlich)


Versicherungen

---

(Policen vorhanden, Wertangabe notieren)


Reparaturrechnungen

---

(Wegen Zustands-Analyse bei Altbauten besonders beachten)


Baupläne

---

(Stimmen Angaben über Baujahr, m2 - alle Umbauten genehmigt?)


Sonstiges

---

(Gibt es besondere Nutzungsrechte wie Wegerecht, Denkmalschutz?)

Einheitswert-Bescheid

---

(Wichtig für die steuerliche Bemessungsgrundlage - einsehen!)

Erschließungskosten/Anliegergebühren

---

(Bei Neubauten alle gezahlt/bei Gehwegbau noch zu erwarten)

Besonderheiten

---

(Unterlagen in Kopie mitnehmen zur Prüfung, fehlende Papiere nachreichen lassen)

*Nur bei Eigentumswohnungen*

Teilungserklärung

---

(Notariell beglaubigt, Angaben prüfen, Sondereigentum bezeichnet)

Gemeinschaftsordnung

---

(Stimmrecht pro Eigentümer/Wohnungsanteil, Nutzungseinschränkungen für die Eigentums-wohnung)

Verwalter

---

(Kosten, Abrechnungen ordentlich und komplett)

Beschränkungen

---

(Eigentumswohnung frei vermietbar/Vermietungshürden in Hausordnung)

Eigentümerversammlung

---

(Protokolle vorhanden, gibt es Probleme?)

# 3. Checkliste für die Objekt-Ankaufsprüfung

## 1. Exposé

Entspricht das Exposé den Anforderungen (Ausführlichkeit, Sachlichkeit, etc.)?

## 2. Wohnflächenberechnung

A. Wohnflächenberechnung gemäß DIN 283

B. Jede Wohnung anhand der Pläne vom Bauamt prüfen

C. Aufstellung der vorhandenen Wohnungen mit Größe

D. Aufstellung der noch auszubauenden Wohnungen mit Größe

E. Sonstiges

## 3. Renovierungs- und Sanierungskostenschätzung

A. Aufstellung der Arbeiten für das Gesamtobjekt

B. Aufstellung der Arbeiten für jede Wohnung

C. Aufstellung der Kosten

D. Aufstellung der Zeit für Renovierung

E. Sonstiges

## 4. Informationen über Verkäufer

A. Welche Maklerfirma

B. Name und Anschrift des Eigentümers

C. Verkaufsgründe

D. Sonstiges

## 5. Bewertungsbogen

A. Wie viel Wohnfläche zu welchem Quadratmeterpreis Einkauf/Verkauf

B. Wie viel Wohnfläche Renovierung und Sanierung Quadratmeterpreis Einkauf/Verkauf

C. Preis jeder einzelnen Wohnung, Einkauf/Renovierung, Wohnung/Renovierung, Objekt/Verkauf

D. Bewertung der Lage 1-6

E. Bewertung des Umfelds 1-6

F. Bewertung der Mietersituation 1-6

G. Bewertung Einkaufspreis 1-6, optimaler EK _____ €

H. Bewertung Verkaufspreis 1-6, optimaler VK _____ €

I. Sonstiges

J. Objektankauf empfehlenswert / nur wenn

---

## 4. Checkliste für die Übernahme eines Objektes

|  | Ja | Nein | Zusatztext Nr. |
|---|---|---|---|

1. Ist die Nutzung sichergestellt durch
Teilungserklärung oder Aufteilungsplan
- im Außenbereich?           —  —  —
- an den Kellerräumen?     —  —  —
- an Speicherräumen?    —  —  —
- für sonstige Bereiche?    —  —  —

2. Ist das Gemeinschaftseigentum deutlich getrennt
vom Sondereigentum
- bei den einzelnen Einheiten?    —  —  —
- bei den Heizungsanlagen?    —  —  —
- bei den Versorgungsleitungen(Gas, Wasser, Strom)?    —  —  —
- bei den Entsorgungsleitungen?    —  —  —

3. Ist in der Teilungserklärung festgelegt, ob die
allgemeine Kosten- und Lastenverteilung nach
- den gesetzlichen Regelungen des §16 WEG über
Miteigentumsanteile erfolgt?    —  —  —
- nach besonderen Kostenverteilungsschlüsseln
erfolgt?    —  —  —
- nach zweifelsfrei zuzuordnenden
Kostenverursachungsbereichen erfolgt?    —  —  —

4. Ist die Berechnung der Miteigentumsanteile unter
Berücksichtigung der besonderen Belange der
Umwandlung geklärt?    —  —  —

5. Ist in der Gemeinschaftsordnung die Abwicklung
der Vertretungsvollmacht in der
Eigentümerversammlung geklärt?    —  —  —

6. Ist geklärt, wer zum ersten Verwalter der
Eigentümergemeinschaft bestellt
oder gewählt wird?    —  —  —

7. Zu klärende Punkte bei Bildung von Teileigentum
- erfolgt die Erfassung des Energieverbrauchs über
zusätzliche Messinstrumente?    —  —  —

- darf beim Teileigentum eine Nutzungsänderung
ohne Beschluss der Gemeinschaft erfolgen
(z.B. Umwandlung Textilgeschäft in Imbissstube)?          ___   ___   ___
- darf nach der Gemeinschaftsordnung im Bereich
des Teileigentums der Einzeleigentümer mit oder ohne
Beschluss/Vereinbarung die äußere Gestaltung in
seinem Bereich ändern (Fassadenänderung,
Reklameflächen, Fensteränderungen)?          ___   ___   ___

## 5. Objektanalyse-Checkliste

Objekt_____

1. Wie ist das Objekt zu beurteilen? Ist es markt- und damit werbereif?

_____

_____

2. Welche Vorzüge, aber auch welche Schwächen hat es?

_____

_____

3. Welche besonderen Qualitäten hat es?

_____

_____

4. Kenne ich alle Verwendungsmöglichkeiten?

_____

_____

5. Ist die Aufmachung, Lage und Preisvorstellung richtig?

_____

_____

6. Wie ist die Marktlage für dieses Objekt?

_____

_____

7. Wer sind die Vertriebe und welche Käufergruppen sollen angesprochen werden?

_____

_____

8. Wer sind in dieser Objektart meine Mitbewerber?

_____

_____

9. Wie verhalten diese Firmen sich?

_____

_____

10. Wie steht mein Objekt im Vergleich zu ihren Angeboten?

_____

_____

11. Welchen Marktanteil haben die Mitbewerber?

_____

_____

12. Ist der Markt für mein Objekt noch aufnahmefähig?

_____

_____

13. In welcher Zeit?

_____

_____

14. Welche Bedeutung hat mein Objekt für die Abteilung Aufbereitung?

_____

_____

15. Ist das Objekt optimal aufzubereiten?

_____

_____

16. Wo liegt die Grenze der betrieblichen Leistungskapazität?

_____

_____

17. Welche Neu-Investitionen sind für eine Bearbeitung notwendig?

_____

_____

18. Welche Kapazitäten werden während der Bearbeitung gebunden und stehen dadurch fürandere Aufgaben nicht zur Verfügung?

_____

_____

## III. Glossar

**AfA** - Abschreibung für Abnutzung

**Agio** - Aufgeld, zusätzlicher Betrag.

**Aktie** - Wertpapier, das einem den Besitz eines bestimmten Teils eines Unternehmens bescheinigt. Der Aktiengewinn summiert sich aus der Dividende, die jährlich an Aktieninhaber ausgeschüttet wird und eventuellen Kursgewinnen. Allerdings sind auch Kursverluste möglich, was die Aktienrendite unvorhersehbar macht.

**Annuität** - Die regelmäßige *Zahlung*, die zur Rückzahlung eines Darlehens zu entrichten ist. Sie setzt sich zusammen aus Zins- und Tilgungsanteil. Der Normalfall ist die feste Annuität, bei der jährlich gleichbeibende Beträge zu zahlen sind. Die Schuldsumme verringert sich mit der Tilgung, so dass der Zinsanteil in der gleich bleibend hohen Rate immer kleiner wird, der Tilgungsanteil immer größer.
*Herkunft*: lateinisch *annus* "Jahr"

**Annuitätendarlehen** - Eine Kreditvariante, bei der jedes Jahr (und somit auch jeden Monat) die gleiche Summe für Zinsen und Tilgung an die finanzierende Bank gezahlt wird. Dabei sinkt der Zinsanteil im Laufe der Jahre, der Tilgungsanteil steigt.
*Herkunft*: lateinisch *annus* "Jahr"

**Bauherrenmodell** - Modell zur Erstellung von Immobilien, bei dem der Käufer gleichzeitig als Bauherr fungiert. Dadurch ergeben sich für ihn besondere Steuersparmöglichkeiten.

**Bausparvertrag** - Ein Sparvertrag, bei dem man regelmäßig Geld anspart, um Eigenkapital für den Immobilienkauf zu bilden. Wenn eine vorher festgelegte Summe erreicht ist und andere Bewertungskriterien erfüllt sind, wird dem Bausparer ein zinsgünstiges Darlehen zur Verfügung gestellt, mit dem er eine Immobilie erwerben kann.

**Bestandsimmobilie** - Altbauimmobilie, jegliche Immobilie, die nicht in die Kategorie "Neubau" fällt.

**BJ** - Baujahr

**Bonität** - Ruf einer Person oder Firma in Bezug auf ihre Zahlungsfähigkeit und somit auch die Fähigkeit, die Ratenzahlungen eines Kreditvertrags einzuhalten. *Herkunft*: lateinisch *bonitas, bonus* "gut"

**Broker** - Händler an der Börse.

**BWA** - Betriebswirtschaftliche Auswertung

**Courtage** - Maklergebühr für die Vermittlung von (Immobilien-)Geschäften.

**Derivat** - Derivate sind Finanzprodukte, die sich von Aktien, Anleihen, etc. ableiten. Es gibt sie in verschiedenen Formen:

*Futures* (von englisch *future*, also *Zukunft*), mit denen der Kauf einer Währung oder eines beliebigen Finanzproduktes zu einer bestimmten Zeit vereinbart wird.

*Swaps* (von englisch *swap*, also *(aus)tauschen*), die die zum Tausch einer Währung oder des Zinses sowie zum Rücktausch nach einem festgelegten Zeitraum dienen.

*Optionen* (von lateinisch *optio*, was soviel wie *freier Wille, Belieben* bedeutet), mit denen sich das Recht zum Kauf oder Verkauf eines Finanzproduktes erwerben lässt, ohne dass von diesem Recht Gebrauch gemacht werden muss.

Mit Derivaten ist der Handel von Waren, Devisen, etc. möglich, ohne dass wirklich Dinge bewegt werden. Es handelt sich daher sozusagen um einen Handel mit Luft, der nicht mehr mit der eigentlichen Form des Handelns (Güter gegen Güter oder Güter gegen Geld) zu vergleichen ist.

*Herkunft*: lateinisch *derivare* "ableiten". In der Chemie beispielsweise bezeichnet man eine Verbindung, die aus einer anderen entstanden ist als Derivat.

**Disagio** - Bei Auszahlung von Darlehen wird oft ein Abschlag von der gesamten Kreditsumme vereinbart, das sogenannte Disagio. Der Auszahlungskurs (100 Prozent minus das Disagio) gibt dann jenen Teil der Nominalschuld an, der tatsächlich ausgezahlt wird. Die Nominalschuld ist also höher als der ausgezahlte Kurs. Das Disagio kann unter bestimmten Bedingungen zu einer Steuerminderung führen und senkt die Kreditrate. Insgesamt muss aber mehr Geld zurückgezahlt werden.

**EBK** - Einbauküche

**ECU** - European Currency Unit, Europäische Währungseinheit. Der ursprüngliche Name des Euro.

**EFH** - Einfamilienhaus

**EG** - Erdgeschoß

**Eigenkapital** - Vom Käufer selbst aufgebrachter Geldanteil zur Finanzierung einer Sache, wie zum Beispiel einer Immobilie. Der Restbetrag, der zum Kauf nötig ist, wird als Fremdkapital bezeichnet.

**Einkommensteuer** - Die vom Staat auf die Einkünfte des einzelnen erhobene Steuer.

**einwerten** - Den Wert einer Immobilie einschätzen.

**Ertragswert** - Darunter versteht man den aufgrund der Einnahmen einer Liegenschaft sich durch Kapitalisierung errechnenden Gesamtwert. (Im Gegensatz zum Sachwert.)

**ETW** - Eigentumswohnung

**Euro** - Währung der Europäischen Währungsunion.

**EWU** - Europäische Währungsunion

**Festgeld** - Eine Sparbuch-Variante, bei der allerdings eine Kündigungsfrist von 30 oder mehr Tagen vereinbart wurde.

**Feuerversicherungspolice** - Urkunde über den Abschluss einer Versicherung gegen Schäden durch Brand, Explosion und Blitzschlag.

**finanzieren** - Mit Geldmitteln ausstatten, durch Geld ermöglichen.

**Flurkarte** - Zeichnung, auf der die in Parzellen eingeteilte Nutzfläche eines Siedlungsgebietes dargestellt ist.

**Fonds** - Bezeichnet die von verschiedenen Anlegern investierte Geldmenge, die im Sinne der Anleger durch die Fonds-Verwaltung angelegt wird. Man unterscheidet grundsätzlich zwischen Immobilien-, Renten-, Aktien- und Mischfonds. Immobilienfonds investieren in Häuser, Wohnungen und Grundstücke, Rentenfonds in festverzinsliche Wertpapiere und Aktienfonds in Aktien. Mischfonds stellen eine Kombination verschiedener Fondsgattungen dar.

**Fonds-Verwaltung** - Gesellschaft, die einen Fonds verwaltet und sich im Interesse der Anleger einsetzt.

**Fremdkapital** - Siehe unter *Eigenkapital*.

**Geld** - Zahlungsmittel in Form von Münzen oder Banknoten, seit kurzem auch in Form elektronisch gespeicherter Werte (im elektronischen Giroverkehr). *Herkunft*: mittelhochdeutsch *gelt* "Bezahlung, Ersatz, Vergütung, Einkommen, Rente; Zahlung; Schuldforderung; Wert, Preis; Zahlungsmittel", althochdeutsch *gelt* "Zahlung; Lohn; Vergeltung".

**Gemeinschaftseigentum** - Derjenige Teil eines Besitzes, der allen Eigentümern gemeinsam gehört. Bei einem Mehrfamilienhaus gehören dazu beispielsweise der Hausflur, Trockenräume, etc. Siehe auch unter *Sondereigentum*.

**Generationenvertrag** - Prinzip, gemäß dem die im Arbeitsleben stehende Generation die Renten der Rentnergeneration finanziert. Als Austausch dafür wird einem Arbeitnehmer die eigene Rente in Aussicht gestellt und idealerweise von der nächsten Generation gezahlt.

**Grundbuch** - Aus dem Grundbuch gehen alle wichtigen Daten eines Grundstücks hervor, inklusive der darauf befindlichen Immobilien. Es wird in der Regel beim zuständigen Amtsgericht geführt, und zwar beim Grundbuchamt.

**Grundbuchamt** - Diejenige Abteilung eines Amtsgerichts oder einer Gemeindebehörde, die die Grundbücher führt, in denen alle Grundstücke eines Bezirks und die Angaben über deren rechtliche Verhältnisse (Eigentümer, Hypotheken, ...) eingetragen sind.

**Guns and Butter** - kanonen und Butter. Guns steht für jegliche Art von Geldanlagen. Butter bezieht sich auf derzeit angenehme Luxusgüter wie Videogeräte, Einbauküchen, exquisite Teppiche etc. Viele Menschen erstehen mit ihrem Geld nun wenig Guns, aber sehr viel Butter. Dies führt dazu, dass sie keinerlei Vermögen aufbauen und aufgrund der Inflation und anderen Faktoren bald über zu wenig Geld verfügen, um sich Butter zu leisten. Sie stehen also ohne irgendeine Kaufkraft dar. Andersherum können diejenigen, die in Guns investieren und an der Butter sparen, bald Gewinne erwirtschaften und sich ausreichend Butter leisten. Der grundlegende Unterschied zwischen dem Erwerb von Guns und Butter liegt eigentlich darin, inwieweit man sich der Zukunft bewusst ist und bereit, etwas dafür zu unternehmen, dass man auch in Zukunft etwas besitzt.

**Hypothek** - Im Grundbuch eingetragenes, durch eine Zahlung erworbenes Recht an einem Grundstück oder einer Immobilie in Form einer Forderung auf regelmäßige Zinszahlungen.

**Hypothekenkredit** - Ein Kredit, der durch eine Hypothek abgesichert ist.

**Immobilie** - Unbeweglicher Besitz in Form von Gebäuden und Grundstücken.

**Immobilientrophäe** - Eine Immobilientrophäe ist eine Luxusimmobilie, eine gute Qualitätsimmobilie ohne Rendite. Dann hat man zwar Trophäen, aber davon kann man sich nichts zu essen kaufen oder Zinsen zahlen.

**Inflation** - Entwertung des Geldes durch starke Ausweitung des Geldumlaufs (zurzeit beträgt das Geldmengenwachstum rund 8 Prozent) ohne entsprechende Erhöhung der Produktion (zurzeit liegt die jährliche Steigerung des Bruttosozialproduktes bei etwa 2 Prozent). Eine Inflation würde auch entstehen, wenn bei gleich bleibender Geldmenge die Produktion nachließe. *Herkunft:* lateinisch *inflatio* "das Sich-Aufblasen; das Aufschwellen". Die moderne Bedeutung ist bildlich zu verstehen, etwa im Sinne von "Aufblähen der Währung".

**Initiator** - Jemand, der ein Immobilien(bau)projekt initiiert, also durchführt.

**Investment-Fonds** - Gleichbedeutend mit Fonds. Siehe dort.

**Kapital-Lebensversicherung** - Eine Versicherungsform, die im Grunde einen mit einer Risikoversicherung gekoppelten Sparvertrag darstellt. Von den gezahlten Beiträgen fließt ein Teil in die Finanzierung einer Risikoversicherung, der Rest wird mit Zinsen angelegt.

**Kaufkraft** - Von den Lebenshaltungskosten abhängige Fähigkeit des Geldes, Waren und Dienstleistungen zu bezahlen.

**Kaufnebenkosten** - Gebühren, die beim Kauf einer Immobilie zusätzlich zum Kaufpreis der Immobilie selbst anfallen. Diese gliedern sich wie folgt auf:
Notarkosten circa 2 Prozent (abhängig von der Vertragssumme)
Grunderwerbsteuer 3,5 Prozent
Grundbucheintragung 1 Prozent
Eventuell Maklergebühr üblicherweise 3 Prozent zuzüglich Mehrwertsteuer
Eventuell Kreditgebühren 1 Prozent
Diese Kosten fallen nicht immer an. Wirkt kein Makler am Geschäft mit, sparen Sie seine Provision. Bei Versteigerungen entfallen die Notarkosten und die Maklergebühr.

**KDB** - Küche Diele Bad

**KP** - Kaufpreis

**Liegenschaft** - Anderes Wort für Grundstück oder Grundbesitz.

**Liquidität** - Bezeichnet die flüssigen Finanzmittel oder die Fähigkeit einer Person oder eines Unternehmens, seine Zahlungsverpflichtungen fristgerecht zu erfüllen. *Herkunft*: lateinisch *liquere* "flüssig sein"

**Lohnsteuer** - Diejenige Form der Einkommensteuer, die vom Arbeitgeber direkt vom Lohn des Arbeitnehmers abgezogen und ans Finanzamt abgeführt wird.

**LV** - Kurz für Lebensversicherung.

**Makler** - Ein Vermittler und Verkäufer. Im speziellen Sinne bezeichnet es jemanden, der Immobilien vermittelt oder verkauft.

**MFH** - Mehrfamilienhaus

**Miete** - Preis, den man für die vorübergehende Nutzung von etwas (zum Beispiel einer Wohnung) zahlen muss.

**Nebenkosten** - Zur reinen Wohnungsmiete hinzukommende Kosten, etwa für Wasser, Müllabfuhr, etc.

**Notar** - Sämtliche Grundstücksgeschäfte bedürfen in der Bundesrepublik, um rechtskräftig zu sein, der Mitwirkung und Beurkundung eines Notars. Bei der Vertragserstellung ist es seine Aufgabe, die anwesenden Parteien (Käufer und Verkäufer) über die Tragweite des Vertragsabschlusses zu informieren. Nachdem der Vertragsabschluß stattgefunden hat, kümmert er sich darum, die für die Eigentumsumschreibung beim Grundbuchamt erforderlichen Anträge auszufüllen. In der Regel wird auch die Zahlung des Kaufpreises über den Notar abgewickelt. *Herkunft*: lateinisch *notarius* "Öffentlicher Schreiber "

**Notaranderkonto** - Treuhandkonto eines Notars für die Verwahrung von Fremdgeldern. Das Geld fließt bei Immobiliengeschäften gewöhnlich über ein Notaranderkonto, so dass dem Käufer eine möglichst große Sicherheit gewährt wird. Zwar ist die Abwicklung über ein Notaranderkonto mit zusätzlichen Kosten verbunden, jedoch spricht der Faktor Sicherheit dieser Methode des Geldtransfers für sich.

**OG** - Obergeschoß

**p.a.** - per anno, also pro Jahr

**ratierlich** - In Raten.

**RDM** - Ring Deutscher Makler. Seit über 60 Jahren bestehende größte deutsche Berufs-Vereinigung deutscher Immobilien- und Finanzierungsmakler sowie Hausverwalter.

**Rendite** - Gewinn pro Zeiteinheit im Verhältnis zum eingesetzten Kapital; Ertrag im Verhältnis zum Kurs (eines Wertpapiers).
*Herkunft*: italienisch *rendita* "Einkünfte, Gewinn".

Die Rendite einer Immobilie ist von den Faktoren Miete und Kaufpreis abhängig und ist gemäß den nachfolgenden Formeln zu ermitteln:

$$\text{Mietrendite (brutto)} = \frac{\text{Jahresnettokaltmiete x 100}}{\text{Kaufpreis ohne Nebenkosten}}$$

$$\text{Mietrendite (netto)} = \frac{\text{Jahresnettokaltmiete x 100}}{\text{Kaufpreis inkl. Nebenkosten}}$$

Dabei gilt zu beachten, dass sich die Rendite auf den gesamten Wert der Immobilie bezieht, nicht nur wie bei einer Kapital-Lebensversicherung auf den angesparten Betrag. Somit entwickelt die Immobilie eine renditekräftige Hebelwirkung, mit der sie jegliche Form von Geldsparvertrag um Längen schlägt.

**Rentenkauf** - Methode zum Kauf von Immobilien, wobei man keinen einmaligen Kaufpreis bezahlt, sondern eine lebenslange Rente.

**Risikoversicherung** - Versicherungsvariante, bei der im Fall des Todes des Versicherten, ein bestimmter Betrag an die Hinterbliebenen beziehungsweise bestimmte Nutznießer gezahlt wird.

**Sachwert** - Wert einer Immobilie, der sich zusammensetzt aus dem Bodenwert und dem Zeitwert des Gebäudes. (Im Gegensatz zum Ertragswert.)

**Sondereigentum** - Derjenige Teil eines Besitzes, der nur einem Eigentümer gehört. Bei einem Mehrfamilienhaus ist dies beispielsweise die Wohnung eines Eigentümers. Siehe auch unter *Gemeinschaftseigentum*.

**Sparvertrag** - Eine Geldanlage, die in verschiedenen Varianten existiert.

Grundsätzlich basiert der Sparvertrag darauf, dass der Anleger über längere Zeit eine gewisse Summe anspart, die verzinst und nach einigen Jahren ausgezahlt wird.

**Spekulationsfrist** - Frist, nach deren Ablauf der Gewinn durch den Verkauf einer Immobilie bei der Steuererklärung nicht als Einkommen gewertet wird. Kauft man ein Objekt und verkauft es vor Ablauf dieser Frist, so ist der Gewinn einkommensteuerpflichtig.

**Strategie** - Umfassende Planung zur Verwirklichung von Grundvorstellungen; Kunst der militärischen Kriegsführung; genauer Plan des eigenen Vorgehens, der dem Zweck dient, ein militärisches, politisches, wirtschaftliches o.ä. Ziel zu erreichen, wobei man diejenigen Situationen, die auftreten können, von vornherein einzukalkulieren versucht.
*Herkunft*: griechisch *stratos* "Heer" und *agein* "führen"

**Taktik** - Geschicktes, planmäßiges Vorgehen; Kunst der Truppenführung während des Kampfes; auf Grund von Überlegungen im Hinblick auf Erfolg und das Erreichen von Zielen festgelegtes Vorgehen.
*Herkunft*: griechisch *taktike (techne)* "Kunst der Anordnung".

**TDM** - Tausend D-Mark

**Teiler** - Ein Immobilieninvestor, der Mehrfamilienhäuser kauft, sie teilt (im Grundbuch in einzelne Wohnungen aufgliedern lässt) und die verschiedenen Wohnungen (mit Gewinn) wieder verkauft.

**TG** - Tiefgarage

**Tilgung** - Bezeichnet die Rückzahlung einer Schuld beziehungsweise die Zahlungen, die zu diesem Zweck geleistet werden.

**VDM** - Verband Deutscher Makler

**Währung** - Gesetzliche Geldordnung eines Landes oder die zugrunde liegende Geldeinheit (Euro, Dollar); Art und Weise, wie das in Umlauf befindliche Geld gedeckt ist. *Herkunft*: mittelhochdeutsch *werunge* zu mittelhochdeutsch *wern* "gewähren". Es bedeutete ursprünglich "Gewährleistung (eines Rechts, einer Qualität, eines Maßes oder eines Münzgehaltes)". Auch heute gewährleistet eine Währung eine gewisse Kaufkraft.

**WEG** - Wohnungseigentumsgesetz

**Wfl.** - Wohnfläche

**Zeitwert** - Bei Sachwerten spricht man vom Zeitwert, der sich aus dem Neuwert abzüglich des Zeitabschlags ergibt. Man geht dabei davon aus, dass der Sachwert Immobilie im Laufe der Jahre durch Abnutzung an Wert verliert. Zur Berechnung des Zeitwertes existieren genaue Tabellen, die so genannten Roß'schen Tabellen.

285

www.ingramcontent.com/pod-product-compliance
Lightning Source LLC
Chambersburg PA
CBHW030717250326

R18027900001B/R180279PG41599CBX00012B/15